21 世纪高等学校数字媒体专业规划教材

新媒体
编播技术与应用

◎ 姚建东 主 编 施云青 副主编
　 胡庆喆 黄黎明 刘成邺 编 著

清华大学出版社
北京

内容简介

本书是为视觉传达、影视动画、影视编导、影视制作、数字媒体、传媒等艺术专业大学本、专科学生以及传媒行业从业人员学习新媒体编播技术编写的教学用书。全书共分为9章，从新兴媒体、RTMP流媒体服务器、VJMS3流媒体服务器部署、VJMS3流媒体服务器管理、VJMS3流媒体应用拓展、纳加流媒体导播软件、流媒体编播典型应用、全景视频与现场直播及无人机全景航拍几个方面，深入浅出地讲述新媒体环境下流媒体编播技术的理论及应用。

本书封面贴有清华大学出版社防伪标签，无标签者不得销售。

版权所有，侵权必究。举报：010-62782989，beiqinquan@tup.tsinghua.edu.cn。

图书在版编目(CIP)数据

新媒体编播技术与应用/姚建东主编. —北京：清华大学出版社,2018(2024.9重印)
(21世纪高等学校数字媒体专业规划教材)
ISBN 978-7-302-49927-5

Ⅰ.①新… Ⅱ.①姚… Ⅲ.①互联网络—新闻编辑 ②电视节目制作 Ⅳ.①G210.7 ②G222.3

中国版本图书馆CIP数据核字(2018)第064718号

责任编辑：闫红梅　常建丽
封面设计：刘　健
责任校对：白　蕾
责任印制：丛怀宇

出版发行：清华大学出版社
网　　址：https://www.tup.com.cn, https://www.wqxuetang.com
地　　址：北京清华大学学研大厦A座　　　邮　编：100084
社 总 机：010-83470000　　　　　　　　　邮　购：010-62786544
投稿与读者服务：010-62776969, c-service@tup.tsinghua.edu.cn
质量反馈：010-62772015, zhiliang@tup.tsinghua.edu.cn
课件下载：https://www.tup.com.cn, 010-62795954

印 装 者：涿州市殷润文化传播有限公司
经　　销：全国新华书店
开　　本：185mm×260mm　　印　张：16　　字　数：387千字
版　　次：2018年8月第1版　　　　　　　印　次：2024年9月第3次印刷
印　　数：2101～2400
定　　价：49.00元

产品编号：069564-02

前 言

随着全媒体时代的到来,传统媒体与新兴媒体的融合发展,传媒技术、广播影视技术发展也更加网络化、多元化。从传统广电媒体到新兴互联网媒体,在追寻完美视听效果的同时,仪器设备的先进性、制作手段的便捷性也在不断演进中,新媒体编播技术成为媒体行业追逐的技术热点,也成为各大专院校传媒专业学习的主要内容。

本书面向各类院校传媒专业、数字媒体专业、影视制作专业、影视编导专业等艺术专业学生和广大传媒行业从业者、广大新媒体爱好者。本书按照信息技术学习的一般规律和实践要求,精心设计、合理选择、科学编排了新媒体编播的知识、技术和实训内容,详细讲解了在学习、掌握新媒体编播技术的基本技能和应用实践中所涉及的相关操作技术和应用技能。全书共分为9章,内容涵盖了新兴媒体、RTMP流媒体服务器、VJMS3流媒体服务器部署、VJMS3流媒体服务器管理、纳加流媒体导播软件、流媒体编播典型应用、全景视频与现场直播及无人机全景航拍几个方面,深入浅出地讲述了新媒体环境下新媒体编播技术的理论及应用。

本书特色

- 定位准确、面向实践。本书以新媒体编播技术为主要内容,以典型应用为导向,逐一讲解新媒体编播工作的每个环节。
- 覆盖面广、针对性强。本书所选内容包括新媒体编播的典型应用环境,涵盖网络媒体、影视传媒、生活娱乐、教育培训等诸多领域的实用案例。
- 技术先进、应用前沿。本书内容是当前流媒体技术在新媒体平台中的主流应用。本书集中讲解了服务器技术、节目录制、导播切换、在线点播、在线直播、媒资管理、无线协作、云发布等技术。
- 知识完整、结构严谨。本书选择的教学内容都是由浅入深、循序渐进的。
- 讲解通俗、内容翔实。每个应用实例的操作步骤都是以通俗易懂的语言文字阐述,并穿插重要的图、表信息。

本书实用性强,以实际应用为导向,以教材方式组织内容,可作为大中专院校、培训机构、社会团体的媒体技术教学和培训的实验实训教材,也可作为广大新媒体爱好者的参考用书。

本书由姚建东任主编,施云青任副主编,由姚建东、胡庆喆、黄黎明、刘成邺编著。在本书的编写过程中,得到内蒙古艺术学院网络信息中心及南京纳加软件有限公司的大力支持和帮助,在此表示诚挚的谢意。

由于编者知识水平所限,加之新技术、新设备不断发展、更新,书中难免有滞后、疏漏之处,希望广大读者将发现的问题及时反馈,以便我们进一步改正和更新。

编者

2018年3月

目 录

第 1 章　新兴媒体 ·· 1

1.1　媒体与多媒体 ·· 1
    1.1.1　媒体与多媒体的概念 ··· 1
    1.1.2　多媒体技术的主要特性 ·· 2
    1.1.3　多媒体技术的发展及应用 ·· 3
    1.1.4　多媒体的硬件 ·· 5
    1.1.5　多媒体的软件 ·· 8
1.2　网络媒体 ··· 9
    1.2.1　网络媒体概述 ·· 9
    1.2.2　超文本和超媒体 ··· 10
    1.2.3　流媒体技术 ·· 10
1.3　新媒体与融媒体 ·· 13
    1.3.1　新媒体概述 ·· 13
    1.3.2　融媒体概述 ·· 16
    1.3.3　新媒体与融媒体的关系 ··· 18
本章小结 ·· 19
思考题 ·· 20

第 2 章　RTMP 流媒体服务器 ··· 21

2.1　red5 流媒体系统 ··· 21
    2.1.1　red5 的安装 ··· 21
    2.1.2　eclipse 部署 red5 开发插件 ······································· 24
    2.1.3　red5 流媒体简单应用 ··· 26
2.2　AMS 流媒体系统 ·· 30
    2.2.1　AMS 安装部署 ·· 30
    2.2.2　AMS 简单应用 ·· 35
本章小结 ·· 39
思考题 ·· 40

第 3 章　VJMS3 流媒体服务器部署 ·· 41

3.1　VJMS3 流媒体系统 ·· 41
    3.1.1　VJLive 流媒体直播系统 ··· 41

  3.1.2　VJVod 流媒体点播系统 …………………………………………… 41
  3.1.3　VJMS3 流媒体系统的特点 …………………………………………… 42
 3.2　VJMS3 流媒体服务器的安装 …………………………………………………… 43
  3.2.1　VJMS3 流媒体服务器的部署及配置要求 …………………………… 43
  3.2.2　VJMS3 流媒体服务器安装配置实例 ………………………………… 44
  3.2.3　VJMS3 流媒体服务器的运行 ………………………………………… 49
  3.2.4　VJMS3 流媒体服务器的授权 ………………………………………… 52
 3.3　VJMS3 流媒体系统部署的重点和难点 ………………………………………… 53
  3.3.1　VJMS3 流媒体系统的带宽需求 ……………………………………… 53
  3.3.2　VJMS3 流媒体系统协议端口分配 …………………………………… 54
本章小结 ……………………………………………………………………………………… 55
思考题 ………………………………………………………………………………………… 55

第 4 章　VJMS3 流媒体服务器管理 ……………………………………………… 56

 4.1　VJMS3 管理终端程序 …………………………………………………………… 56
  4.1.1　VJMS3 管理终端的运行环境 ………………………………………… 56
  4.1.2　VJMS3 管理终端的安装 ……………………………………………… 56
  4.1.3　VJMS3 管理终端的设置 ……………………………………………… 57
 4.2　VJLive 功能操作 ………………………………………………………………… 59
  4.2.1　添加频道 ………………………………………………………………… 59
  4.2.2　添加镜像频道 …………………………………………………………… 59
  4.2.3　频道其他操作 …………………………………………………………… 60
  4.2.4　心跳设置 ………………………………………………………………… 60
  4.2.5　IP 规则 …………………………………………………………………… 62
  4.2.6　域名规则 ………………………………………………………………… 63
  4.2.7　推流保护 ………………………………………………………………… 64
  4.2.8　服务级监视 ……………………………………………………………… 65
  4.2.9　服务级日志查询 ………………………………………………………… 66
 4.3　VJLive 频道级操作 ……………………………………………………………… 67
  4.3.1　频道播放列表管理 ……………………………………………………… 67
  4.3.2　频道播放列表编辑 ……………………………………………………… 69
  4.3.3　频道级 IP 规则 ………………………………………………………… 70
  4.3.4　频道级域名规则 ………………………………………………………… 71
  4.3.5　频道级日志查询 ………………………………………………………… 73
  4.3.6　频道级监视 ……………………………………………………………… 76
  4.3.7　HLS 协议 ………………………………………………………………… 76
  4.3.8　时移回看 ………………………………………………………………… 77
 4.4　VJVod 的使用 …………………………………………………………………… 78
  4.4.1　文件管理 ………………………………………………………………… 78

4.4.2　目录管理 …………………………………………………………… 79
　　　4.4.3　导出管理 …………………………………………………………… 81
　　　4.4.4　广告功能 …………………………………………………………… 82
　　　4.4.5　访问控制 …………………………………………………………… 83
　　　4.4.6　域名规则 …………………………………………………………… 83
　　　4.4.7　IP 规则 ……………………………………………………………… 84
　　　4.4.8　心跳设置 …………………………………………………………… 85
　　　4.4.9　磁盘映射 …………………………………………………………… 86
　　　4.4.10　日志查询 ………………………………………………………… 87
　　　4.4.11　监视 ……………………………………………………………… 89
　4.5　VJMis 的使用 ………………………………………………………………… 89
　　　4.5.1　视频转码 …………………………………………………………… 90
　　　4.5.2　视频抓图 …………………………………………………………… 90
　　　4.5.3　视频上传 …………………………………………………………… 91
　　　4.5.4　流录制 ……………………………………………………………… 91
　　　4.5.5　磁盘映射 …………………………………………………………… 92
　　　4.5.6　心跳设置 …………………………………………………………… 93
本章小结 ……………………………………………………………………………… 93
思考题 ………………………………………………………………………………… 94

第 5 章　VJMS3 流媒体应用拓展 ………………………………………………… 95

　5.1　VJMS3 流媒体发布与播放 …………………………………………………… 95
　　　5.1.1　VJLive 发布代码 …………………………………………………… 95
　　　5.1.2　VJVod 播放代码 …………………………………………………… 96
　　　5.1.3　访问控制 …………………………………………………………… 98
　5.2　VJMS3 流媒体播放终端 ……………………………………………………… 99
　　　5.2.1　计算机(PC)播放 ………………………………………………… 99
　　　5.2.2　机顶盒播放 ………………………………………………………… 103
　　　5.2.3　手机/平板电脑播放 ……………………………………………… 104
　5.3　VJLive 推流直播 ……………………………………………………………… 104
　　　5.3.1　WMV 推流直播 …………………………………………………… 104
　　　5.3.2　H.264 推流直播 …………………………………………………… 106
　　　5.3.3　UDP 推流 ………………………………………………………… 107
　5.4　广告编辑 ……………………………………………………………………… 109
　　　5.4.1　视频广告 …………………………………………………………… 109
　　　5.4.2　弹窗广告 …………………………………………………………… 111
　　　5.4.3　高级广告功能 ……………………………………………………… 112
本章小结 ……………………………………………………………………………… 113
思考题 ………………………………………………………………………………… 113

第6章 纳加流媒体导播软件 ······ 114

6.1 流媒体导播系统 NSCaster ······ 114
6.1.1 NSCaster 硬件规格 ······ 114
6.1.2 NSCaster 软件功能 ······ 116
6.2 NSCaster 的使用及操作 ······ 119
6.2.1 NSCaster 调试 ······ 119
6.2.2 NSCaster 操作 ······ 121
本章小结 ······ 164
思考题 ······ 164

第7章 流媒体编播典型应用 ······ 165

7.1 演播室方案 ······ 165
7.1.1 应用场景 ······ 165
7.1.2 方案组成介绍 ······ 166
7.1.3 优势分析 ······ 174
7.2 远程连线方案 ······ 177
7.2.1 应用场景 ······ 177
7.2.2 系统构架 ······ 177
7.2.3 产品构成 ······ 178
7.2.4 优势分析 ······ 179
7.2.5 远程连线角色管理 ······ 180
7.3 IPTV 方案 ······ 182
7.3.1 需求分析 ······ 182
7.3.2 方案设计 ······ 183
7.3.3 功能实现 ······ 185
7.3.4 系统构架图 ······ 186
7.3.5 方案优势 ······ 186
7.3.6 IPTV 参数表 ······ 187
7.3.7 IPTV 系统构成 ······ 191
7.4 全自动高清录播方案 ······ 197
7.4.1 方案整体示意图 ······ 197
7.4.2 应用场景 ······ 198
7.4.3 系统组成 ······ 199
7.4.4 系统优势 ······ 207
7.4.5 室内装修 ······ 210
7.5 移动现场直播方案 ······ 213
7.5.1 方案背景和建设总体内容 ······ 213
7.5.2 方案架构 ······ 214

         7.5.3 应用场景 ··· 214
         7.5.4 系统组成 ··· 216
         7.5.5 系统优势 ··· 223
   7.6 其他热备系统直播方案 ·· 225
         7.6.1 手机热备 ··· 225
         7.6.2 NSCaster 热备 ·· 226
         7.6.3 热备功能相关设置 ··· 227
         7.6.4 iPad 控制 App 功能的应用 ··· 228
         7.6.5 多路 CG 字幕功能的应用 ·· 228
         7.6.6 CG 新增社交媒体支持功能应用 ································· 230
         7.6.7 CG 相关设置说明 ·· 230
         7.6.8 自动播出功能在直播中的应用 ··································· 232
   本章小结 ·· 232
   思考题 ·· 232

第 8 章 全景视频与现场直播 ··· 233
   8.1 全景视频概述 ··· 233
         8.1.1 全景视频与全景直播 ·· 233
         8.1.2 全景视频直播系统 Upano 的部署 ······························ 234
   8.2 全景视频客户端播放 ·· 235
         8.2.1 PC 客户端的播放 ··· 235
         8.2.2 手机 App 平台的播放 ·· 236
   本章小结 ·· 237
   思考题 ·· 237

第 9 章 无人机全景航拍 ··· 238
   9.1 航拍概述 ·· 238
         9.1.1 无人机 VR 航拍系统 ·· 238
         9.1.2 航拍 VR 系统设备安装 ·· 241
         9.1.3 无人机航拍器飞行前的准备事项 ································ 241
   9.2 无人机航拍要点 ··· 242
         9.2.1 无人机航拍飞行技巧 ·· 242
         9.2.2 无人机航拍拍摄技巧 ·· 242
   本章小结 ·· 243
   思考题 ·· 243

参考文献 ··· 244

第1章 新兴媒体

媒体是现代生活的重要组成部分,对媒体的需求和人们对空气、水、能源的需求一样,成为人们生活的基本需求。媒体的发展和技术的进步密切相连,人类社会每一次重大的技术进步都对媒体的发展起着革命性的作用,技术的进步不断催生出新的媒体形式,在纸张作为信息记录和传载介质的年代,报纸、期刊等纸质媒体是主要的媒体形式。电子技术的发展、电子声像技术的出现催生了广播、电视媒体的出现。如今,随着计算机网络技术的普及和应用,互联网络、手机电话、移动终端又成为新的媒体形式。互联网络媒体成为继报刊、广播、电视三大传统媒体之后的"第四媒体"。

本章从多媒体、超媒体、流媒体、新媒体及媒体融合等几个方面讲解网络媒体的相关知识。

1.1 媒体与多媒体

媒体在现代生活中有着重要的地位和作用。从传统的报纸、期刊、广播、电视到流行的互联网络、手机电话,媒体影响着人们社会生活的方方面面。人们的休闲娱乐离不开媒体,工作学习离不开媒体,甚至吃穿住行也都离不开媒体。

1.1.1 媒体与多媒体的概念

1. 媒体的概念

在日常生活中,人们经常接触到的媒体有很多,例如,书报上的文字、电视上的画面属于视觉媒体;听到的话语、歌声属于听觉媒体;闻到的香味、腥味属于嗅觉媒体;尝到的甜酸苦辣属于味觉媒体,这些都是能直接作用于人的感官、使人直接产生感觉的一类媒体。

国际电报电话咨询委员会(Consultative Committee on International Telephone and Telegraph,CCITT)把媒体分成以下5类。

(1) 感觉媒体(Perception Medium):指直接作用于人的感觉器官,使人产生直接感觉的媒体,如引起听觉反应的声音、引起视觉反应的图像等。

(2) 表示媒体(Representation Medium):指传输感觉媒体的中介媒体,即用于数据交换的编码,如图像编码(JPEG、MPEG等)、文本编码(ASCII码、GB2312等)和声音编码(WAVE、MP3等)等。

(3) 表现媒体(Presentation Medium):指进行信息输入和输出的媒体,如键盘、鼠标、扫描仪、话筒、摄像机等为输入媒体;显示器、打印机、喇叭等为输出媒体。

(4) 存储媒体(Storage Medium):指用于存储表示媒体的物理介质,如硬盘、软盘、磁盘、光盘、ROM及RAM等。

(5) 传输媒体(Transmission Medium)：指传输表示媒体的物理介质，如电缆、光缆等。

本书探讨的媒体(Media)通常是指用于传播和存储各种信息的载体和手段。我们在日常生活中接触到的报纸、杂志、磁带、光盘、电视机、收音机等都是媒体。

在信息技术领域，媒体也称为传播媒体。媒体包含媒体信息，如电子计算机技术中的文字(Text)、声音(Audio)、图形(Graphic)、图像(Image)、动画(Animation)和视频(Video)等；也包含媒体介质，如磁带、磁盘、光盘和半导体存储器等。

2. 多媒体的概念

多媒体(Multimedia)是针对传统传播媒体(单一媒体)而言的，是丰富和扩展了传统的传播媒体的传播形式、存储方式、处理技术的新的媒体技术。

常见的多媒体有图形、图像、声音、文字、音乐、视频、动画等多种形式。多媒体技术将所有这些媒体形式集成起来，在以计算机技术为核心的平台上进行信息的交互、处理、传播，表现的形式更加生动、形象、活泼，达到图、文、声并茂的视听觉效果。

概括地说，多媒体就是以计算机技术为核心，可以集成处理、传播、存储图形、图像、声音、文字、动画、数字电影等媒体信息的软件、硬件平台。

多媒体技术是计算机技术、音视频处理技术、编码压缩技术、文字处理技术、通信技术等多种技术的完美结合。它使各种媒体信息之间建立逻辑连接，集成为一个完整的系统。

1.1.2 多媒体技术的主要特性

1. 数字性

数字性是指多媒体系统的各种媒体信息都以数字(二进制)形式表示和存储，并以数字化方式加工处理。多媒体系统的核心是电子计算机，而电子计算机处理的是二进制信息，因此任何传统媒体信息(如图片、音乐、视频等)都必须转换成二进制信息文件，才能被多媒体设备处理和利用。

2. 实时性

"实时"就是"随时随刻"的动态时间特性，是指多媒体计算机系统处理的媒体信息(音频和视频信息)会随着时间的变化而及时响应，是多媒体具有最大吸引力的特性之一。

3. 交互性

交互性是指"人机对话"，是多媒体信息以超媒体结构进行组织，用户与计算机之间可以方便地进行信息交流，人们可以主动选择和接受信息。用户通过多媒体系统可以更加有效地控制和利用信息，"人机对话"的信息双向流动形式可以加强人们对信息的认识，加深人们对信息的理解，巩固人们对信息的记忆。在传统的单一信息媒体系统中，交互的效果和作用很差，甚至没有，人们只能被动地接受信息，很难做到控制和干预信息的处理。当交互引入时，人机对话的活动本身作为一种媒体介入了信息转变为知识的过程，人们借助于交互活动便可获得更多的信息。

4. 集成性

集成性是指将多种媒体有机地结合在一起，集成地处理、存储、传播各种媒体信息，共同表达一个完整的信息主题。

集成性不仅指各媒体硬件设备的集成，也包括多种媒体信息的集成、处理软件的集成。多媒体的集成性应该说是在系统级上的一次飞跃。早期的各种媒体技术只能单一地处理某种媒体信息,如收音机只能播放声音信息,录音机只能录制和播放声音信息,模拟电视机只能播放电视节目信息等,这些媒体设备的信息流动都是单向、零散的,不具备双向交互的形式。信息空间的不完整(例如,仅有静态图像,而无动态视频;仅有声音,而无图像等)限制了信息空间的信息组织,也限制了信息的有效使用。但当它们在多媒体平台上被集成起来后,综合的效能和功能远远超过 1+1>2 的形式。

5. 非线性

多媒体技术的非线性概括为读写的非线性、存储及编辑处理的非线性。读写的非线性特点改变了人们传统的章、节、小节等的读写顺序模式,而是采用超文本链接的方法,把内容按照特定关系加以组织,形成多分支的读写结构。存储及编辑处理的非线性使得以数字形式表现的多媒体信息可以通过数字媒体设备进行采编、传送、播出、回放、存储等。

1.1.3 多媒体技术的发展及应用

多媒体技术是伴随着计算机技术的发展而发展的。本节针对多媒体技术的发展和技术应用,详细讲述了多媒体技术的标准规范和多媒体系统的软硬件知识。

1. 多媒体技术的发展

1) 多媒体技术发展的历史

1984 年,美国 Apple 公司首先在其 Macintosh 机上引入位图(Bitmap)的概念来进行图像处理,使用窗口(Window)和图标(Icon)作为与用户的接口界面。

1985 年,美国的 Commodore 公司率先推出了世界上第一台多媒体计算机系统 Amiga,由于采用特殊总线,其结构与标准的视频信号兼容,可方便地处理视频和声音信号,成本也较低。Amiga 系统最初主要用于家庭娱乐和电子游戏。

1986 年,Philips 公司和 Sony 公司联合推出了交互式紧凑光盘系统 CD-I,它将多种媒体信息以数字化的形式存储在光盘上,用户可以交互地读取光盘中的内容。

1987 年,RCA 公司推出了交互式数字视听(Digital Video Interactive,DVI)系统。它以计算机为基础,用光盘存储和检索静态图像、活动图像、声音以及其他信息。

1989 年,IBM 公司推出视听一体(Audio Visual Connection,AVC)系统,该系统可以进行声音和图像的编辑和展示,能够提供立体声输入/输出等功能。同时,IBM 公司与 Intel 公司签订了数字视频交互技术的授权,并推出 Action Media 多媒体系统。

1990 年,Philips、Sony 和 Microsoft 等 14 家厂商组成了多媒体计算机市场协会(Multimedia PC Marketing Council),并于 1991 年制定了 MPC(多媒体计算机)的市场标准,1996 年又公布了 MPC 4.0 标准。MPC 标准的制定,使全世界的计算机制造厂商和软件发行厂商都有了共同的遵循标准,推动了多媒体技术和多媒体计算机在世界范围内的迅速普及和广泛应用。

2) 多媒体技术发展的趋势

多媒体技术的发展源于巨大的市场需求和技术的迅猛发展。从市场角度看,多媒体技术和通信技术的结合是 IT 企业产品和业务新的增长点:休闲娱乐、个人通信、教育文化等领域对媒体信息及多媒体产品的需求越来越大。从技术背景看,多媒体计算机的核心任务是获取、处理、传播多媒体信息,使多种媒体信息(本地或远程)之间建立逻辑连接,消除空间和时间的障碍,为人类提供完善的信息服务,如电子邮件、Web 浏览、远程教育、远程医疗、视频点播(VOD)、交互式电视、电视会议、网络购物和电子贸易等。

通过物联网技术，多媒体计算机将把计算机、通信产品、数字家电等集成起来，统一控制和管理，构成新型的、全数字的办公信息中心和家庭信息中心。在办公室也好，在家也好，在旅途中也好，无论身处何地，高速网络都会随时提供图形、图像、音频、视频等多媒体信息的传输服务。

多媒体产品的发展趋势如下：

(1) 进一步完善以计算机为核心的协同工作环境。

多媒体技术能够更好地融合计算机的交互性、网络的分布性以及多媒体的集成性，在产品的协同设计、医疗远程会诊、异地学术交流等多个领域具有广阔的应用前景。

(2) 多媒体技术进一步智能化。

多媒体技术的智能化研究主要集中在：文字的智能识别与输入、语音的智能识别与输入、自然语音的理解和机器翻译、图形图像的智能识别和理解、机器人视觉和计算机视觉、知识工程和人工智能等。

(3) 研究和发展多媒体应用芯片技术。

把多媒体技术和通信技术整合到 CPU 芯片中，使得多媒体产品向高清化(高分辨率显示质量)、高速化(缩短信息处理时间)、简便化(操作简便易行)、智能化(强大的信息识别能力)、标准化(便于信息交换和资源共享)方向发展。

3) MPC 标准

最初的 MPC 标准规定多媒体计算机包括几个基本的部件，如个人计算机(一台 16MHz 的 386SX 的 PC)、硬盘和只读光盘驱动器(CD-ROM)、声卡、Windows 3.1 操作系统和一组音箱或耳机。之后，MPC 标准不断升级。

1990 年，MPC1 标准诞生后，得到许多硬件厂商的支持，并发展了多媒体系统的标准操作平台，软件开发商也克服了以往无硬件标准而造成的无法开发通用软件的困境，推出了大量的多媒体硬件产品。

1993 年 5 月，MPC 联盟又制定了第二代多媒体计算机标准 MPC2，提高了基本部件的性能指标。1995 年 6 月制定了第三代的标准 MPC3，在进一步提高对基本部件的要求的基础上，MPC3 增加了全屏幕、全动态(30 帧/秒)视频及增强版 CD 音质的视频和音频硬件标准。

MPC3 标准制定一年多之后，1996 年底推出了 MPC4 标准：Pentium133 CPU、16MB 内存、1.6G 硬盘、10 倍速光驱、16 位精度声卡、Windows 95 操作系统，显示系统要求达到 1280 像素×1024 像素的分辨率及 32 位真彩色等。

随着计算机软、硬件技术的发展和网络技术的普及，多媒体计算机与通信类电子产品相结合，新一代网络化多媒体产品应运而生，便携式多媒体设备、数字图文电视、可视电话系统、移动通信系统、流媒体技术、虚拟现实技术等为人们的工作、生活和娱乐提供了全新的媒体信息服务。多媒体计算机与通信技术的结合已经成为媒体技术发展的大潮流。

2. 多媒体技术的应用

现在，多媒体技术的应用领域非常广泛，人类生活的各个角落都可以看到多媒体的身影。多媒体在教育培训、游戏娱乐、商业服务、电子出版、广播通信、虚拟现实等领域有巨大的影响。

1）教育培训

充分利用多媒体技术的交互技术、网络技术和信息集成技术将图文信息、音视频信息高度整合,建立直观、生动、真实、互动的学习、训练环境,从深度、广度上都拓展了学习的内容和形式,大大激发了学生的学习兴趣和学习的主动性,有效地提高了学习效率。

2）游戏娱乐

电子游戏就是多媒体技术的应用产物,从单机游戏到联网游戏,从情景模拟到虚拟现实,从简单角色到团队互助,游戏技术和形式不断升级和提高。寓教于乐、内容丰富、形式多样的电子游戏不仅给少年儿童带来无限的快乐与知识,也是成年人缓解工作负担、释放精神压力的有效形式。游戏娱乐是现代经济社会中多媒体技术最大的卖点。

3）商业服务

大型商场、超市的多媒体导购系统,银行的自动柜员机系统,市政信息的自助查询系统等都是多媒体技术的应用实例。在企业宣传上,形象、生动的多媒体技术特别有助于产品展示、商业演示。

4）电子出版

多媒体电子出版物通常都以大容量的光盘(CD-ROM 或 DVD-ROM)形式发行,不但可以存储大量的资料,而且便于使用和查找。

5）广播通信

远程教育系统、远程医疗系统、智能手机、数字图文电视、视频会议等都是多媒体技术在广播通信领域的应用。视频会议系统是多媒体技术在商务和办公自动化中的一个重要应用,通过多媒体网络可以使处于不同国家和地区的与会者有一种"面对面"开会的感觉。远程医疗系统借助不同地区的医疗技术,共同对患者提供会诊服务,既共享了资源,又降低了成本。

6）虚拟现实

虚拟现实是多媒体技术最具综合性的应用,其把计算机图像处理、模拟与仿真、传感、显示系统等技术和设备以模拟仿真的方式,给用户提供一个真实反映操作对象变化与相互作用的三维图像环境,从而构成一个虚拟世界。虚拟现实技术现在已经成功应用在产品设计、产品展示、工业仿真(虚拟装配)、教育培训(虚拟实验室)、军事仿真、可视化管理等方面。

1.1.4 多媒体的硬件

多媒体计算机市场协会制定的 MPC 标准规范了多媒体计算机的软硬件配置。根据 MPC 标准,多媒体计算机的主要硬件除了普通电子计算机结构中常规的硬件(如主机、键盘、鼠标、显示器等设备)外,还要有音频信息处理硬件、视频信息处理硬件等部分,同时考虑到数字媒体信息存储、处理的特性,对其他设备也有更高的要求。

常见的多媒体硬件设备有以下 8 种。

1. 大容量硬盘

各种数字化的媒体信息其数据量通常都很大,尤其是高质量的图像、声音和视频数据,一般都在几十兆字节以上。所以,大容量存储设备是多媒体计算机系统的必备部件。

2. 图形显示卡

图形显示卡(显卡)插在主板上的扩展槽里(如 PCI-Express 或 AGP 插槽)或集成在系

统主板上。它主要负责把主机向显示器发出的信息显示出来。显卡的核心是显示芯片(Video Chipset),也叫 GPU 或 VPU,即图形处理器或视觉处理器。显卡上也有和计算机内存相似的存储器,称为"显存"。早期的显卡只是单纯意义的显卡,只起到信号转换的作用,目前多媒体计算机一般使用的显卡都带有 3D 画面运算和图形加速功能,所以也叫作"图形加速卡"或"3D 加速卡"。

显卡的输出接口主要有以下 5 种。

(1) 视频图形阵列(Video Graphics Array,VGA)接口:作用是将转换好的模拟信号输出到 CRT 或者 LCD 显示器中。

(2) 数字视频接口(Digital Visual Interface,DVI):视频信号无须转换,信号无衰减或失真,是 VGA 接口的替代者。

(3) 端子(Separate VideoS,S-Video):也叫二分量视频接口,一般采用五线接头,它是用来将亮度和色度分离输出的设备,主要功能是为了克服视频节目复合输出时的亮度与色度的互相干扰。

(4) 高清晰多媒体接口(High Definition Multimedia Interface,HDMI):把声音和图像集成在一个接口上。

(5) DisplayPort 是由视频电子标准协会(VESA)发布的显示接口。作为 DVI 接口的继任者,DisplayPort 在传输视频信号的同时加入对高清音频信号传输的支持,同时支持更高的分辨率和刷新率。

3. 声卡

声卡(音频卡)用于处理音频信息,它可以把话筒、录音机、电子乐器等输入的声音信息进行模数(A/D)转换、压缩编码等处理,也可以把经过计算机处理的数字化的声音信号通过解码还原、数模(D/A)转换后用音箱播放出来,或者用录音设备记录下来。

声卡一般是插在计算机主板扩展槽中的硬件卡,也可以集成在主机系统主板上。现在的主板上几乎都集成了声卡,声卡已成为普通计算机的基本配置。

声卡上一般有以下几个常用的与外部设备相连的插孔,以实现声音的输入和输出。

(1) Mic(话筒)插孔:连接话筒,以录制外界声音。

(2) Line-in(音频输入)插孔:用音频线可将该插孔与录音机、电视机、放像机等设备上的 Line-out 插孔相连,以录制它们发出的声音信息。

(3) Line-out(音频输出)插孔:连接有源音箱或外接音频功率放大器,输出计算机中的声音信息。

(4) Speaker(扬声器输出)插孔:连接喇叭或无源音箱,输出计算机中的声音信息。

(5) MIDI/GAME(MIDI 及游戏杆)插口:游戏杆插口与 MIDI 乐器插口共用一个 15 针的 D 型连接器,以配接游戏摇杆、控制杆或连接数字电声乐器上的 MIDI 插口,实现 MIDI 音乐信号的直接传输。

4. 视频卡

视频卡用来支持视频信号的输入和输出。视频输入功能可以捕捉、采集视频图像,并把图像数字化,进行压缩编码。输出功能是对数字化的视频图像数据进行解压缩,解码还原后供显示器显示或转换为 PAL 制式的模拟视频信号供电视机播放及录像机录制。

视频卡上一般有以下几个常用的与外部设备相连的接口,以实现视频信号的输入和输出。

（1）全电视信号射频（RF）接口：无线射频（Radio Frequency,RF）是一种高频信号连接端子，在电视信号传输中，由于传输距离较远，必须使用高频信号来传播。RF 接口一般用来连接同轴电缆（电视天线或有线电视）。电视信号发射时，使用高频调制把音、视频两种信号进行混合，接收信号时，需要解调出音、视频信号。这种方式传输的信号质量比较差，只有在使用电视卡录制电视节目时才用到 RF 端子。

（2）复合视频信号（AV）接口：AV 端子又称复合端子。AV 是音频（Audio）和视频（Video）英文的字头缩写。其中 Video 只进行图像信号的传输。一般 AV 端子由 3 个 RCA 插头（莲花头接口）组成，用黄颜色的接口连接视频信号（V 信号），用白颜色的接口和红颜色的接口分别连接左右声道的声音信号（LA 信号和 RA 信号）。这种复合视频信号不需要经过类似 RF 射频信号传输时的调制、放大、检波、解调等过程，信号保真度相对较高，采集录像带中的视频节目一般使用 AV 端子。

（3）S 端子（Super Video，超级视频端子）：是由视频亮度信号（Y）和视频色度信号（C）以及一路公共屏蔽地线组成的五心接口。S 端子把亮度信号和色度信号分离出来输出，可以有效避免视频信号在输出时亮度和色度相互干扰。因此，S 端子输出的视频信号质量比较高。

（4）分量色差端子：分量色差端子是在 S 端子的基础上，把色度信号 C 分为 Cb 和 Cr（蓝色分量和红色分量，忽略绿色分量）。分量色差端子使用 RCA 或 BNC 接口，通常标记为 YPbPr 或 YCbCr，YPbPr 表示逐行扫描色差输出，YCbCr 表示隔行扫描色差输出。分量色差端子的传输性能要优于 S 端子，在专业摄像机和很多广播级的非线性编辑卡中一般都有分量色差端子。

（5）IEEE 1394 接口：是一种数字信号的传输标准。传统的数码摄像机大多支持 IEEE 1394 接口。通过 IEEE 1394 接口，数码摄像机中的数据可以直接传输到计算机的硬盘中，以方便后期处理。很多计算机在主板上都集成有 IEEE 1394 接口，如果计算机上没有 IEEE 1394 接口，可以通过安装 IEEE 1394 接口卡的方式连接 IEEE 1394 接口设备。

（6）BNC（同轴电缆卡环形接口）：主要用于连接高端家庭影院产品以及专业视频设备。BNC 电缆有 5 个连接头，分别接收红、绿、蓝、水平同步和垂直同步信号。BNC 接头可以使视频信号互相间干扰减少，可达到最佳信号响应效果。

对于以上几种接口，RF 质量最差，S 端子要优于 AV 端子，分量色差端子是专业用户的理想选择，而 IEEE 1394 接口传输的是数字信号，传输时不会有任何质量损失。

5．采集卡

采集卡一般和视频卡整合在一起，对视频信号进行采集、编码或解码、回放。

6．扫描仪

扫描仪有平面扫描仪和三维扫描仪。平面扫描仪将图片、照片或印刷材料上的文字和图像扫描到计算机中，转换成为数字图像，以便通过图像软件进行加工处理。三维扫描仪可以把物体的三维信息（立体信息）扫描到计算机中，生成三维立体模型数据，在三维动画软件中使用或者在工业设计中使用。

7．数位板

数位板又名绘图板、手绘板等，通常由一块板子和一支压感笔组成，是专门进行计算机绘画的输入设备。数位板有压力感应、坐标精度、读取速率、分辨率等主要参数。其中,压力感应级数是关键参数。数位板是计算机绘画、动画设计的得力工具。

8. 数码摄像头、数码相机与数码摄像机

数码摄像头、数码相机、数码摄像机都是获取电子图像、动态影像等信息最直接的途径。数码摄像头一般通过 USB 接口和计算机直接连接,通过计算机软件直接拍摄静态的或动态的影像,目前是视频通信(视频聊天)的主要设备。数码相机和数码摄像机也都可通过 USB 接口与计算机相连,并将存储的数字信息直接输入到计算机中进行处理。

对于数码摄像机,不同的摄像机提供的视频输出接口各不相同。

1.1.5 多媒体的软件

多媒体计算机的操作系统必须支持各种媒体设备,同时具备多媒体资源管理与信息处理的功能。微软公司的 Windows 系列操作系统是目前应用最广泛的操作系统,同时,其多媒体功能的支持也是极为完善的,特别是对即插即用功能的支持,使用户安装多媒体硬件也更加方便。

除了操作系统的支持,多媒体软件还包括多媒体数据库管理系统、多媒体编码/解码软件、多媒体通信软件、多媒体声像同步软件、多媒体编辑(创作、开发)软件等。

多媒体编辑工具包括文字编辑软件、图形图像处理软件、音频编辑软件、视频编辑软件、动画制作软件、多媒体编辑软件及媒体工具等。

1. 文字编辑软件

文字编辑软件主要进行文字的编辑、排版、特效文字的制作等。常用的有 Microsoft Office、WPS Office 等。

2. 图形图像处理软件

图形图像处理软件主要进行数字图形图像的制作、处理等。常用的图形图像处理软件有 Photoshop、Coreldraw、Painter、Illustrator 等。

3. 音频编辑软件

音频编辑软件主要进行数字音频的录制、编辑、合成等,一般有音源软件、合成器软件、工作站软件等。常用的音频编辑软件有 Soundforge、Adobe Audition、Cakewalk Sonar 等。

4. 视频编辑软件

视频编辑又称非线性编辑,包括视频剪辑和视频合成功能。常见的视频编辑软件有 Adobe Premiere、Adobe After Effect、The Foundry Nuke 等。

5. 动画制作软件

计算机动画有二维动画、三维动画等。常见的动画制作软件有 Adobe Animate(二维)、Autodesk 3DS Max(三维)、Autodesk Maya(三维)等。

6. 多媒体编辑软件

多媒体综合编辑软件系统一般应用在电视台、媒体机构等专业领域,代表软件有 Edius、Avid、大洋、索贝等。

7. 媒体工具

媒体工具有音视频采集、音视频编码、音视频格式转换、媒体管理等。例如 Adobe Media Encoder(视频编码)、格式工厂(视频转换)、ACDSee(图像浏览及文件管理)等。

1.2　网络媒体

1.2.1　网络媒体概述

网络媒体是网络信息时代主要的媒体形式,在大众传媒领域具有时代性强、技术先进、应用广泛的诸多优势。本节就网络媒体的基础知识进行讲解。

1. 网络媒体的概念

随着信息技术的发展,互联网络成为继报刊、广播、电视三大传统媒体之后的"第四媒体"。网络媒体是以计算机多媒体技术为核心,以国际互联网为平台,数字信息广泛传播和应用的新兴媒体。网络媒体是信息学和新闻传播学相融合的产物,是集三大传统媒体的诸多优势为一体的跨媒体的数字化媒体。

2. 网络媒体的特点

网络媒体除具有三大传统媒体"共性"特点之外,还具有鲜明的"个性"特点,主要有以下4点。

1)实时性

实时性是网络媒体信息传播时效性强的形象表述。网络时代,人们对新闻事件的知情权诉求上升到了一个很高的地位。当一件"大事"发生时,民众往往亟须在第一时间知道详情,而传统媒体由于技术手段和传播途径等多方面的局限,往往很难在第一时间对新闻事件进行报道,但网络媒体对重大事件的报道,不断创造了新闻发稿时效较好的纪录。在很多新闻网站上,以"滚动快讯"形式呈现的即时新闻播报让网络新闻传播的时效性进一步体现出来。随着网络图文直播、音频直播和视频直播的出现,网络新闻的实时性日臻完美。

2)交互性

网络媒体传播是媒体与受众之间的双向性、互动性传播。交互性又称互动性,包含"一对一、一对多、多对一、多对多"的传播方式,体现了大众传播和人际传播相结合的传播方式,是网络媒体的特性和优势。网络论坛、讨论区、留言板、聊天室、电子邮件、QQ及微信等即时通信软件,吸引着大量网民积极参与传播信息、评论新闻、讨论新闻话题等活动,极大地提高了网络新闻传播的社会影响力。

3)世界性

网络媒体的传播范围远远大于报纸、广播和电视,具有"网络传播无国界"的全球性特征。网络传播空间理论上没有国家和地区的限制。任何一个国家或地区,如果不采取特别的技术措施对境内外个别有害网站实施封锁和限制,世界上任何一个网站登载的内容,都有可能供全球网民访问、浏览和下载。同样,世界上任何一个具备上网条件的地方,均可轻松浏览全球网站。

4)融合性

网络媒体既具有大众化传播的优势,又兼具特定化、分散化传播的特点,通过信息技术正把不同的传统媒体形态进行融合,体现了媒体变革最明显的特征。例如,互联网融合传统报纸形式产生了网络报纸;融合传统电台技术产生了网络电台;融合传统电视技术产生了网络电视;融合移动通信技术产生了网上短信;融合编辑理念和模式产生了博客等,基于互联网的传统媒体的数字化、网络化形势层出不穷。

1.2.2 超文本和超媒体

超文本、超媒体是网络环境下主要的信息描述形式,是网络信息发布与传播的重要内容。本小节对超文本、超媒体的概念进行简要介绍。

1. 超文本

1) 超链接

超链接是在 Web 网页中对有关页面元素(如文本、图片、按钮等)的索引链接,使得这些带有索引链接的元素可以指向另一个文件。超链接是超文本的基础。

2) 超文本

超文本是一种网页文本,与传统的文本文件相比,主要差别是:传统文本的结构是以线性方式组织的,而超文本结构是以非线性方式组织的。超文本通过超链接形式把相关的内容(文件)组织在一起,是一种网状的结构关系。用户可以很方便地浏览这些相关内容。

2. 超媒体

超媒体的概念形成于 1996 年前后,原意是超文本和多媒体结合的产物。随着信息技术的进步和互联网络应用的普及,网络媒体成为网络时代的主流媒体,超媒体也突破了旧有的概念,被认为是网络媒体中所有媒体信息的总称。

在技术层面,超媒体以超文本的结构特点把全部数字媒体信息组织起来。超媒体突破了传统媒体技术和平台,通过互联网络把三大传统媒体整合到一起,使三大媒体在保持自我个性的同时融入了信息技术,呈现出新的媒体形式,拓展了传播空间。

1.2.3 流媒体技术

流媒体技术是目前网络音、视频节目传播的热点技术。流媒体技术提供了在网络上安全、稳定、高效地发布、传播音、视频信息的全面解决方案。本小节对流媒体技术的相关知识进行简要介绍。

1. 流媒体技术简介

音、视频文件是日常生活中经常接触的多媒体文件,如 MP3 音乐文件、MPEG 数码视频文件、AVI 数码动画文件、MOV 数码电影文件等。这些文件一般都比较大,需要的存储容量也较大,一般都在数十兆字节以上,有的达到数百兆字节、上千兆字节。当在本地计算机上传输和播放这些文件时,由于本地计算机处理速度快,所以可以实时收看和收听。在网络上传播时,由于文件巨大,同时由于网络带宽的限制,依靠下载传输等传统的网络传播技术就会出现很大的问题,下载常常要花数分钟,甚至数小时,根本无法进行实时播放和接收。正是为了解决网络传播音、视频文件的问题,流媒体技术应运而生。

在网络上传输音频、视频等多媒体信息,目前主要有下载和流式传输两种方案。流式传输时,声音、影像或动画等由音、视频服务器向用户计算机的连续、实时传送,用户不必等到整个文件全部下载完毕,只需经过几秒或十几秒的启动延时即可进行观看。当声音等媒体在客户机上播放时,文件的剩余部分将在后台从服务器上继续下载。流式不仅使启动延时缩短,而且不需要太大的缓存容量。流式传输避免了用户必须等待整个文件全部从网上下载才能观看的缺点。

2. 流式传输

流式媒体是通过网络传输的音频、视频或多媒体文件。流式媒体在播放前并不下载整个文件,流式媒体的数据流随时传送、随时播放,只是在开始时有一些延迟。当流式媒体文件传输到用户的计算机时,在播放之前该文件的部分内容已存入内存。流媒体实现的关键技术就是流式传输。

流式传输的定义很广泛,现在主要指通过网络传送媒体(如视频、音频)的技术总称。其特定含义为通过 Internet 将影视节目传送到 PC。实现流式传输有两种方法:实时流式传输(Realtime Streaming)和顺序流式传输(Progressive Streaming)。

1) 顺序流式传输

顺序流式传输是指用户在线观看媒体文件时,媒体文件是以顺序下载方式传输到客户机的。在下载文件的同时,用户可以观看在线媒体,但用户只能观看已下载的部分内容,而未下载的内容不能观看,即不能随意跳到还未下载的后面部分。顺序流式传输的缺点是不能在媒体文件传输期间根据用户网络连接的速度进行调整。优点是,顺序流式传输是无损传输,可以保证节目的高品质下载,比较适合传输高质量的视频节目。

由于有延迟,媒体节目必须传输完毕才能观看全部内容,所以顺序流式传输不适合长片段的视频节目传输和播放有随机访问要求的交互式音、视频节目,如讲座、演说、演示等内容。同时,顺序流式传输也不能支持现场广播、实时直播等。

2) 实时流式传输

实时流式传输的特点是实时传送,用户在线观看媒体文件时,媒体文件是以实时方式传输到客户机的。这一特性决定实时流式传输适合传输现场事件,同时也支持随机访问,用户可以快进或后退来观看前面或后面的内容。

实时流式传输要求网络有较高的带宽连接,低带宽连接时图像质量较差。实时流式传输需要专门的流媒体服务器提供服务,流媒体服务器能够安全、高效、稳定地管理流媒体文件的传输,但服务器系统的设置、管理比较复杂。

3. 流媒体应用方案简介

一个完整的流媒体解决方案应是相关软硬件的集成,它大致包括以下几个方面的内容。

(1) 内容采集:节目源可以是摄像机、电视台节目、视频光盘、卫星输入信号等。

(2) 音视频捕获和压缩编码:硬件一般为音、视频捕获卡,编码软件如 Adobe Media Encoder、MS Media Encoder 等。

(3) 内容编辑:对内容进行编辑修改、归档、做索引。

(4) 内容存储和播放:节目不多时可使用文件系统,当节目量大时,就必须应用数据库管理系统。

(5) 内容管理和发布:内容管理主要完成音、视频的存储和检索;用户管理包括用户的登记和授权;发行模块负责将节目提交到网页,或将视频流地址邮寄给用户。

4. 流媒体系统平台

目前,市场主要的流媒体系统平台有微软公司的 WindowsMedia、苹果公司的 QuickTime,在国内,以南京纳加软件技术有限责任公司开发的 VJMS 流媒体平台正异军突起,逐步走向国际化。

1) 微软公司的 Windows Media Server

流媒体领域的巨大市场前景吸引了包括微软公司等众多厂商在此领域展开激烈竞争。

微软公司开发的 Windows Media Server 流媒体平台和 Windows 操作系统密切结合，充分整合了 Windows 操作系统的优势。Windows Media Server 以其架设容易、服务安全、运行稳定、技术先进、功能集成等特点，成为流媒体技术主要的应用平台。

2）苹果公司的 QuickTime

苹果公司的 QuickTime 是面向专业媒体制作、视频编辑、Web 网站创建等领域开发的多媒体技术平台。从 MacOS 系统平台到 Windows 系统平台，QuickTime 支持市场上大多数的个人计算机应用平台，已经形成了数字媒体领域事实上的工业标准。在三维动画、视频效果、虚拟现实、数字媒体等诸多领域有深厚的应用基础。苹果公司的媒体播放器软件 QuickTime Player 和微软公司的 Windows Media Player 都是出色的流媒体播放器。

3）南京纳加的 VJMS

VJMS 是纳加流媒体系统，由 VJLive（纳加 P2P 直播系统）、VJVod（纳加 P2P 点播系统）、VJMIS（纳加媒资管理系统）等构成，并由纳加富终端播放器组（VJTVPlayer Series）提供播放。

VJLive 提供了安装于服务器端的视、音频流分发服务，可以快速将一台普通服务器转化为一台高性能的 P2P 直播服务器。VJVOD 提供了安装于服务器端的视、音频文件分发服务，通过结合各类媒资管理系统（管理视、音频资源，包括视频文件打点、截图、转码、上传等）、内容管理系统及网站（包括访谈、电影、播客、教育等类型网站），为客户快速建立一套网络视、音频点播服务平台。

VJMS 的主要功能包括支持 P2P、超大规模部署、高安全性、媒体文件转码、虚拟文件直播、实时运行参数查询、实时回放、移动终端支持、多重收看平台、广告系统。此外，VJMS 还具有延时控制、实况定时录制及点播提交、聊天室、广播级高清、高速启动、收看端带宽友好、复杂网络环境自适应、收看端资源低占用、内容保护等丰富的功能。

2014 年，南京纳加软件有限责任公司和内蒙古艺术学院联合建立了"流媒体虚拟编播实验室"校企合作项目，实验室充分发挥高等院校人才优势和新技术企业技术优势，共享资源、合作办学，成为国内流媒体编播人才培养的重要基地。

5．流媒体文件格式

一般的音、视频压缩格式可以以流的方式进行播放，但效率不是很高，为了提高网上的传播效率，要对这些压缩格式经过特殊编码，使其适合在网络上边下载边播放，而不是等到下载完整个文件才能播放。将压缩媒体文件编码成流式文件，必须添加一些附加信息，如计时、压缩和版权信息。常用的流式文件格式见表 1-1。

表 1-1　常用的流式文件格式

文件格式（扩展名）	媒体类型与名称
asf	Advanced Streaming Format 文件（Microsoft）
wmv	Windows Media Video 文件（Microsoft）
ra	Real Audio 文件（Real Networks）
rm	Real Video/Audio 文件（Real Networks）
rmvb	Rm 格式的延伸（Real Networks）
mov	QuickTime 视频格式（Apple）
swf	Shock Wave Flash（Adobe）
flv	swf 的视频格式文件（Adobe）

6. 流媒体播放方式

1) 单播

单播方式是指在客户端与媒体服务器之间建立一个单独的数据通道,从服务器发出的每个数据包定向传送给该客户机。数据传输时,每个用户需要对媒体服务器发送特定的查询,媒体服务器则向每个特定用户发送回应的数据包。这种巨大的冗余的传播方式容易造成服务器负担过重,致使响应时间延长,严重的甚至造成传播中断。

2) 组播

组播方式是指通过 IP 技术构建起特定的组播网络,该网络允许路由器一次将服务器的数据包复制到多个通道上,然后分别传送给该组播网内的所有客户端。采用组播方式,单台服务器能够对很多客户机同时发送连续的数据流,不会产生延迟、停滞等问题。组播传送方式能够使所有发出请求的客户端共享同一个信息包,极大限度地减少了网络上传输的信息包的总量。

3) 点播

点播连接是客户端与服务器之间的主动的连接。在点播连接中,用户通过选择内容项目来初始化客户端连接。用户可以开始、停止、后退、快进或暂停。点播连接提供了对信息流的最大控制,但这种方式由于每个客户端各自连接服务器,会迅速用完网络带宽。

4) 广播

广播指的是用户被动接收流。在广播过程中,客户端接收流,但不能控制流。例如,用户不能暂停、快进或后退该流。广播方式中数据包的单独一个副本将发送给网络上的所有用户。

由于单播采用的是点对点的方式传播,因此在数据发送时,需要对数据包进行多个复制,然后一对一地传送到发出请求信号的客户端;而广播传送方式则不管客户端是否请求,都要强行把数据包发送给网络上的所有客户。这就形成了单播和广播都会造成网络带宽的浪费。组播则吸收了单播和广播的优势,克服了单播和广播的弱点,只把数据包的副本发送给提出请求的那些客户。组播这种传播方式不会强行把数据包的多个副本发送到网络上,也不会把数据包发送给无请求的终端客户,很好地保证了网络上多媒体应用所占用网络的最小带宽。

1.3 新媒体与融媒体

1.3.1 新媒体概述

1. 新媒体的定义

"新媒体"这一概念最早起源于美国,1967 年,美国哥伦比亚广播电视网(CBS)技术研究所所长 P. 高尔德马克(P. Goldmark)发表了一份关于开发电子录像(EVR)商品的计划书,他在计划书中将"电子录像"称作 New Media(新媒体),"新媒体"概念由此诞生。随后,美国传播政策总统特别委员会主席 E. 罗斯托(E. Rostow)在向当时的美国总统尼克松提交的报告书中也多次提到 New Media 这一概念。

"新媒体"概念提出的时间不是很长,对于新媒体的许多基本问题,如界定问题,学术界众说纷纭、各执一词,并未形成较为统一的认识。其中比较有影响力的观点有如下几种。

美国《连线》杂志将新媒体定义为"所有人对所有人的传播"。

美国新媒体研究专家凡·克劳思贝(Vin. Crosbie)认为,新媒体就是能对大众同时提供个性化内容的媒体,是传播者和接受者融汇成对等的交流者,而无数的交流者相互间可以同时进行个性化交流的媒体。

清华大学熊澄宇教授则认为,新传媒或称数字媒体、网络媒体,是建立在计算机信息处理技术和互联网基础之上,发挥传播功能的媒体总和。它除具有报纸、电视、电台等传统媒体的功能外,还具有交互、即时、延展和融合的新特征。互联网用户既是信息的接收者,又是信息的提供者和发布者。包括数字化、互联网、发布平台、编辑制作系统、信息集成界面、传播通道和接收终端等要素的网络媒体,已经不仅仅属于大众媒体的范畴,而是全方位立体化地融合大众传播、组织传播和人际传播方式,以有别于传统媒体的功能影响人们的社会生活。

中国人民大学匡文波教授把"数字化"和"互动性"作为界定新媒体的主要标准。

在宫承波主编的《新媒体概论》一书中,对"新媒体"这一概念作了广义和狭义两种界定。广义上的"新媒体",是利用数字技术、网络技术和移动通信技术,通过互联网、宽带局域网、无线通信网和卫星等渠道,以电视、计算机和手机等为主要输出终端,向用户提供视频、音频、语音数据服务、连线游戏、远程教育等集成信息和娱乐服务的所有新的传播手段或传播形式的总称,包括"新兴媒体",也包括"新型媒体";而狭义上的"新媒体"则专指"新兴媒体"。

2. 新媒体的形态

1) 桌面互联网媒体

最早出现的新媒体形态是基于 PC 的桌面互联网媒体。它结合了互联网和传统平面媒体的优点,以用户的计算机桌面为载体传播资讯。例如,门户网站、搜索引擎、网络社区、网络广播、网络游戏、即时通信等。随着互联网进入 Web 2.0 时代,网络服务的互动性增强,用户从单纯使用者向参与者进行变化,从大众传播方式向个人传播方式变化,在这个过程中,媒体终端也有了多种平台,如移动终端设备:智能手机、平板电脑等。

2) 移动互联网媒体

移动互联网媒体主要是指以智能手机、平板电脑等移动终端为传播载体的新兴媒体形态。移动媒体的最大特点是方便携带和移动,没有较严苛的使用场地限制,只要有网络信号的环境,都可以上网。智能手机是当下最流行的移动媒体,其已经成为继平面媒体(报纸、杂志)、广播媒体、电视媒体、桌面互联网媒体之后的"第五媒体"。其具体形态包括微信、微博、各类 App 应用等。智能手机、平面电脑等正从单一的人际传播媒体变成兼具人际传播、组织传播和大众传播多重身份的重要新媒体。

3) 交互电视媒体

交互电视媒体是传统的电视媒体结合互联网特性(数字与 IP)之后的新型电视形态,包括数字电视、IPTV、OTT-TV 等。这种以传统电视为母体发展而来的新兴媒体,是"互联网+"应用的典型情况。传统电视媒体通过声像信息的单向传输,使受众被动地接收资讯。数字电视是数字技术在电视领域发展和应用的必然结果,可为用户提供更加适合人类自然视域的画面结构和优质的电视图像,给予用户上行、下行的双向通道。数字电视不再仅是用来收看节目,而变成一个多功能的家庭生活电子平台,用户可以在其上自行点播喜欢的视频节目,还可以查看各种生活信息等。数字电视已经成为新媒体行业的重要应用。IPTV(IP Television)通过互联网 IP 来传送资讯,与数字电视比较起来,更具有互联网的特性。OTT-TV(Over The Top Television),是指通过互联网向电视机传输 IP 视频以及其他的互联网应用服务,其接收终端一般为互联网电视一体机或者互联网电视机顶盒。

4) 新型媒体群

新型媒体群是视频技术走出固定场所、面向开放的户外空间、移动空间,并借助无线网络而达成的新型媒体形态,它的重点在于如何有效利用受众的有限的接触时间而提高广告的传播效果。这个与广告行业密切相关的新媒体形态,目前主要包括户外新媒体、楼宇电视、车载移动电视等。新型媒体以区别于传统媒体和其他新媒体形态的传播范围与传播行为,达到了更具时效性和指向性的传播效果。

3. 新媒体传播的基本特点

在宫承波主编的《新媒体概论》一书中,对新媒体的基本特点进行了归纳和概述。

1) 超媒体性

超媒体性是在多种媒体中通过非线性组织和呈现媒体信息。超媒体以超文本的结构特点把全部数字媒体信息组织起来。超媒体突破了传统媒体技术和平台,通过互联网络把三大传统媒体整合到一起,使三大媒体在保持自我个性的同时融入了信息技术,呈现出新的媒体形式,拓展了传播空间。

2) 交互性

交互性是指信息发送和接收之间的信息交流是双向的,参与个体在信息交流过程中都拥有控制权。传统媒体(如报纸、广播、电影、电视等)信息的传播是单向性的,没有信息的反馈,信息活动参与者只能被动地接受信息。数字技术使新媒体中信息的采集、编辑、制作发布都非常便捷。新媒体的超媒体性使信息活动各方对信息交流过程具有对等的控制权,参与者可以依据自己的兴趣和需要选择性地交流信息,信息的双向性特点非常突出。

3) 超时空

由于新媒体技术通过国际互联网(包括通信卫星)传输信息,因此相对于传统媒体而言,地域覆盖了整个地球,甚至地外星体,只要有相应的信息接收设备,在地球及以外的任何角落都可以接收到由新媒体传播的信息。此外,无线网络的发展使新媒体摆脱了有线网络的束缚,用户可以随时随地接收信息。新媒体还大大缩短了信息交互传播的速度,实现了信息的"零时间"即时传播,突破了传统媒体时间传输的限制,尤其是即时通信服务完全消除了交流双方之间在时间上的间隔。

4) 个性化

新媒体提供点对点(P2P)的信息传播服务,使信息传播者可以针对不同的用户提供个性化服务。新媒体环境下,新媒体终端设备在网络中都有一个固定的地址标识(IP 地址),信息传播者可以根据该地址确定一个或多个用户向其传播待定信息。另外,用户对信息具有同样的控制权,用户可以通过新媒体定制、选择、检索信息。这样,每个新媒体用户都可以发布和接收完全个性化的信息,"自媒体"传播逐渐形成。

5) 虚拟化

由于新媒体技术是以计算机技术为平台,计算机技术中主要的特点数字化(即以二进制

"0"和"1"表示信息内容),各种新媒体信息都可以数字化为数字信息,通过数字信息也可以模拟、虚拟出任何媒体信息。新媒体的虚拟信息传播既包括信息的虚拟性,也包括传播的虚拟性。这种建立在虚拟数字信息交流基础上的人际关系也具有一定的虚拟性,这将极大地改变传统社会的人际关系模型。

1.3.2 融媒体概述

1. 媒体融合

融媒体一般理解为媒体的融合。1978年,美国麻省理工学院的尼古拉斯·尼葛洛庞帝用3个重叠的圆圈来描述计算机、印刷和广播三者的技术边界,认为3个圆圈的交叉处将成为成长最快、创新最多的领域。而通信技术的进一步发展和互联网的广泛应用,又推进了出版、电影、音乐、广告、教育等行业深层次的融合。

尼葛洛庞帝描述了各媒体相互交叉、相互渗透的发展趋势,他提出:媒体融合是在计算机技术和网络技术二者融合的基础上用一种终端和网络来传输数字形态的信息,由此带来不同媒体之间的互换性和互联性。

托马斯·鲍德温(Thomas Baldwin)、史蒂文森·麦克沃依(D. Stevens McVoy)、查尔斯·斯坦菲尔德(Charles Steinfield)3位学者在《大汇流——整合媒体信息与传播》中提出:以前电信业、有线电视业、广播业和计算机业各自为政,现在在宽带技术和政策的指引下汇流到一起,产生了"整合宽带系统"。由此可见,媒体融合将在更宽泛的应用领域内进行。

美国学者凯文·曼尼(Kevin Maney)在其1996年的著作《大媒体潮》中提出"大媒体"(mega-media)的概念,提出传媒业将不分领域全面竞争,且传统大众传媒业、电信业、信息(网络)业都将整合到"大媒体业"这种新产业下。其理论明晰了媒体融合的主要行业:大众传播业、电信业和信息网络业。

在宫承波主编的《新媒体概论》一书中,把以上西方学者对融媒体的阐述归纳为:第一种理论是起源,主要讨论了媒体融合是传播领域的发展趋势;第二种理论主要讨论媒体融合的发展要靠政策和技术,并具体阐述融合要素的各自特点;第三种理论主要讨论媒体融合的最终结果,并提出了一种融合后的新产业形态。

在宫承波主编的《新媒体概论》一书中,还对"媒体融合"从狭义和广义两个方面加以解释,狭义的理解是指将不同的媒体形态"融合"在一起,产生"质变",形成一种新的媒体形态,如电子杂志、博客新闻等。广义的"媒体融合"则包括一切媒体及其有关要素的结合、汇聚,甚至融合,也包括媒体形态的融合,还包括媒体功能、传播手段、所有权、组织结构等要素的融合。

2. 融媒体的类型

"媒体融合"现象在形成的过程中被划分为不同的类别,在宫承波主编的《新媒体概论》一书中,依据不同的分类标准,存在着多种不同的分类方法。按照媒体融合的概念,广义的"媒体融合"包括一切媒体及其有关要素的组合、汇聚,甚至融合,不仅包括媒体形态的融合,还包括媒体功能、传播手段、所有权、组织结构等要素的融合。与此同时,媒体融合又是一个不断发展的过程,因此也可以按照媒体融合的发展过程进行分类。

2003年,美国西北大学教授戈登归纳了美国当时存在的5种"媒体融合"类型,主要包括所有权融合、策略性融合、结构性融合、信息采集融合以及新闻表达融合。

2004年，美国鲍尔州立大学的戴默等几位学者提出了"融合连续统一体"的概念。他们根据自己掌握的美国及其他国家的媒体当时的实际情况，提出了"融合新闻"的几种模式以及每种模式的具体含义：交互推广、克隆、合竞、内容分享以及融合5种类型。

3. 融媒体的基本形态

在宫承波主编的《新媒体概论》一书中，对融媒体的基本形态进行了归纳：内容融合、网络融合和终端融合。

1）内容融合

内容融合，在《新媒体概论》中阐述为：把不同媒体形态的内容进行融合，来自不同媒体的信息内容既可以被自身利用，也可以供其他媒体使用。即相同的信息可以被制作成各种不同的媒体形式加以使用和传播，而这些都要以新的传播技术为前提，所以新兴的传播技术是内容融合实现的基础。根据融合内容来源，内容融合包括报纸、杂志、书籍、广播、电视、网络等；根据融合内容的形态，内容融合包括文本、图片、影像、声音等。

2）网络融合

网络融合，在《新媒体概论》中阐述为：主要指媒体传播途径的融合，具体指三网融合，即电信网、广电网、互联网的融合。对于三网中的两网——电信网和互联网，早已在一定程度上融合。从网络的传输层看，如果没有电信网，互联网不是一张真正意义上的全球性网络；从技术层面上说，电信技术的高速发展成为互联网企业实现信息传输的必然选择；从电信运营层面看，由于语音业务收入骤降，迫使运营商"转型"。目前，电信网络和互联网络的融合程度已经相当高，这也是两大阵营的互相需要，互联网阵营需要电信阵营强大的网络能力，电信阵营期待利用互联网阵营的丰富应用来弥补日益萎缩的话音收入。

3）终端融合

终端融合，在《新媒体概论》中阐述为：可以视作媒体形态的融合，主要指受众获取传媒产品的终端应用的融合。技术的发展日新月异，完全有可能在未来产生一种与今天的媒体形态完全不同的新媒体，这种媒体有可能融合了几种，甚至全部媒体的优点。目前，终端融合主要指计算机、数字电视、智能手机、移动终端设备等。

总之，内容融合、网络融合、终端融合这3种媒体融合的主要形式之间是彼此关联、相互影响的。其中，网络融合是媒体融合的核心，只有实现了网络融合，才能使内容融合催生的内容产业生产的规模化内容获得广泛的传播渠道，广大受众才可以自由地选择获取信息的方式。内容融合是媒体融合实现的物质基础。终端融合是广大受众感受媒体融合优越性的具体载体。

4. 融媒体的基本特征

在宫承波主编的《新媒体概论》一书中，从以新技术为导向、多媒体形态的媒体内容、媒体融合的系统性、媒体融合的选择性4个方面对融媒体的基本特征进行了归纳。

1）以新技术为导向

媒体的发展离不开技术的推动，任何时期的媒体都会依赖于当时的技术条件，如平面媒体的出现与发展依托于造纸术和印刷术的发明与改进，电声媒体、电视媒体的出现离不开电子技术的产生和发展，多媒体的出现是计算机技术在图形、图像领域应用的实现，新媒体技术则是数字技术、卫星技术、互联网技术的综合应用。无论是早期传统媒体与新媒体之间的融合，还是不同新媒体之间的融合，媒体融合的过程都以新技术为导向。

2) 多媒体形态的媒体内容

在媒体融合的背景下,媒体内容需要根据不同媒体的传播特点或发布要求进行制作。媒体内容的多媒体化既是媒体融合的基本特征,也是媒体融合对媒体内容的基本要求。

在媒体融合的大背景下,以数字技术为核心的新媒体技术不断创新,催生出新的数字媒体平台,从而能够将所有内容资源都集成到这一平台之上,进行统一整合、加工,为媒体融合提供内容资源基础。除了技术融合提供的拉动作用,媒体内容的多媒体化在很大程度上还是媒体融合给媒体带来的市场竞争压力的产物。随着媒体融合的不断深入,各种新的媒体形态和媒体实体不断出现并迅速发展。在融媒体环境下,同一内容资源需要被发布到不同的媒体平台,因此内容资源在制作时就需要对信息编码考虑不同媒体平台的传播特点,使内容产品能够适应多媒体传播的要求。

3) 媒体融合的系统性

媒体融合的系统性表现在多维度、发展性、全方位的影响性上。

在传统媒体时代,媒体融合一般是不同媒体内容之间的相互借鉴、相互融汇。随着媒体技术的进步,尤其是新媒体技术的出现,媒体融合向纵深发展,除了在内容层面的融合之外,在媒体形态方面也出现融合,如电信网、互联网、广电网的相互融合。技术融合是媒体融合的先导,内容融合是媒体融合的核心,终端融合为媒体融合提供了硬件支持,网络融合则在宏观上将媒体融合提升到产业化高度,这些构成了媒体融合的多维度系统。

媒体融合的发展是一个由弱到强、由表及里的历史性过程。无论是传统媒体时代初级阶段的媒体内容融合,还是新媒体兴起之后的媒体大融合,其过程都不是一蹴而就的,而是循序渐进的。

媒体融合不仅对媒体形态、媒体内容等能造成直接的改变,还由此影响着整个媒体生态环境。媒体融合能够对媒体形态、传播内容、传媒产业带来深远的影响作用,同时改变受众或用户的媒体使用行为。媒体融合除了能影响媒体及其传播过程和产业结构,还有其独特的社会功能,对整个社会环境系统影响重大。

4) 媒体融合的选择性

进行媒体融合时具有选择性特征,也就是需要考虑到不同媒体的固有特征、传播特点、产业价值链等诸多因素,不是任何媒体都能够成功融合,也不是所有的媒体融合都按照一种模式进行。

媒体融合的发展有其规律性,这种规律性显著地体现在不同媒体融合的选择性上。报纸能与网络媒体和移动媒体顺利融合产生新的媒体形态(如网络报纸、手机报纸等),但如果让报纸与广播媒体、户外彩屏相融合,则其过程可能不会像前者那样顺利。目前,媒体融合大体上可分为两种:一种是具备相同特性的媒体"组合"在一起,这种融合大多是为了使用上更加便捷,其重点并不在于拓展媒体功能,如将收音机模块直接嵌入手机中。另一种则是具备不同特性的媒体"整合"在一起,其意义在于媒体功能的互补,最终起到拓展媒体功能的作用。显然,相较于前者,后者更符合媒体融合的现实价值,即其不是在淡化媒体的性质,而是强化媒体的性质,充分利用各媒体的性质,形成功能上的互补。

1.3.3 新媒体与融媒体的关系

媒体融合是当今媒体形态及传媒产业发展变化的时代趋势,同新媒体及其产业发展有着不可分割的紧密联系。新媒体为媒体融合提供技术和平台,对媒体融合起到重要的支撑作用。另一方面,媒体融合又是新媒体发展的生存前提,对新媒体的发展提供条件和前瞻引导。在宫承波主编的《新媒体概论》一书中,从以下几个方面阐述了新媒体与媒体融合的辩证关系。

1. 新媒体与媒体融合相辅相成

"融合"不仅是新媒体最重要的发展趋势,更是新媒体与生俱来的发展特质。新媒体的发展在很大程度上是媒体融合的结果。

许多新媒体形态本身就是"媒体融合"的产物,例如,网络广播是互联网与传统广播融合的产物,手机报纸是手机媒体与传统报纸融合的产物。媒体融合产生的新媒体形态不仅在形态和内容等方面有别于融合之前的既有媒体,而且从根本上改变了受众的思维方式、行为习惯和感知事物的方式,在更深远的层面上诠释了媒体融合的本质。

融合能够带来传媒行业新的业务模式和盈利模式,为新媒体产业的发展提供了强大动力。诸如即时通信、手机网游、电子支付、在线商务等新的业务模式,为新媒体开拓了更加广阔的发展空间,成为新媒体产业发展的助推剂。

2. 新媒体技术为媒体融合提供支撑

技术融合或创新是媒体融合的内在动力之一。推动媒体融合的根本性技术力量是包括数字技术和网络技术在内的新媒体技术。

在数字技术出现前,报刊、广播、电视等传统媒体根据各自的媒体本体特征,都有各自不同的信息编码和解码方式,不同的媒体之间有天然的划分边界。数字技术出现并应用于媒体业务之后,所有的信息都可以转化为"0"和"1"的数字形式进行处理和存储,各种媒体内容都可以转化为统一的编码进行传输和交换。此外,数字技术应用于媒体终端,也促成了媒体终端的数字化,数字技术在媒体内容和终端上的应用,使得各媒体之间原本清晰的边界趋于模糊,媒体间相互渗透、相互融合,各媒体间在很大程度上实现了资源共享。

网络技术作为网络媒体产生与发展的基础技术之一,也为媒体融合提供了平台支持。网络技术的发展、应用,不仅推动了网络媒体自身的发展,还促进了固话网络、移动网络、广电网络等不同形式的信息网络以互联网为平台实现技术升级和相互连通,进而为媒体融合提供网络平台。三网融合就是典型之一,其实现了互联网、电信网和广电网的相互融合。

从目前的媒体融合实践看,媒体融合主要集中在两个层面:一是传统媒体与新媒体的融合;二是新媒体之间的相互融合。传统媒体与新媒体的融合是新媒体兴起后,新旧媒体相互学习、相互竞争的必然结果:传统媒体面对新媒体的蓬勃发展和广泛竞争,不得不转向新媒体,通过与新媒体融合来争取新的发展契机和发展空间;新媒体之间的融合则是不同新媒体之间竞争与博弈的结果,也是未来媒体融合的重要发展趋势。无论是传统媒体与新媒体的融合,还是新媒体之间的相互融合,其主体力量都是新媒体。这主要是由新媒体产业发展模式与媒体融合的密切关系决定的。

本 章 小 结

伴随着科学技术的进步,传统的媒体在新技术的环境和条件下,催生出一系列"新"的媒体形式,这些新兴媒体是计算机技术、网络技术、通信技术以及其他新兴技术综合作用于媒体的必然结果,也是传媒行业自身发展的时代产物。本章从多媒体、超媒体、流媒体、新媒体及媒体融合等几个方面讲解了新兴媒体的相关知识。新兴媒体是一个时间性、历史性的概念,也是一个技术性的概念。"新兴媒体"相对传统媒体而言,是新技术、新市场、新需求在"旧"的基础上的升级、融合、创新与发展。媒体融合是传媒行业自身发展的必然,是各种媒体呈现多功能一体化的趋势。

思 考 题

1. 网络媒体具有哪些特点?
2. 多媒体的概念是什么?
3. 多媒体技术主要应用在哪些方面?
4. 简述多媒体系统的主要硬件设备。
5. 多媒体信息的编辑软件主要有哪些?
6. 什么是超文本?什么是超媒体?
7. 简述流媒体和流媒体技术的基本概念。
8. 常见的流媒体系统平台有哪些?各有什么特点?
9. 流媒体的单播、点播、广播及组播方式有什么区别?
10. 什么是新媒体?
11. 新媒体的特点有什么?
12. 媒体融合的基本特征有哪些?
13. 新媒体与媒体融合的关系是什么?

第 2 章　RTMP 流媒体服务器

在流媒体系统中,实时消息传输协议(Real Time Messaging Protocol,RTMP)是常见的音视频传输流媒体协议,广泛应用于 PC、移动设备等平台的网络直播、点播、音视频通信等服务。在实际应用中,有很多商业化程序和免费开源程序能够提供 RTMP 服务的应用,这些程序一般称作 RTMP 流媒体服务器(RTMP Server)。

流媒体服务器通过建立发布点来发布流媒体内容和管理用户连接。流媒体服务器能够发布从计算机多媒体硬件设备(如视频采集卡、相连的摄像机)中传来的音视频数据流,也可以发布存储的流媒体文件。

2.1　red5 流媒体系统

red5 是一个被广泛使用的开源流媒体服务器软件,采用 Java 开发环境,支持 Flash 格式的流媒体,功能上与闪存服务器(Flash Media Server,FMS)类似。red5 有很多功能,如把音频(MP3)和视频(FLV)转换成播放流;录制客户端 FLV 播放流;现场直播媒体流的发布等。RSTP(快速生成树协议)是 red5 标准的流媒体传输协议,应用于在线录制、Flash 流媒体播放、在线聊天、视频会议 OpenMeetings 等方面。

2.1.1　red5 的安装

1. 下载 Java 环境

首先安装配置 Java 环境。从 http://www.oracle.com/ 下载 JDK(Java SE Development Kit)安装包,本节选择的是 jdk-8u131-windows-x64.exe。

2. JDK 的安装

运行 jdk-8u131-windows-x64.exe 安装 JDK,如图 2-1 所示。

3. 配置 JDK 运行环境

右击桌面上的"计算机"图标,点选"属性"菜单项,打开"系统"对话框。单击"高级系统设置",打开"系统属性"对话框。在"高级"选项卡中单击"环境变量"按钮,打开"环境变量"对话框,如图 2-2 所示。

在系统变量区域单击"新建"按钮,新建变量名为:JAVA_HOM 的系统变量,输入变量值:"C:\Program Files\Java\jdk1.8.0_131"。接着创建 classpath 变量,变量值:".;%JAVA_HOME%/lib/dt.jar;%JAVA_HOME%/lib/tools.jar;";编辑 path 变量,在变量中增加:"%JAVA_HOME%\bin\;%JAVA_HOME%\jre\bin\;"。

4. 下载 red5-server 服务器程序

从 https://github.com/Red5/red5-server/ 网站下载 red5-server 最新版 red5-server 源

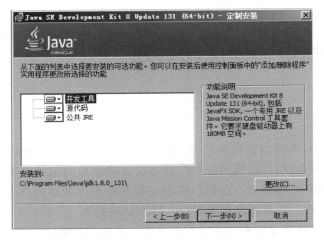

图 2-1　安装 JDK

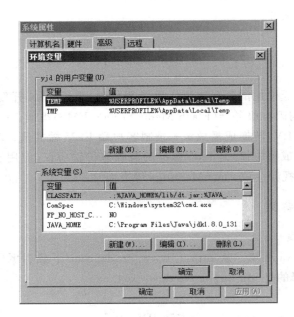

图 2-2　"环境变量"对话框

程序，解压后能够直接使用，但配置过程比较烦琐。一般选择下载 Windows 环境下可以直接安装的版本，例如最新版程序是 setup-Red5-1.0.8-M11.exe。下载地址是 https://builds.apache.org/view/M-R/view/OpenMeetings/job/red5-installer/。

5. 安装 red5-server 服务器程序

运行 setup-Red5-1.0.8-M11.exe，弹出程序安装界面，选择安装目标文件夹时使用默认的"C:\Program Files (x86)\Red5"，如图 2-3 所示。接下来，单击 Next 按钮。

在弹出的"为服务器输入 IP 地址"对话框中输入"0.0.0.0"，如图 2-4 所示。然后单击 OK 按钮。

在弹出的"为 HTTP 请求输入端口号"对话框中输入"5080"，如图 2-5 所示。

图 2-3 安装 red5-server

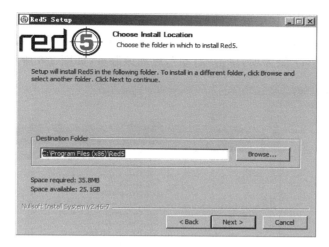

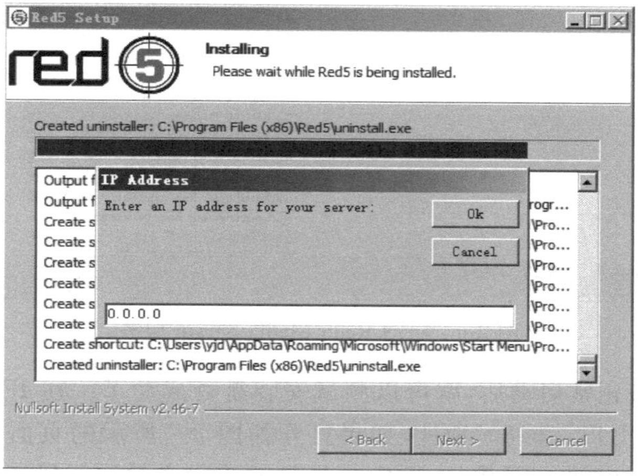

图 2-4 输入 IP 地址

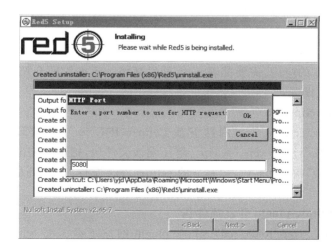

图 2-5 输入 HTTP 端口号

运行 red5-server 服务器安装文件夹下的 install-service.bat 批处理程序,为系统服务添加 Red5 Media Server 服务项。从系统控制面板中打开"服务器管理器"窗口,在"服务"中右击 Red5 Media Server 服务项,单击"启动",启动该服务,如图 2-6 所示。

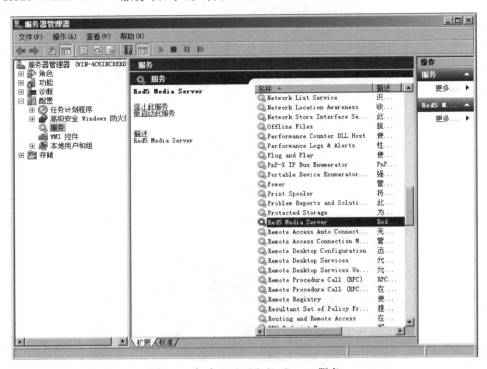

图 2-6 启动 Red5 Media Server 服务

red5-server 服务正常启动后,就可以测试安装是否成功了。在 IE 浏览器窗口中输入"HTTP://LOCALHOST:5080"地址,如果打开如图 2-7 所示的页面,说明安装成功。在页面中可以单击 Install 进入下载 Red5 官方提供的演示文件进行研究学习,安装后的演示文件在 Red5 根目录下的 webapps 下,如"C:\Program Files (x86)\Red5\webapps"。安装完演示文件后,需要重新启动 Red5 服务器。

2.1.2 eclipse 部署 red5 开发插件

如果要开发 red5 的应用,需要部署 red5 开发环境。下面简要介绍就 eclipse 进行 red5 开发进行的必要安装设置。

1. 下载并安装 eclipse

从 https://www.eclipse.org/ 网站下载 Eclipse IDE for Java EE Developers 文件包 eclipse-jee-helios-SR2-win32-x86_64.zip。解压缩该文件包,把解压缩出的 eclipse 文件夹放置到本地磁盘中,如"C:\eclipse\",把其下的 eclipse.exe 文件"发送到桌面快捷方式",以便启动 eclipse。

2. 下载 red5-eclipse-plugin 开发插件包

从 https://github.com/Red5/red5-eclipse-plugin 网站下载 red5-eclipse-plugin-master.zip 压缩文件包,然后解压缩到 c:\red5-eclipse-plugin-master。

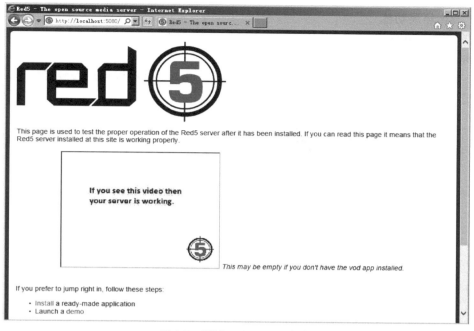

图 2-7 测试 red5-server 安装

3. 导入项目

启动 eclipse，打开 File/Import 对话框，选择 General 下面的 Existing projects into workspace，单击 Next 按钮，在对话框中单击 Browse 按钮，设定导入项目的文件夹 c:\red5-eclipse-plugin-master，列出导入的项目列表，默认 4 个项目全选，如图 2-8 所示。单击 Finish 按钮，完成项目的导入，之后，在 eclipse 项目窗口中就可以看到刚刚导入的 4 个项目。

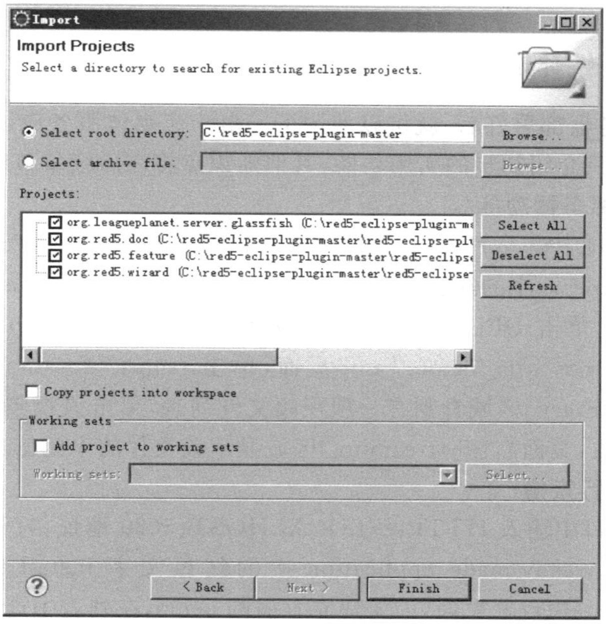

图 2-8 Import 导入项目

4. 导出拓展功能

打开 File/Export 对话框,在 Plugin Development 下选择 Deployable-plugins and fragments 项,单击 Next 按钮,单击 Select ALL 选择所有项目,选中 Install into host. Repository:,单击 Finish 按钮进行安装,如图 2-9 所示。然后重启 eclipse,就可以使用安装好的 red5 开发插件了。

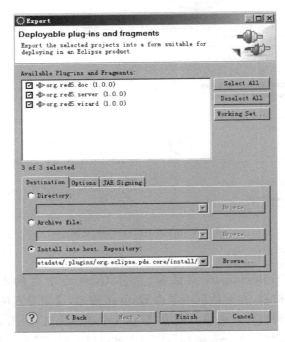

图 2-9　Export 导出扩展

2.1.3　red5 流媒体简单应用

red5 流媒体服务器部署好后,就可以使用了。由于流媒体服务应用还涉及其他许多知识和技术,所以在此只介绍初步的实用功能,其他知识点将在后续章节中详细介绍。

1. 测试流媒体服务器功能

在 IE 浏览器窗口中输入 HTTP://LOCALHOST:5080 地址,打开如图 2-7 所示的页面,单击・bLaunch a demo 中的红色文字 demo 链接,跳转到 http://localhost:5080/demos/页面,如图 2-10 所示。单击 OFLA Demo 下的红色文字 Classic demo 链接,跳转到 http://localhost:5080/demos/ofla_demo.html 页面,单击 rtmp://localhost/oflaDemo 下方的[connect]链接,在[library]区域看到有一项视频文件列表,单击该视频文件,则视频文件开始在[video]区域播放,页面右侧[streaming]区域显示该文件的串流信息,如图 2-11 所示。

2. 通过 red5 进行直播

在 IE 浏览器窗口中输入 HTTP://LOCALHOST:5080 地址,打开如图 2-7 所示的页面,单击・Install a ready-made application 中的红色文字 install 链接,跳转到 http://localhost:5080/installer/#页面,因要建立直播的 demo,在列表中选择 oflaDemo,然后单击 install 进行安装,如图 2-12 所示。

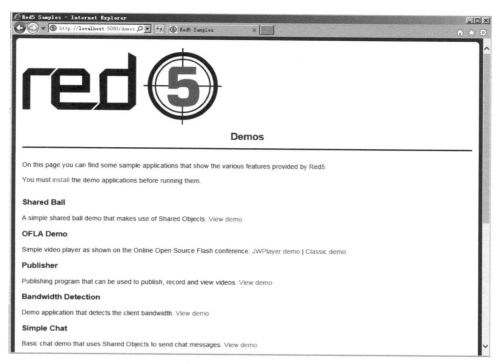

图 2-10 测试流媒体服务器

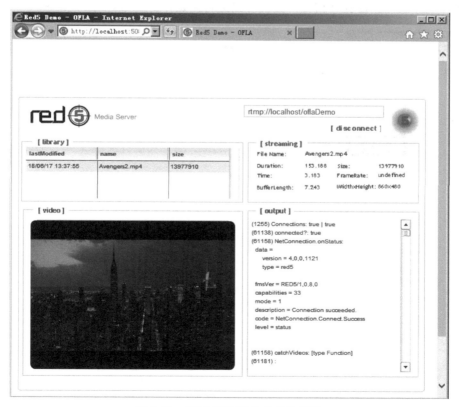

图 2-11 测试 RTMP 地址文件播放

第2章 RTMP流媒体服务器

新媒体编播技术与应用

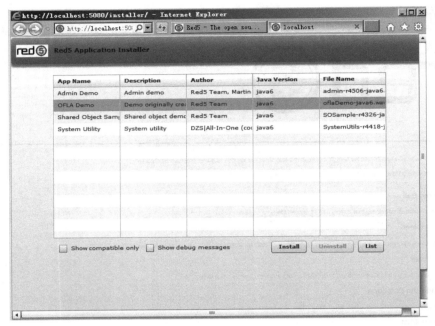

图 2-12　安装 red5"oflaDemo"

安装完成后，在 IE 浏览器中输入地址：http://localhost:5080/demos/publisher.html，进入流媒体发布页面，设置好相关参数就可以进行流媒体的发布，如图 2-13 所示。

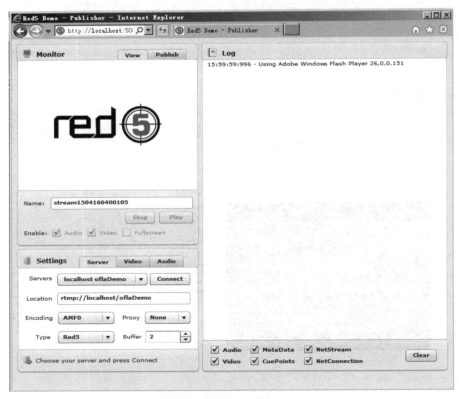

图 2-13　red5 流媒体直播发布

在 Monitor 的 Settings 设置面板中，Video 选项卡可以设置直播摄像设备及视频参数，Audio 选项卡可以设置直播录音设备及音频参数，设置好后需要单击 Start 按钮。Server 选项卡设置推流服务器参数，设置好后单击 Connect 按钮进行服务器连接，然后打开 Monitor 中的 Publish 选项卡，单击 Publish 按钮进行在线直播发布，如图 2-14 所示。

图 2-14　直播发布

3．播放流媒体直播文件

流媒体直播环境建立好后，就可以进行节目直播了，那如何通过浏览器观看直播内容呢？这里介绍一种简单的直播节目的播放方法。

打开硬盘中的 red5 安装文件夹，再打开文件夹 webapps，这个文件夹就是 red5 流媒体发布的文件夹。从中打开 oflaDemo 文件夹，使用文本编辑工具软件打开并编辑里面的 index.html 文件，如图 2-15 所示。

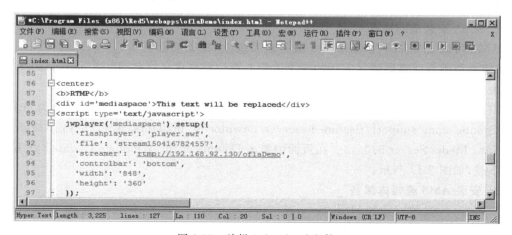

图 2-15　编辑 index.html 文件

其中，file 和 streamer 两个参数项很关键，file 参数就是 red5 中视频发布时的视频名称。streamer 参数是流媒体服务器的地址，注意要使用 IP 地址。

编辑 index.html 文件后,在 IE 浏览器中输入地址 http://localhost:5080/oflaDemo/index.html 就可以观看直播文件了,如图 2-16 所示。

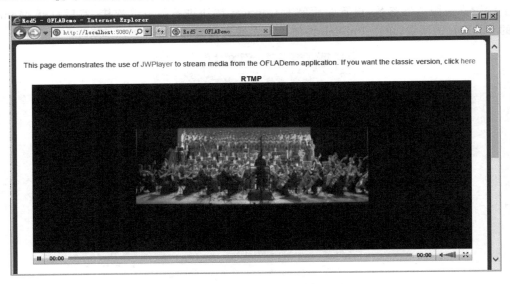

图 2-16 在浏览器中观看直播

2.2 AMS 流媒体系统

媒体服务器(Adobe Media Server,AMS)是 Adobe 公司出品的一款流媒体服务器软件,它使用 Adobe 传统的流媒体协议 RTMP(实时消息协议)提供视频的点播和直播服务。AMS 也称作 Flash 媒体服务器(Adobe Flash Media Server,FMS)。

2.2.1 AMS 安装部署

1. AMS 安装前的准备

AMS 可以安装部署在 Windows 服务器系统上,根据实际需要,在 CPU、内存、硬盘空间、网络带宽等方面需要满足实际的流媒体服务器访问要求。在此,以 Windows 2008 操作系统为例,安装和部署 AMS 系统。

安装前,需要从 Adobe 官方网站下载 AMS 最新服务器软件,下载地址为 http://www.adobe.com/support/flashmediaserver/downloads_updaters.html。目前,最新版本为 Adobe Media Server 5.0.14。在页面中单击 Download the Windows Update (64-bit)就可以下载,如图 2-17 所示。

2. 安装 AMS 流媒体服务

双击已下载的 AdobeMediaServer5_x64.exe 程序,运行安装。点选 I accept the agreement,单击 Next 按钮继续下一步。在出现的 Enter your serial number(输入你的序列号)窗口中输入购买的软件序列号,单击 Next 按钮继续下一步,如图 2-18 所示。

接下来在弹出的确认软件安装文件夹窗口中选择恰当的安装目录,此处选择默认文件夹安装。单击 Next 按钮继续下一步,如图 2-19 所示。

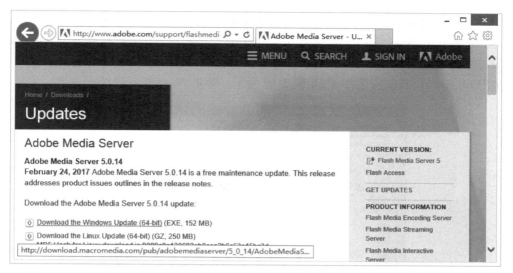

图 2-17 下载 AMS

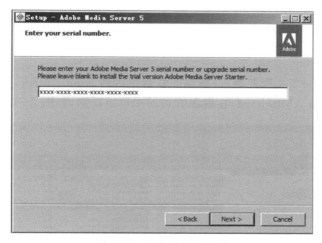

图 2-18 输入软件序列号

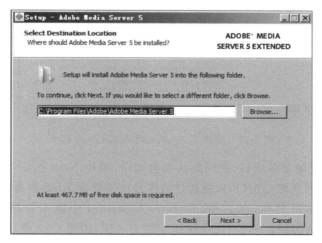

图 2-19 输入安装文件夹

第2章 RTMP流媒体服务器

接下来从弹出的选择安装方式窗口中,可以选择 Full installation、Compact installation 和 Custom installation 3 种方式,Full installation(完全安装)方式在安装 Adobe Media Server 5 的同时也自动安装 Apache 2.4 服务器环境。可以根据需要进行选择。这里选择默认的 Full installation 安装方式,如图 2-20 所示。单击 Next 按钮继续下一步。

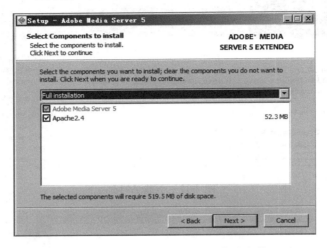

图 2-20　选择 Full installation 模式安装

选择安装 Apache 2.4 服务器后,该服务器会在启动 Adobe Media Server 时启动,占用 TCP 80 号端口,名为 AMSHttpd,在资源管理器中可以看到,如图 2-21 所示。

图 2-21　安装了 Apache 的 AMSHttpd 服务

接下来是建立开始菜单项目,使用默认参数即可,单击 Next 按钮继续下一步。随后弹出建立 AMS 管理服务员账号窗口,以便通过该账号能够管理 AMS 服务器。在 Administrator username 中输入管理员名称,在 Administrator password 中输入管理员密码、在 Confirm password 中输入确认密码。单击 Next 按钮继续下一步,如图 2-22 所示。

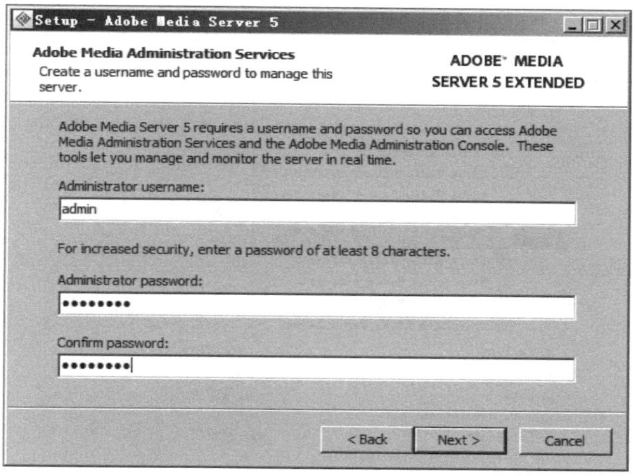

图 2-22 建立 AMS 管理员账号

在接下来弹出的确认监听端口的窗口中,可以在 Enter The Server port(s) 中设置服务器监听端口,在 Enter the Administration Server ports 中设置管理服务监听端口。这里使用默认值即可,如图 2-23 所示。单击 Next 按钮继续下一步。

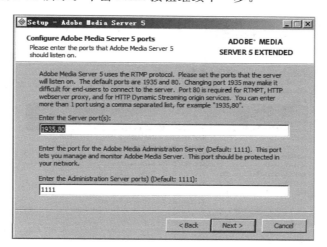

图 2-23 设置服务器监听端口

在接下来的窗口中,单击 Install 按钮开始安装,直至安装完毕。

3. 测试 AMS 流媒体服务

AMS 安装完成后,就可以测试了。

首先启动 AMS。在开始菜单打开 Adobe 菜单项,可以看到有 Start Adobe Media Administration Server 5(启动 AMS 管理服务)、Start Adobe Media Server 5(启动 AMS 服务)和 Stop Adobe Media Administration Server 5(停止 AMS 管理服务)、Stop Adobe Media Server 5(停止 AMS 服务)菜单项,把 Start Adobe Media Administration Server 5 和 Start Adobe Media Server 5 都打开,如图 2-24 所示。AMS 正常启动后,在"Windows 任务管理器中"可以看到相应服务已经运行,如图 2-25 所示。

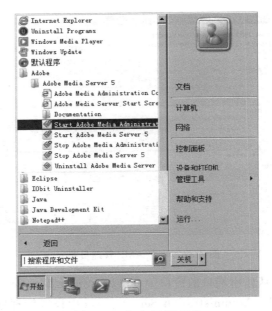

图 2-24　启动 AMS 服务

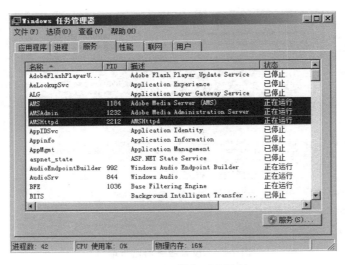

图 2-25　AMS 服务正在运行

在文件夹 C:\Program Files\Adobe\Adobe Media Server 5\samples\videoPlayer 下双击 videoplayer.html，可以在浏览器中打开测试页面，如图 2-26 所示。

图 2-26 中，SOURCE:/applications/vod/media 区域和 SOURCE:/webroot/vod 区域中的视频用于视频点播测试，单击红色列表文件，就可以在播放窗口中播放该视频文件。STREAM URL：是该视频的推流地址。这些列表中的测试视频文件在安装 AMS 时就已经安装到 AMS 服务器安装目录中了。

单击 SOURCE:/applications/live 下的 livestream。在 STREAM URL：中会得到固定的推流地址：rtmp://localhost/live/livestream。通过这个地址就可以进行点播或直播访

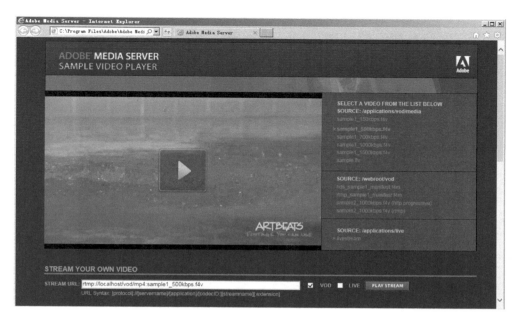

图 2-26 AMS 测试页面

问 AMS 服务器视频。

2.2.2 AMS 简单应用

1. 安装 VLC media player 流媒体播放器

VLC media player 是一款开源的媒体播放器软件,可播放 MPEG-1、MPEG-2、MPEG-4、DivX、DVD/VCD、数字卫星频道、数字地球电视频道(Digital Terrestrial Television Channels)等大多数格式,能够在许多操作环境下通过宽频 IPv4、IPv6 网络播放线上影片,也可以用于播放网络串流,能作为流媒体服务器在 IPv4、IPv6 的高速网络连接下使用。VLC media player 播放媒体时无须安装编解码器包。VLC media player 当前的最新版本为 2.2.6,最新版本可以从 http://www.videolan.org/下载。

文件下载好后,就运行该文件,选择 Chinese (Simplified)(简体中文)进行安装。安装较为简单,在此不再详述。

2. 通过 VLC media player 播放 AMS 的流媒体文件

在文件夹 C:\Program Files\Adobe\Adobe Media Server 5\samples\videoPlayer 下双击 videoplayer.html,打开 AMS 测试页面,如图 2-26 所示。单击文件列表项 sample1_700kbps.f4v,在 STREAM URL:栏中复制地址 rtmp://localhost/vod/mp4:sample1_700kbps.f4v。运行 VLC media player 播放器,在"媒体"菜单中单击"打开网络串流"菜单项,如图 2-27 所示。

在弹出的"打开媒体"窗口中,选中"网络"选项卡,在"网络协议"区域内把从上一步 AMS 测试页中复制的地址粘贴到"请输入网络 URL"的文本栏内,如图 2-28 所示。

单击"播放"按钮,VLC media player 播放器开始播放流媒体服务器地址 rtmp://localhost/vod/mp4:sample1_700kbps.f4v 的流媒体视频文件,如图 2-29 所示。

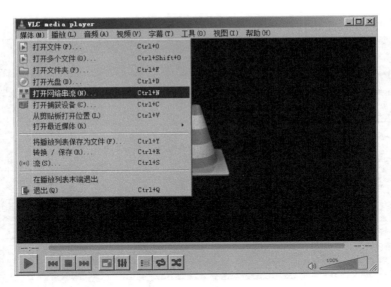

图 2-27　打开网络串流

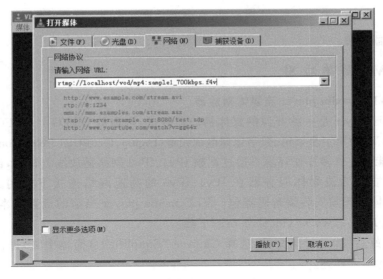

图 2-28　输入网络推流地址 URL

3. 安装 Adobe 推流程序 Adobe Flash Media Live Encoder

Adobe Flash Media Live Encoder 3.2 实时视频和音频捕捉程序是 Adobe 推出的一个流媒体编码器,它能够把音、视频信息实时流式传送到 AMS 流媒体服务器上。该程序能够支持网络摄像机、USB 设备流式传输实时视频。

首先从 Adobe 官方网站下载 Adobe Flash Media Live Encoder 3.2。下载程序后运行安装,安装过程比较简单,在此不再详述。

4. 通过 Adobe Flash Media Live Encoder 进行直播推流

安装完完后,在"开始"菜单启动 Adobe Flash Media Live Encoder 3.2 程序,运行窗口如图 2-30 所示。

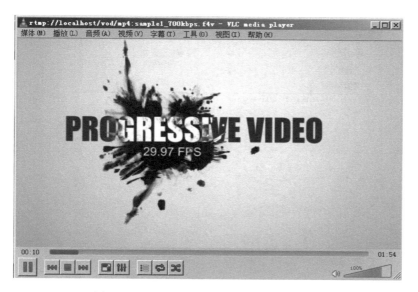

图 2-29 VLC media player 播放流媒体文件

图 2-30 Adobe Flash Media Live Encoder 运行窗口

选择好直播设备(摄像机),设置好推流参数,单击 Start 按钮开始直播。

运行 VLC media player 播放器,在"媒体"菜单中单击"打开网络串流"菜单项,在弹出的"打开媒体"窗口中,选中"网络"选项卡,在"网络协议"区域内,把 rtmp://localhost/live/livestream 填写进"请输入网络 URL"文本栏内,如图 2-31 所示。

新媒体编播技术与应用

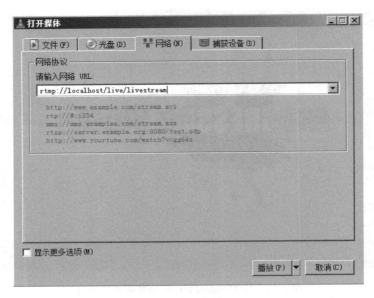

图 2-31 输入直播 URL

单击"播放"按钮,在 VLC media player 播放器中就可以观看正在直播的节目内容,如图 2-32 所示。

图 2-32 观看直播画面

5. 通过控制台管理 AMS 服务器

在"开始"菜单中单击 Adobe/Adobe Media Server 5 下面的 Adobe Media Administration Console 菜单项,打开 Adobe Media Server Administration Console 窗口,在 Server Name 中填入 Server 1,在 Server Address 中填入 127.0.0.1,在 Username 和 Password 中输入安装 AMS 时建立的 AMS 管理服务员账号信息,如图 2-33 所示。单击 Login 按钮登录。

登录管理界面后,就可以对 AMS 服务器进行管理了,如图 2-34 所示。

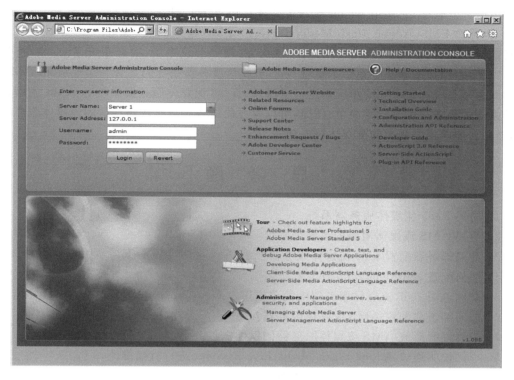

图 2-33　登录 AMS 管理控制台

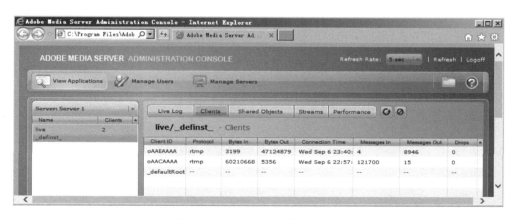

图 2-34　AMS 服务器管理控制台

本 章 小 结

在流媒体系统中，RTMP 是常见的音、视频传输流媒体协议。实际应用中，有很多商业化程序和免费开源程序能够提供 RTMP 服务（RTMP Server）的应用。其中，red5 是一个被广泛使用的开源流媒体服务器软件，采用 Java 开发环境，支持 Flash 格式的流媒体，功能上与 FMS（Flash Media Server）类似。AMS（Adobe Media Server）是 Adobe 公司出品的一款流媒体服务器软件,它使用 Adobe 传统的流媒体协议 RTMP 提供视频的点播和直播服务。AMS 也称作 FMS(Adobe Flash Media Server)。FMS 是 Flash 大家庭的一员,被普遍认为是目前开发 Web 音、视频应用程序(视频聊天室、视频会议系统、播客系统、音视频留言等)的最方便、最快捷的解决方案。本章就 red5 流媒体服务器系统的部署和简单应用、AMS 流媒体服务器系统的部署和简单应用进行了讲解。red5 流媒体服务器系统和 AMS 流媒体服务器系统的部署与配置较为简单、便捷,可以很方便地搭建具有较高性能的流媒体服务器平台,该平台能够提供强大的流媒体服务功能。

思 考 题

1. 简述 Red5 流媒体服务器系统。
2. 简述 AMS 流媒体服务器系统。
3. 如何部署和配置 red5 流媒体服务器?
4. 如何配置 eclipse 的 red5 开发?
5. 举例说明 red5 流媒体服务器的简单应用。
6. 如何部署和配置 AMS 流媒体服务器?
7. 举例说明播放 AMS 流媒体服务器的媒体文件。
8. 举例说明通过 Adobe Flash Media Live Encoder 进行直播推流。
9. 如何通过控制台管理 AMS 服务器?

第 3 章 VJMS3 流媒体服务器部署

VJMS3 流媒体服务器系统包括服务器端程序和客户端程序。本章通过 VJMS3 流媒体系统服务器端程序的安装和设置，讲解流媒体服务器的部署过程。

3.1 VJMS3 流媒体系统

VJMS3 是南京纳加软件股份有限公司推出的流媒体系统，由 VJLive P2P 直播系统、VJVOD P2P 点播系统、VJMIS 媒资管理等系统构成，并由富终端播放器组（VJTVPlayer series）提供播放。VJMS3 流媒体系统的部署如图 3-1 所示。

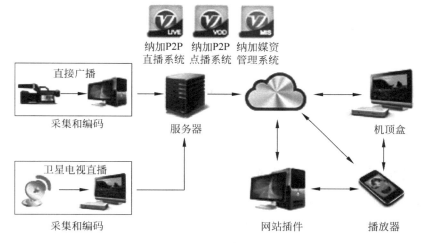

图 3-1 VJMS3 流媒体系统的部署

3.1.1 VJLive 流媒体直播系统

纳加 P2P 直播系统（VJLive）是以软件形式安装于服务器上的 P2P 直播分发系统，提供了安装于服务器端的视、音频流分发服务，可以快速将一台普通服务器转化为一台高性能的 P2P 直播服务器。纳加 P2P 直播系统的部署如图 3-2 所示。

3.1.2 VJVod 流媒体点播系统

纳加 P2P 点播系统（VJVod）是以软件形式安装于服务器上的 P2P 点播系统，提供了安装于服务器端的视、音频文件分发服务，通过结合各类媒资管理系统（管理视、音频资源，包括视频文件打点、截图、转码、上传等）、内容管理系统及网站（包括访谈、电影、播客、教育等

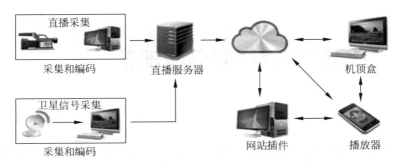

图 3-2 纳加 P2P 直播系统的部署

类型网站),为客户快速建立一套网络视、音频点播服务平台。VJVod 流媒体点播系统的部署如图 3-3 所示。

图 3-3 VJVod 流媒体点播系统的部署

3.1.3 VJMS3 流媒体系统的特点

VJMS3 流媒体系统具有以下特色功能：

(1) P2P 功能：支持 P2P,单台服务器负载可达 3000 人以上,带宽节省率达到 80% 以上。

(2) 超大规模部署：系统部署可扩展性强,支持 P2P+CDN 结构,支持智能负载均衡；增加和减少服务器无须对其他平台(如 CMS)作调整。

(3) 高安全性：采用私有协议传输,保证内容播出安全性,支持防盗链和防下载功能；支持 IP、域名规则过滤；支持密码、用户+密码、域名验证等访问控制策略。

(4) 媒体文件转码：支持任意视频文件转码为 mp4/flv/ts,支持 h.264/aac、h.264/mp3、flv/mp3 编码组合,h.264 支持 baseline/main/high 规范,转码视频画面大小、帧率、视频码率、音频采样率、音频码率可设置,支持消除隔行,支持自动添加角标。

(5) 虚拟文件直播：提供定时播、垫播、顺播、轮播等多种播出模式,支持实况直播推流优先功能。

(6) 丰富的实时运行参数查询：包括在线人数、带宽使用量、CPU 使用率、内存使用量、各种协议的在线和带宽使用量。

（7）实时回放：纯 Flash 的实时回放，能自动生成节目列表，还可实现切割、保存节目的功能。

（8）移动终端支持：包括 Android、IOS 手机或平板电脑及机顶盒系统，自带 HLS(HTTP Live Streaming)切片功能，可完美实现苹果系统的播出。

（9）多重收看平台：通过各种浏览器插件（如 IE、FireFox 等）收看平台。

（10）广告系统：在视频缓冲、暂停、停止部分显示广告。可以实现在视频上文字跑马灯、播放器控制栏文字跑马灯、视频上浮动广告。同样支持右下角、IE 弹窗广告。广告类型方面支持 htm、图片、Flash 媒体等。

（11）其他特色功能：延时控制、实况定时录制及点播提交、聊天室、广播级高清、高速启动、收看端带宽友好、复杂网络环境自适应、收看端资源低占用、内容保护等。

3.2 VJMS3 流媒体服务器的安装

3.2.1 VJMS3 流媒体服务器的部署及配置要求

VJMS3 流媒体系统部署如图 3-4 所示。

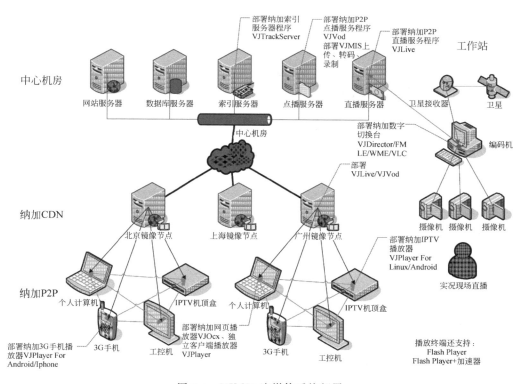

图 3-4 VJMS3 流媒体系统部署

安装 VJMS3 流媒体服务器，计算机设备软硬件需要满足以下最低要求：

1）硬件环境：

CPU：Xeon 四核。

内存：4GB。

网卡：千兆。

硬盘：至少 500MB 剩余空间。

点播根据视频文件数量和在线多少考虑硬盘的容量和存储类型，建议使用磁盘阵列。

2）软件环境

建议：Win2003 Server、Win2008 Server。

支持：WinXP(SP2 以上)、Win2003(SP1 以上)、Vista、Win7、Win2008 以上系统 32、64 位皆可。

3.2.2 VJMS3 流媒体服务器安装配置实例

（1）以 Windows 2008 操作系统为例。在 VJMS3 安装包文件夹下找到 VJMS3-ch-x64.exe 程序（如果是 32 位操作系统，则安装 VJMS3 安装包文件夹中 server 文件下的 VJMS3-ch-x86.exe 程序），运行该 VJMS3 服务器端安装程序，按照安装提示，勾选安装组件，如图 3-5 所示。单击"下一步"按钮，选择安装位置，这里可以采用默认值，安装到 C:\Program Files\Nagasoft\VJMS3。单击"下一步"按钮。选择授权方式，授权可以在以后完成，这里选择"产品试用"。单击"下一步"按钮，随后单击"安装"按钮开始安装。安装完成后，系统给出提示信息。

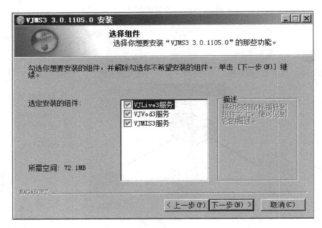

图 3-5　VJMS3 服务器端安装

（2）打开 C:\Programfiles\Nagasoft\VJMS3\live\文件夹，找到 VJLive 配置文件：vjlive.cfg，使用文本编辑器软件（如 Windows 自带的记事本程序）打开该文件，可以看到配置信息，如图 3-6 所示。其中相关配置参数如下：

① 引入服务器和索引服务器地址

试用版用户不需要修改这些配置，直接使用默认的 tracker.nagasoft.cn 进行测试，从该服务器获取的直播频道和点播授权使用期限为 1 天，正式版用户需要购买授权，用户把 Tracker 安装包安装到服务器上后，需要进行配置：

```
NatServer = ip:3502
TrackerServer = http://ip:8500/cgi-bin/live.fcgi
```

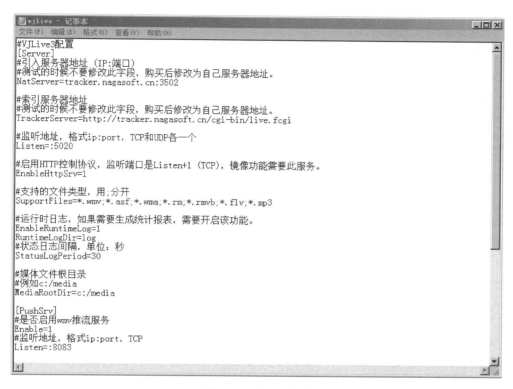

图 3-6　VJLive 配置

其中,ip 为安装 Tracker 服务器的 IP 地址或者域名。

② 服务端口

＃监听地址,格式 ip:port,TCP 和 UDP 各一个
Listen = :5020
＃启用 HTTP 控制协议,监听端口是 Listen + 1 (TCP),镜像功能需要此服务。
EnableHttpSrv = 1

③ 运行时日志

＃运行时日志,如果需要生成统计报表,需要开启该功能。
EnableRuntimeLog = 1
RuntimeLogDir = c:/vjlive3_log
＃状态日志间隔,单位：秒
StatusLogPeriod = 30

④ 媒体文件根目录

＃媒体文件根目录
MediaRootDir = c:/media

管理终端可以获取到此目录的文件和文件夹列表,添加到直播播放列表里面。

⑤ PushSrv

＃是否启用 wmv 推流服务

Enable = 1
# 监听地址,格式 ip:port,TCP
Listen = :8083

⑥ RtmpSrv

# 是否启用 rtmp 服务,用于 rtmp 推流、flash 播放。
Enable = 1
# 监听地址,格式 ip:port,TCP
Listen = :1935

⑦ Webservice

# 是否启用 web service 接口,管理终端需要此服务。
Enable = 1
# Web Service 服务监听地址,格式 ip:port,TCP
Listen = :8091
# 服务线程
ThreadNums = 4
# 访问密码,强烈建议安装后修改此密码,管理终端访问需要此密码。
Password = admin

为了保证安全,安装后要立即修改 Password 字段,管理终端需要此密码来管理服务器。

(3) 打开 C:\Programfiles\Nagasoft\VJMS3\vod\ 文件夹,找到 VJVod 配置文件：vjvod.cfg,使用文本编辑器软件(如 Windows 自带的记事本程序)打开该文件,可以看到配置信息,如图 3-7 所示。

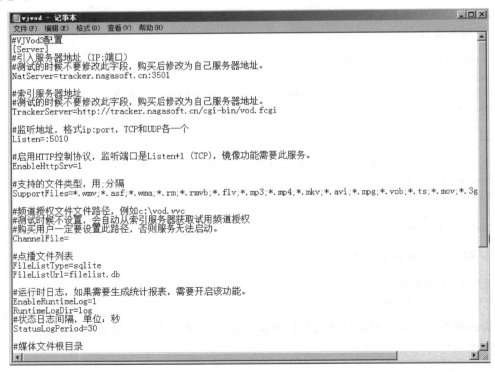

图 3-7　VJVod 配置

其中相关配置参数如下：
① 引入服务器和索引服务器地址

试用版用户不需要修改这些配置，直接使用默认的 tracker.nagasoft.cn 进行测试，从该服务器获取的直播频道和点播授权使用期限为1天，正式版用户需要购买授权，用户把 Tracker 安装包安装到服务器上后，需要进行配置：

```
NatServer = ip:3501
TrackerServer = http://ip:8500/cgi-bin/vod.fcgi
```

其中，ip 为安装 Tracker 服务器的 IP 地址或者域名。
② 频道授权文件

```
#频道授权文件路径,例如 c:\vod.vvc
#试用版可以不设置,会自动从索引服务器获取试用频道授权保存到当前目录的 trial.vvc,使用期限为1天,正式版需要购买授权。
#正式版用户一定要设置此路径,否则服务无法启动。取得授权文件(vvc文件)后上传到服务器,并设置路径。
ChannelFile =
```

③ 服务端口

```
#监听地址,格式 ip:port,TCP 和 UDP 各一个
Listen = :5010
#启用 HTTP 控制协议,监听端口是 Listen+1(TCP),镜像功能需要此服务。
EnableHttpSrv = 1
```

④ 点播文件列表

```
FileListType = sqlite
FileListUrl = c:\filelist.db
```

目前仅支持 sqlite 数据库文件存储点播列表。
⑤ 运行时日志

```
#运行时日志,如果需要生成统计报表,需要开启该功能。
EnableRuntimeLog = 1
RuntimeLogDir = c:\VJVod3_log
#状态日志间隔,单位:秒
StatusLogPeriod = 30
```

⑥ 媒体文件根目录

```
#媒体文件根目录
#例如 c:\media
MediaRootDir = c:\media
```

管理终端可以获取此目录的文件和文件夹列表，添加到点播列表里面。建议修改此目录到服务器媒体文件存储路径。
⑦ 支持的文件类型

```
#支持的文件类型,用;分隔
SupportFiles = *.wmv;*.asf;*.wma;*.rm;*.rmvb;*.flv;*.mp3;*.mp4;*.mkv;*.avi;*
```

.mpg; *.vob; *.mov; *.3gp; *.ogg; *.ogm

管理终端获取服务器文件列表或者发布文件夹的时候会自动根据以上文件类型过滤文件。

⑧ WebService

```
#是否启用 Web Service 接口,管理终端需要此服务。
Enable = 1
#Web Service 服务监听地址,格式 ip:port,TCP
Listen = :8094
#服务线程
ThreadNums = 4
#访问密码,强烈建议安装后修改此密码,管理终端访问需要此密码。
Password = admin
```

为了保证安全,安装后要立即修改 Password 字段,管理终端需要此密码来管理服务器。

(4) 打开 C:\Program Files\Nagasoft\VJMS3\mis\ 文件夹,找到 VJMIS 配置文件：config.ini,使用文本编辑器软件(如 Windows 自带的记事本程序)打开该文件,可以看到配置信息,如图 3-8 所示。

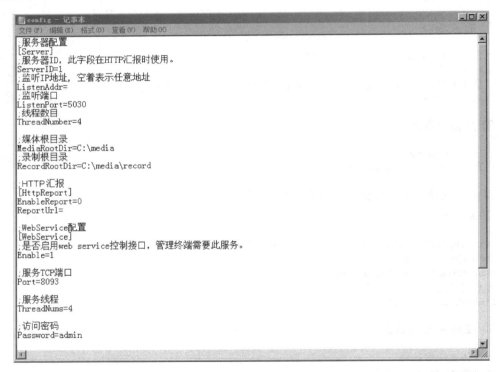

图 3-8　VJMIS 配置

其中相关配置参数如下：

① 服务器配置

```
#服务器 ID,此字段在 HTTP 汇报时使用,建议不同服务器使用不同 ID。
ServerID = 1
#上传服务监听 IP 地址,空着表示任意地址
ListenAddr =
```

```
#上传服务监听端口(TCP)
ListenPort = 5030
#上传服务线程数目
ThreadNumber = 4
```

② HTTP 汇报

```
#是否启用 HTTP 汇报
EnableReport = 0
#汇报地址
ReportUrl =
```

服务会将发生的事件(如上传完成、转码完成等)通过 HTTP 汇报给 Web。

③ WebService

```
#是否启用 Web Service 控制接口,管理终端需要此服务。
Enable = 1
#服务 TCP 端口
Port = 8093
#服务线程
ThreadNums = 4
#访问密码
Password = admin
```

为了保证安全,安装后要立即修改 Password 字段,管理终端需要此密码来管理服务器。

④ 录制配置

```
#录制根目录
RecordDir = C:\media
```

如果录制任务未提供录制保存路径,将在此目录保存。

3.2.3　VJMS3 流媒体服务器的运行

VJMS3 流媒体服务器安装部署完成以后,就可以启动运行了。启动服务前需要完成对所有服务的配置,否则有些服务可能不能正常启动。

1. 启动 VJMS3 流媒体服务

启动 VJMS3 服务可以通过以下 3 种方法来实现。

(1) 双击桌面快捷方式"启动 VJMS3 服务"。

(2) 依次单击"开始"菜单/"所有程序"/Nagasoft/VJMS3/"启动 VJMS3 服务",如图 3-9 所示。

(3) 右击"计算机",单击"管理",打开"服务器管理器"窗口,单击窗口左侧的"服务",从右侧找到服务项: NAGA VJLive Service 3,单击该服务项,从弹出的菜单中单击"启动",启动该服务,如图 3-10 所示。

与以上操作相同,依次启动 NAGA VJMIS Service 3、NAGA VJVod Service 3 服务。

2. 关闭 VJMS3 流媒体服务

关闭 VJMS3 服务可以通过以下 3 种方法实现。

(1) 双击桌面快捷方式"关闭 VJMS3 服务"。

新媒体编播技术与应用

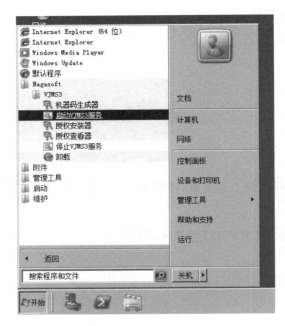

图 3-9　启动 VJMS3 服务一

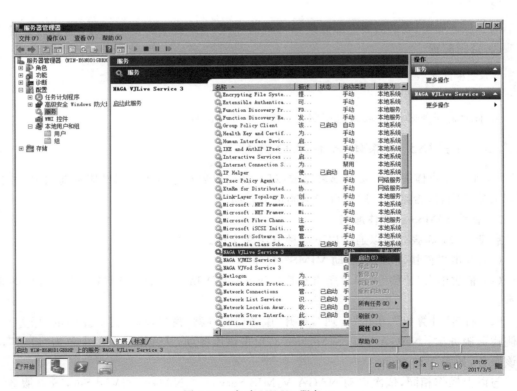

图 3-10　启动 VJMS3 服务二

（2）依次单击"开始"菜单/"所有程序"/Nagasoft/VJMS3/"停止 VJMS3 服务"，如图 3-11 所示。

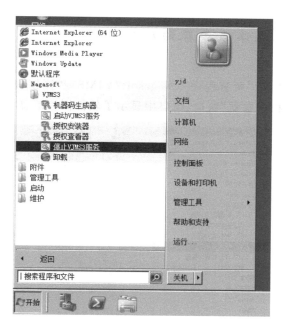

图 3-11 停止 VJMS3 服务一

（3）右击"计算机"，单击"管理"，打开"服务器管理器"窗口，单击窗口左侧的"服务"，从右侧找到服务项：NAGA VJLive Service 3，单击该服务项，从弹出的菜单中单击"停止"，停止该服务，如图 3-12 所示。

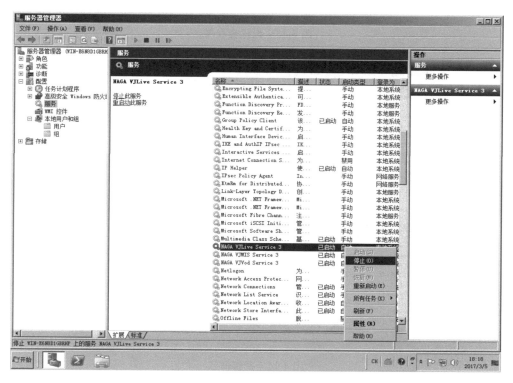

图 3-12 停止 VJMS3 服务二

3.2.4　VJMS3 流媒体服务器的授权

1. 查看授权信息

依次单击"开始"菜单/"所有程序"/Nagasoft/VJMS3/"授权查看器",如图 3-13 所示,弹出"纳加统一产品授权查看器"窗口,窗口中显示了软件授权信息,如图 3-14 所示。

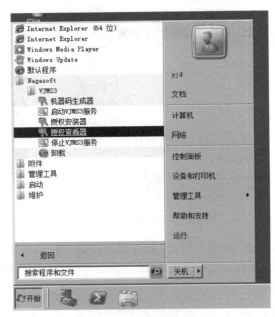

图 3-13　授权查看器

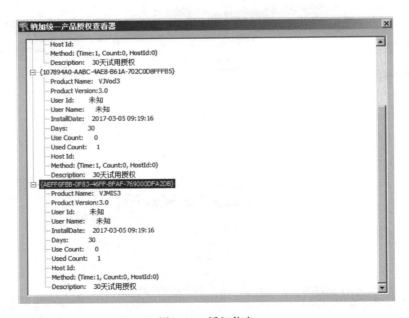

图 3-14　授权信息

2. 获得授权文件

依次单击"开始"菜单/"所有程序"/Nagasoft/VJMS3/"机器码生成器",弹出"纳加主机表示生成器"对话框,对话框中显示了生成的主机标识信息(机器码),复制该主机标识信息给产品供应商,产品供应商根据机器码提供给用户相应的授权文件。授权文件一般以.nlf扩展名表示。

3. 安装授权信息

依次单击"开始"菜单/"所有程序"/Nagasoft/VJMS3/"授权安装器",弹出"纳加统一产品授权安装器"对话框,单击 Select 按钮,弹出"打开文件"窗口,找到并选择产品供应商提供的授权文件,单击"打开"按钮,再单击 Install 按钮安装授权。

4. 授权也可以在服务端程序安装过程中进行

安装 VJMS3 流媒体服务器软件时,在"选择授权方式"时点选"授权文件",在弹出的"打开文件"窗口中找到并选择产品供应商提供的授权文件进行安装即可,如图 3-15 所示。

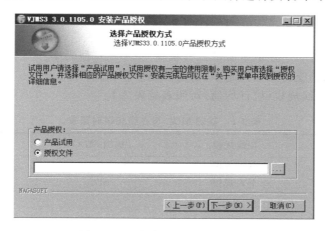

图 3-15　选择授权文件进行安装

3.3　VJMS3 流媒体系统部署的重点和难点

3.3.1　VJMS3 流媒体系统的带宽需求

架设部署流媒体系统,网络带宽是基本的条件保障,带宽不足会严重影响流媒体系统的工作性能,甚至导致流媒体系统丧失实际应用意义。因此,在部署流媒体系统时,要充分考虑流媒体服务需求,合理配置带宽资源。

1. 直播带宽分析

1) 最大直连数 MDC

直播时,网络带宽的计算方式是:直播每个频道可以设置一个最大直连数 MDC,当在线数小于 MDC 时,绝大部分带宽都是服务器负担,当在线数大于 MDC 时,超过 MDC 部分的客户端不连接服务器,由连接服务器的客户端提供上传数据。

$$MDC = 服务器可用带宽 \times 0.9 / 直播码率$$

注意:服务器可用带宽是分配给直播频道的带宽,不能用服务器出口带宽计算,要减去服务器其他应用的消耗(如网站、点播、推流上传等)。

例如,服务器出口带宽是 100Mb/s 独享,分配给直播频道带宽为 20Mb/s,直播码率为 400kb/s,那么 MDC=20×1000×0.9/400=45。

2) 直播推流注意事项

推流发启端的上传带宽必须大于编码码率,并且是稳定的,不能和其他网络应用共享。例如,ADSL 的极限上传速度是 512kb/s,那么编码码率建议不要超过 400kb/s。

推流接收端的下载可用带宽必须大于编码码率,并且是稳定的。例如,在直播服务器带宽有限的情况下,建议把推流接收和直播分开到不同线路或者不同服务器。

3) 频道在线与带宽计算公式(理论值)

当直播码率大于用户平均上传带宽时:

$$频道所需带宽=(直播码率-用户平均上传带宽)×在线数$$

例如,直播码率是 500kb/s,用户平均上传带宽是 400kb/s,在线数是 1000,那么,频道所需带宽=(500kb/s-400kb/s)×1000=100Mb/s。

当直播码率小于用户平均上传带宽时:

$$频道所需带宽=基础 MDC×直播码率$$

基础 MDC 越大,支持的在线越多,稳定性越好。

基础 MDC 与在线规模(统计均值)对照表见表 3-1。

表 3-1 基础 MDC 与在线规模对照表

基础 MDC	在线规模	基础 MDC	在线规模
≤50	百人规模	200	3000 人规模
100	千人规模	500	万人规模

2. 点播带宽分析

点播的客户端播放过的视频会缓存在本地,并在后台提供上传。所以,运营时间越长,点击率越高,服务器带宽节省越大。

根据对长时间运营的运营商运营情况的统计,单服务器 100Mb/s 独享带宽,其在线规模大于等于 3000 人。

3.3.2 VJMS3 流媒体系统协议端口分配

VJMS3 流媒体系统协议端口分配见表 3-2。

表 3-2 VJMS3 流媒体系统协议端口分配

服务	端口	协议	用途
VJMIS	8093	TCP	WebService 端口
	5030	TCP	上传协议端口
VJVod	8094	TCP	WebService 端口
	5010	UDP	协议端口
	5010	TCP	协议端口
	5011	TCP	HTTP 控制协议(TCP 端口+1)

续表

服 务	端 口	协 议	用 途
VJLive	8091	TCP	WebService 端口
	5020	UDP	协议端口
	5020	TCP	协议端口
	5021	TCP	HTTP 控制协议(TCP 端口+1)
	8083	TCP	推流协议端口
	1935	TCP	RTMP 控制协议端口
Tracker	8500	TCP	索引服务器服务端口
	3501	UDP	点播引入服务器端口
	3502	UDP	直播引入服务器端口

本 章 小 结

VJMS3 是南京纳加软件股份有限公司推出的流媒体系统,由 VJLive P2P 直播系统、VJVod P2P 点播系统、VJMIS 媒资管理系统等构成,并由富终端播放器组(VJTVPlayer Series)提供播放。本章就 VJMS3 流媒体服务器系统的部署进行了详细讲解。通过本章的学习,可以从理论到实践对 VJMS3 流媒体服务器有一个整体的认识,初步了解 VJMS3 的部署和设置,掌握 VJLive、VJVod 的具体应用。

思 考 题

1. VJMS3 流媒体系统包含哪些组件?
2. 部署 VJMS3 流媒体服务器的硬件设备有哪些要求?
3. VJMS3 配置参数有哪些?
4. VJLive 的功能是什么?
5. VJLive 配置参数有哪些?
6. VJVod 的功能是什么?
7. VJVod 配置参数有哪些?
8. VJMS3 服务器如何获得授权?
9. 如何在"服务管理器"中启动和停止 VJMS3 各项服务?
10. 直播时,如何计算最大直连数 MDC?
11. 如何理解频道在线与带宽计算公式?

第 4 章　VJMS3 流媒体服务器管理

在第 3 章中，我们学习和安装了 VJMS3 流媒体系统的服务器端程序，部署完成了流媒体服务器系统，接下来需要通过终端程序对流媒体服务器进行管理。

4.1　VJMS3 管理终端程序

4.1.1　VJMS3 管理终端的运行环境

VJMS3 客户端程序可以运行在桌面版的 Windows 系列操作系统下，如 WindowsXP、Windows 7、Windows 8、Windows 10 等操作系统。

对计算机的最低配置要求如下：

CPU：P4 2.0GHz 以上。

内存：128MB 以上。

硬盘：至少 100MB 剩余空间。

4.1.2　VJMS3 管理终端的安装

（1）打开 VJMS3 的 32 位安装文件夹，在 admin 文件夹下找到 VJMS3 的客户端安装程序 VJAC-ch-x86.exe，双击运行该程序，弹出 VJSAC 安装界面，单击"下一步"按钮继续。

（2）在"选择安装位置"界面中选择目标文件夹，默认安装到 C:\Program Files（x86）\Nagasoft\VJSAC 文件夹中，如图 4-1 所示。单击"下一步"按钮继续。

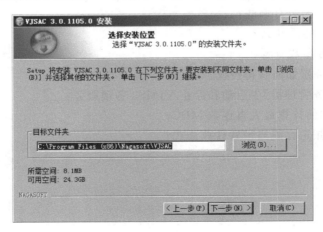

图 4-1　VJSAC 管理终端的安装

（3）在"选择开始菜单文件夹"界面中输入想要建立的开始菜单文件夹名称，默认是Nagasoft\VJSAC，单击"安装"按钮开始安装程序，安装完成后，安装程序在 Windows 桌面建立"VJMS3 管理终端"快捷图标。单击"下一步"按钮继续，完成安装。

4.1.3 VJMS3 管理终端的设置

1. 添加服务器

双击桌面上的"VJMS3 管理终端的安装"快捷方式，运行"VJMS3 管理终端"程序。单击顶部菜单中的"服务器管理""添加"菜单项，弹出"新建服务器"窗口，如图 4-2 所示。其中，"服务器名称"可以任意起名，一般本地服务器起名为 Localhost，"服务器地址"填写安装 VJMS3 服务器的 IP 地址或域名，如果是本地服务器，则填写 127.0.0.1 或者 localhost，如果不是本地服务器，则填写具体的 VJMS3 服务器 IP 地址或域名，如内蒙古艺术学院的 VJMS3 服务器的 IP 地址或域名填写 211.83.136.213 或者 imac.edu.cn。在服务配置栏内，"VJLive 服务""VJVod 服务""VJMis 服务"的端口分别填写 8091、8094、8093，登录密码都填写 admin。填写完后，可以单击右侧"测试"按钮进行测试。如果填写正确无误，则弹出"连接通过"提示；如果填写错误，则弹出"无法连接服务器"提示。服务与端口参考表 3-2。

图 4-2 添加新的 VJMS3 服务器

2. 删除服务器

双击桌面上的"VJMS3 管理终端"快捷方式，运行"VJMS3 管理终端"程序。在窗口左侧的"服务器列表"中选择想要删除的服务器，单击顶部菜单中的"服务器管理""删除"菜单项，选择的服务器被删除。

3. 服务器信息

双击桌面上的"VJMS3 管理终端"快捷方式，运行"VJMS3 管理终端"程序。单击窗口左侧"服务器列表"中的服务器，可以更改服务器的名称和地址以及 VJLive 服务、VJVod 服务和 VJMis 服务的信息。VJLive 服务信息包括索引服务器地址、引入服务器地址、服务器端版本号、媒体文件根目录、用户 ID、用户名称、授权安装日期、可使用天数、主机标识、描述。VJVod 服务信息包括索引服务器地址、引入服务器地址、服务器端版本号、媒体文件根目录、用户 ID、用户名称、授权安装日期、可使用天数、主机标识、描述，如图 4-3 所示。

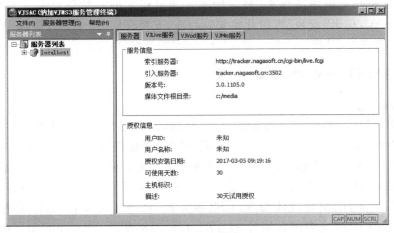

(a) VJLive服务

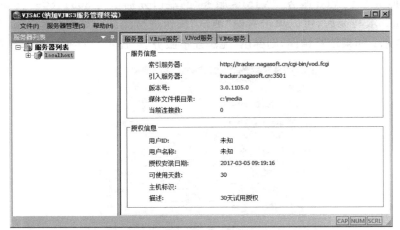

(b) VJVod服务

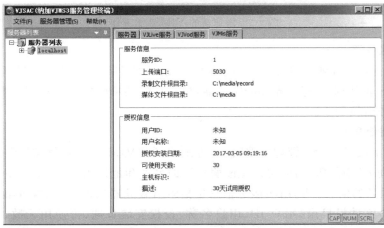

(c) VJMis服务

图 4-3　服务器信息

4.2 VJLive 功能操作

双击桌面上的"VJMS3 管理终端"快捷方式,运行"VJMS3 管理终端"程序,打开 VGSAC 窗口。在窗口左侧"服务器列表"中选择并单击服务器前的"＋"号展开列表,单击 VJLive。

4.2.1 添加频道

(1) 单击 VJSAC 窗口右侧"频道管理"中的"添加源频道",弹出"添加源频道"窗口,如图 4-4 所示。

图 4-4 添加源频道

(2) 在"频道名称"中输入英文和数字字符,例如,输入 c01,以便于推流。注意:频道名称如果有中文或其他符号,包括空格,都会导致无法接收推流。

(3) 在"最大直连数"中输入整数数值。最大直连数的计算公式是:

最大直连数＝服务器可使用的带宽×0.9/直播码率

(4) 在"缓冲数据量"中输入服务器端缓存的数据量,默认为 60s。

(5) 在"频道授权文件"中选择供应商提供的正版授权文件。如果是测试版,则勾选"获取试用频道"。

(6) 勾选"允许镜像",可在其他服务器上为该频道创建镜像频道。

(7) 勾选"推流优先",则当有节目推流到该频道时,将自动优先播放推流的节目。

4.2.2 添加镜像频道

(1) 单击 VJSAC 窗口右侧"频道管理"中的"添加镜像频道",弹出"添加镜像频道"窗口,如图 4-5 所示。

(2) 在"镜像频道名称"中输入英文和数字字符。注意,名称不能与现有的频道名称重复,包括源频道和镜像频道。

(3) 在"源频道 ID"中输入其他服务器上的源频道或镜像频道。

(4) 在"最大直连数"中输入整数数值。最大直连数的计算公式是:

最大直连数＝服务器可使用的带宽×0.9/直播码率

（5）在"缓冲数据量"中输入服务器端缓存的数据量，默认为60s。
（6）勾选"允许镜像"，可在其他服务器上为该频道创建镜像频道。
（7）"源节点设置"栏目。

勾选"自动获取"，自动从索引服务器上获取该频道的其他源节点或者镜像节点。勾选"手动指定"，弹出"源节点列表配置"对话框，手动指定该频道的源节点或者其他镜像节点。源地址格式为 IP 地址或域名，端口默认为 5021，如图 4-6 所示。镜像频道按地址列表尝试连接源，若连接失败，则继续尝试下一个。

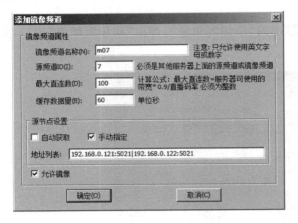

图 4-5　添加镜像频道

图 4-6　源节点列表配置

4.2.3　频道其他操作

1. 删除频道

选择 VJSAC 窗口左侧频道列表中的频道，然后单击 VJSAC 窗口右侧"频道管理"中的"删除频道"按钮即可删除该频道。也可以右击 VJSAC 窗口左侧的频道名称，从弹出的快捷菜单中单击"删除"即可删除该频道。

2. 启动频道

选择 VJSAC 窗口左侧频道列表中的频道，然后单击 VJSAC 窗口右侧"频道管理"中的"启动频道"按钮即可启动频道。也可以右击 VJSAC 窗口左侧的频道名称，从弹出的快捷菜单中单击"启动"菜单项启动该频道。

3. 停止频道

选择 VJSAC 窗口左侧频道列表中的频道，然后单击 VJSAC 窗口右侧"频道管理"中的"停止频道"按钮即可启动频道。也可以右击 VJSAC 窗口左侧的频道名称，从弹出的快捷菜单中单击"停止"菜单项停止该频道。

4.2.4　心跳设置

心跳功能用于服务器定时请求一个 Web 地址或者发送 UDP 包到 UDP 服务器，或用于统计和监控。运行参数包括本地 IP、在线用户数、频道总数、当前上传速度、频道数据等。单击 VJSAC 窗口右侧的"心跳设置"选项卡，打开"心跳指令参数"窗口，如图 4-7 所示。

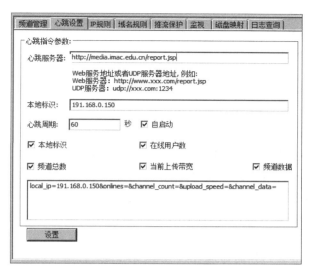

图 4-7　心跳设置

1．心跳服务器

HTTP 服务器或者 UDP 服务器用于接收 HTTP POST 汇报或者 UDP 数据包,数据包内容就是"设置"按钮上方的编辑框的内容。用户需要自行开发一个 Web 页面或者 UDP 服务器,接收心跳的数据包,解析参数出来的参数可以用作统计和监控。心跳服务器支持多个地址组合使用,用"|"分割。

2．本地标识

可以输入任何内容,一般使用 IP 地址,用于区分是哪台服务器发送的请求。例如,192.168.0.150。

3．心跳周期

服务器发送请求的间隔时间,默认为 60s。

4．自启动

勾选"自启动"后,自动执行定时汇报。取消勾选"自启动",则停止定时汇报。

5．参数选择

选择汇报需要提供的参数,有本地 IP、在线用户数、当前上传带宽、频道总数、频道数据可供选择。

6．当前上传带宽

其单位为 kb/s。

7．频道数据格式

(频道 ID,频道名,在线,MDC,CDC,上传速度,下载速度,丢包数,延迟包数,可用镜像源地址列表,当前使用镜像源地址…)。

(1) MDC,表示最大直连数。

(2) CDC,表示当前直连数。

(3) 上传速度,单位为 kb/s。

(4) 下载速度,单位为 kb/s。

(5) 丢包数,镜像传输丢包数目。

(6) 延迟包数,镜像频道和上级源的延迟秒数。

(7) 可用镜像源地址列表,用"|"分割。

以上参数都输入后,单击"设置"按钮,心跳设置即可生效。注意,每次改变心跳设置的参数,都要单击"设置"按钮,才能提交修改。

4.2.5 IP规则

IP规则用来对P2P/HTTP/RTMP访问者IP进行过滤。IP规则列表按从上到下的顺序查找,如果找到符合条件的IP段规则,就立即终止查找并返回该IP规则的允许/禁止结果。如果找不到符合条件的规则,则返回禁止。过滤协议可以单选,也可以多选。

IP规则分频道级和服务级两级,前者优先级高。先搜索匹配频道级规则,如果找到匹配项,就返回该规则结果;如果未找到,则再搜索服务级规则。

启用IP规则(服务级),只需勾选右侧IP规则中的"启用",然后单击IP规则列表下的"提交"按钮即可。取消勾选"启用",再单击"提交"按钮,则为不启用IP规则(服务级),如图4-8所示。

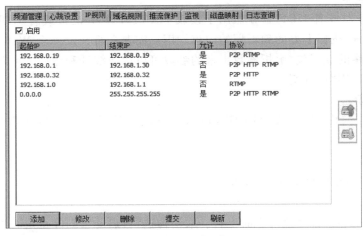

图4-8　IP规则

注意:服务级的IP规则启用之后,只要访问者IP没找到相应规则,则默认禁止访问所有协议。若想去除此限制,可以在服务级的IP规则列表最后面添加一条"允许所有IP访问所有协议"的规则。

IP规则列表管理:

(1) 添加。单击IP规则列表下的"添加"按钮。

起始IP:需要过滤的IP段的起始IP。

结束IP:需要过滤的IP段的结束IP。若只想过滤一个IP,则结束IP要与起始IP一样。

允许:是否允许过滤的IP访问相应的协议。

协议:需要过滤的协议,有P2P、HTTP、RTMP 3种协议供选择,可单选或多选,如图4-9所示。

(2)修改。选择 IP 规则列表中的一条规则,然后单击 IP 规则列表下的"修改"按钮即可对该条规则进行修改。若想改变该条规则的位置,可以通过 IP 规则列表右边的"向上"和"向下"按钮进行调整。

(3)删除。选择 IP 规则列表中的一条规则,然后单击 IP 规则列表下的"删除"按钮即可删除该条规则。

(4)提交。每次勾选/取消勾选"启用",或者对 IP 规则列表进行添加、修改、删除、调整位置等操作后,必须单击 IP 规则列表下的"提交"按钮,才能把操作结果提交到服务器。

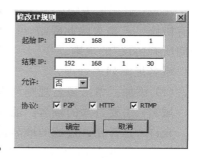

图 4-9　添加 IP 规则

(5)刷新。每次单击"提交"按钮后,可以单击 IP 规则列表下的"刷新"按钮,验证操作结果是否已经提交到服务器。

4.2.6　域名规则

域名规则(服务级)用来对 P2P/HTTP/RTMP 访问 Web 页面地址进行过滤。域名规则列表按从上到下顺序查找,若找到符合条件的域名规则,就立即终止查找并返回该域名规则的允许/禁止结果。如果找不到符合条件的规则,则返回禁止。过滤协议可以单选,也可以多选。

域名规则分频道级和服务级两级,前者优先级高。先搜索匹配频道级规则,如果找到匹配项目,则返回该规则结果;如果未找到,则再搜索服务级规则。

域名匹配算法:给定访问 Web 页面地址(如 http://a.b.com/yyy/zzz.jsp),提取出域名(如 a.b.com),即协议头 http://与第一个'/'之间的内容,并去掉端口。根据此域名搜索域名规则列表,匹配采用从右到左字符比较,不区分大小写。域名匹配算法见表 4-1。

表 4-1　域名匹配算法

输入域名	域名规则	是否匹配
a.b.com	b.com	是
b.com	a.b.com	否

启用域名规则(服务级),只需勾选右侧域名规则中的"启用",然后单击域名规则列表下的"提交"按钮即可。取消勾选"启用",再单击"提交"按钮,则为不启用域名规则(服务级),如图 4-10 所示。

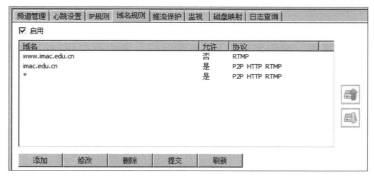

图 4-10　域名规则

注意:启用服务级的域名规则之后,只要访问者域名没找到相应规则,则默认禁止访问所有协议。若想去除此限制,可以在服务级的域名规则列表最后面添加一条"允许所有域名访问所有协议"的规则。

域名规则列表管理:

(1) 添加。单击域名规则列表下的"添加"按钮。

域名:需要过滤的域名。输入"*"号表示所有域名。

允许:是否允许过滤的域名访问相应的协议。

协议:需要过滤的协议,有 P2P、HTTP、RTMP 3 种协议供选择,可单选或多选,如图 4-11 所示。

图 4-11 添加域名规则

(2) 修改。选择域名规则列表中的一条规则,然后单击域名规则列表下的"修改"按钮即可对该条规则进行修改。若想改变该条规则的位置,可以通过域名规则列表右边的"向上"和"向下"按钮进行调整。

(3) 删除。选择域名规则列表中的一条规则,然后单击 IP 规则列表下的"删除"按钮即可删除该条规则。

(4) 提交。每次勾选/取消勾选"启用",或者对域名规则列表进行添加、修改、删除、调整位置等操作,必须单击域名规则列表下的"提交"按钮,才能把操作结果提交到服务器。

(5) 刷新。每次单击"提交"按钮,可以单击域名规则列表下的"刷新"按钮,验证操作结果是否已经提交到服务器。

4.2.7 推流保护

推流保护用于服务器接受推流密码,用来验证推流用户的身份,防止恶意推流到服务器,占用服务器资源。

启用推流保护,与 IP 规则和域名规则不同,只需要勾选右侧推流保护中的"启用推流保护",不需要单击其他按钮。取消勾选"启用推流保护",则为不启用,如图 4-12 所示。

用户列表管理:

(1) 添加。单击用户列表下的"添加"按钮。

用户名:新增推流用户的用户名。

密码:新增推流用户的密码。

允许推流频道:允许该用户推流的频道,空白表示所有频道。

(2) 修改。选择用户列表中的一条信息,然后单击用户列表下的"修改"按钮即可对该条信息进行修改,如图 4-13 所示。修改信息时,假如不修改密码,则不必再次输入密码。

图 4-12 推流保护

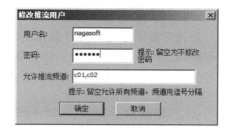
图 4-13 修改推流用户

（3）删除。选择用户列表中的一条信息，然后单击用户列表下的"删除"按钮即可删除该条信息。

（4）刷新。每次对用户列表进行添加、修改、删除操作后，可以单击用户列表下的"刷新"按钮，验证操作结果是否已经提交到服务器。注意，推流保护中的所有操作会立即生效，不需要单击其他按钮，所以操作时应谨慎。

4.2.8 服务级监视

在"监视"栏目中可以监控 VJLive 的在线人数、源频道数目、镜像频道数目、服务启动时间、服务启动时长、当前上传速度、上传总流量、当前下载速度、下载总流量、系统 CPU 使用率、系统内存使用量，如图 4-14 所示。

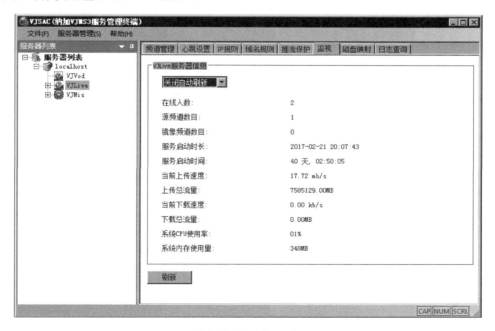
图 4-14 VJLive 监视

监视内容可以通过单击"刷新"按钮进行刷新，也可以通过"自动刷新"的下拉框设置自动刷新时间。可以设置 1s、3s、5s、8s 和 10s 的刷新间隔。

4.2.9 服务级日志查询

查询直播服务的访问日志和统计日志，可以了解直播服务播放、IP 规则、域名规则、推流保护等访问情况，也可以了解直播服务在线人数、上传速度、内存使用量、CPU 使用率等统计情况。日志可以导出并用来生成访问和统计图表，如图 4-15 所示。

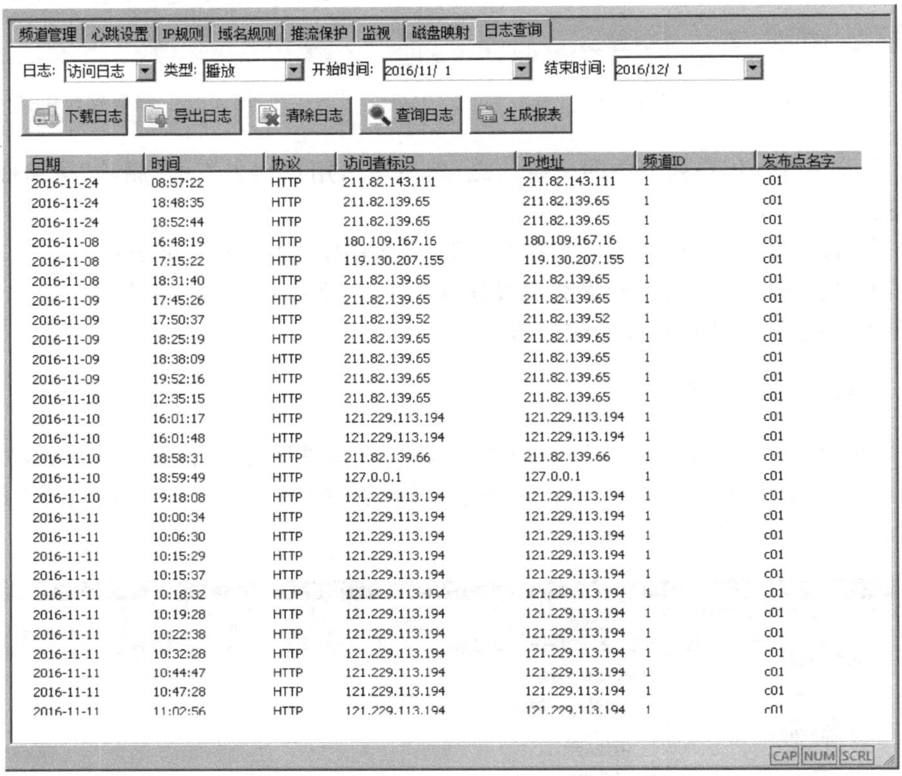

日期	时间	协议	访问者标识	IP地址	频道ID	发布点名字
2016-11-24	08:57:22	HTTP	211.82.143.111	211.82.143.111	1	c01
2016-11-24	18:48:35	HTTP	211.82.139.65	211.82.139.65	1	c01
2016-11-24	18:52:44	HTTP	211.82.139.65	211.82.139.65	1	c01
2016-11-08	16:48:19	HTTP	180.109.167.16	180.109.167.16	1	c01
2016-11-08	17:15:22	HTTP	119.130.207.155	119.130.207.155	1	c01
2016-11-08	18:31:40	HTTP	211.82.139.65	211.82.139.65	1	c01
2016-11-09	17:45:26	HTTP	211.82.139.65	211.82.139.65	1	c01
2016-11-09	17:50:37	HTTP	211.82.139.52	211.82.139.52	1	c01
2016-11-09	18:25:19	HTTP	211.82.139.65	211.82.139.65	1	c01
2016-11-09	18:38:09	HTTP	211.82.139.65	211.82.139.65	1	c01
2016-11-09	19:52:16	HTTP	211.82.139.65	211.82.139.65	1	c01
2016-11-10	12:35:15	HTTP	211.82.139.65	211.82.139.65	1	c01
2016-11-10	16:01:17	HTTP	121.229.113.194	121.229.113.194	1	c01
2016-11-10	16:01:48	HTTP	121.229.113.194	121.229.113.194	1	c01
2016-11-10	18:58:31	HTTP	211.82.139.66	211.82.139.66	1	c01
2016-11-10	18:59:49	HTTP	127.0.0.1	127.0.0.1	1	c01
2016-11-10	19:18:08	HTTP	121.229.113.194	121.229.113.194	1	c01
2016-11-11	10:00:34	HTTP	121.229.113.194	121.229.113.194	1	c01
2016-11-11	10:06:30	HTTP	121.229.113.194	121.229.113.194	1	c01
2016-11-11	10:15:29	HTTP	121.229.113.194	121.229.113.194	1	c01
2016-11-11	10:15:37	HTTP	121.229.113.194	121.229.113.194	1	c01
2016-11-11	10:18:32	HTTP	121.229.113.194	121.229.113.194	1	c01
2016-11-11	10:19:28	HTTP	121.229.113.194	121.229.113.194	1	c01
2016-11-11	10:22:38	HTTP	121.229.113.194	121.229.113.194	1	c01
2016-11-11	10:32:28	HTTP	121.229.113.194	121.229.113.194	1	c01
2016-11-11	10:44:47	HTTP	121.229.113.194	121.229.113.194	1	c01
2016-11-11	10:47:28	HTTP	121.229.113.194	121.229.113.194	1	c01
2016-11-11	11:02:56	HTTP	121.229.113.194	121.229.113.194	1	c01

图 4-15　日志查询

进行日志查询，可以指定日期区间，如一天或者一个月。日志时间跨度不宜过大，不宜频繁查询，一般在用户数少的情况下做，否则可能会影响服务性能和稳定性。

日志的管理方法：

管理日志前，必须选择好所有参数，不然会影响下一步操作。需要选择的参数有 4 个，分别是“日志”“类型”“开始时间”和“结束时间”。

日志：管理的日志，有“访问日志”和“统计日志”两种。

类型：管理的访问日志的类型有 5 种供选择，分别是“播放”“下线”“IP 规则”“域名规则”和“推流”。

开始时间：指定要管理的日志的日期范围。这里选择的是开始时间。

结束时间：指定要管理的日志的日期范围。这里选择的是结束时间。注意，结束时间必须大于开始时间，否则日志为空。

所有参数都选择后，可以对日志进行以下操作。

(1) 查询日志。单击日志列表上的“查询日志”按钮，管理端会从服务器上获取指定日期范围内的日志,并显示到日志列表中。如果本地没有日志缓存文件,同时还会生成日志缓存文件到管理端安装目录下的 log 目录。

(2) 下载日志。服务器上的日志文件存放在 VJLive 服务安装目录下的 log 目录里,通过单击日志列表上的"下载日志"按钮,可以从服务器上把指定日期范围内的日志下载到本地,并整合到本地的日志缓存文件。日志文件默认下载到管理端安装目录下的 log 目录。

(3) 导出日志。首先单击日志列表上的"导出日志"按钮,然后从弹出的对话框中选择存放日志文件的目录,接着单击"保存"按钮,就能把日志列表里显示的内容以 txt 文件的方式导出到选择的目录中。

(4) 清除日志。通过单击日志列表上的"清除日志"按钮,可以清空本地查询列表和本地缓存日志。

4.3 VJLive 频道级操作

4.3.1 频道播放列表管理

选择 VJSAC 窗口左侧频道列表中的频道,如 c01 频道,窗口右侧打开"频道列表管理"界面,如图 4-16 所示。

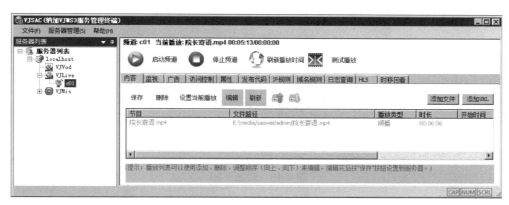

图 4-16 频道列表管理

1. 添加文件

支持的文件类型有 wmv、asf、wma、flv、mp3、rmvb、rm。单击频道管理右侧的"添加文件"按钮,即可选择服务器上的文件。服务器根目录请参考服务器端的"VJLive 配置"。

打开添加文件的窗口,可以对文件进行勾选,最后单击"添加文件"按钮即可添加勾选的文件到直播列表中。同时,添加文件也支持直接输入文件路径方式。在添加文件窗口下方的填写框中输入服务器上的文件路径,然后单击"添加"按钮即可。添加文件到播放列表后,单击播放列表窗口上的"保存"按钮提交到服务器使其生效,如图 4-17 所示。

2. 添加视频流

单击频道管理右侧的"添加 URL"按钮,打开"添加 URL"窗口。在节目名称中输入任意名称。在"URL 链接"中选择合适的视频流类型,如图 4-18 所示。

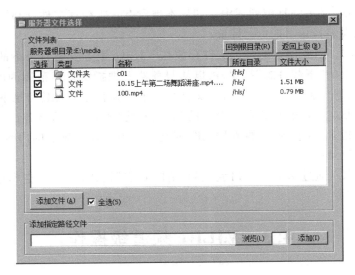

图 4-17 添加文件

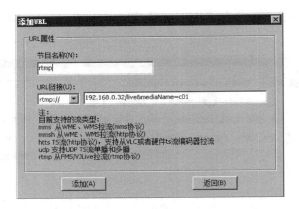

图 4-18 添加 URL

1) Windows Media 编码器(WME)视频流

WME 编码的流有两种协议,分别是 MMS 协议和 HTTP。MMS 协议请在 URL 链接的下拉列表框中选择"mms://",然后在填写框中输入 WME 的地址和端口,如 192.168.0.100:8080。HTTP 请在 URL 链接的下拉列表框中选择 mmsh://,然后在填写框中输入 WME 的地址和端口,如 192.168.0.100:8080。

2) Windows Media Srvices(WMS)视频流

WMS 输出的流也有两种协议,分别是 MMS 协议和 HTTP。MMS 协议在 URL 链接的下拉列表框中选择 mms://,然后在填写框中输入 WMS 的流地址,如 192.168.0.100/live。HTTP 可以在 URL 链接的下拉列表框中选择 mmsh://,然后在填写框中输入 WMS 的流地址,如 192.168.0.100/live。

3) HTTP TS 视频流

支持从 VLC 或硬件 TS 流编码器输出的流地址。通过下拉列表框,选择 htts://,然后在填写框中输入 VLC 或硬件 TS 流编码器输出的流地址,如 192.168.0.100:8880。

4) RTMP 视频流

直播支持从 RED5、Flash media server 或 VJLive 拉 RTMP 流。进行视频流,在 URL 链接的下拉列表框中选择 rtmp://,然后在填写框中输入流地址和流名称,如 192.168.0.32/live&mediaName=c01。在 VJLive 中,完整的 RTMP 视频流格式为:

rtmp://ip[:port]/[appName]&mediaName=[streamName]

5) UDP TS 视频流

直播支持 UDP TS 视频流,支持单播、组播。UDP 单播支持 UDP 单点推送,UDP 组播支持多点广播和接收。通过下拉列表框,选择 udp://,然后在填写框中输入单播/组播地址和端口。例如,组播:234.0.0.123:1234,单播::1234(单播 IP 地址忽略,表示所有 IP 接收单播)。

最后单击窗口下方的"添加"按钮。单击播放列表窗口上的"保存"按钮提交到服务器,使其生效。

3. 编辑列表

对于播放列表中的节目,可以通过"向上"或"向下"按钮来调整节目在列表中的位置,也可以通过"删除"按钮删除列表中的文件。若想修改节目信息,还能通过"编辑"按钮进行修改。关于播放列表节目的播放类型和编辑,请参考第 4.3.2 节。

4. 设置当前播放

单击播放列表中的节目,然后单击"设置当前播放按钮",直播系统就会直接播放该节目。

注意,进行"提交添加文件""添加 URL 视频流""删除节目""编辑列表"等操作,必须单击"保存"按钮提交到服务器以后,才生效。

4.3.2 频道播放列表编辑

直播频道的播放列表由若干节目组成,每个节目由节目名称、节目路径(文件路径或者 URL)、播放类型、播放时长、开始时间、结束时间、缓冲时间(仅对 URL 节目有效)组成。

播放类型有直播、顺播、定时播和垫播,其优先级为直播>定时播>顺播>垫播。

节目名称可以在编辑列表里自己定义。

开始时间为定时播节目的开始播放时间。

结束时间为定时播节目的结束播放时间。

节目路径为文件绝对路径或者流 URL。支持的视频流类型与 URL,请参考第 4.3.1 节。

1. 直播节目

直播节目由编码器推流自动生成,不能添加和编辑。

2. 顺播节目

添加节目后,默认的播放类型是顺播,单击"编辑"按钮,可以更改节目的播放类型。单击选定已添加到播放列表中的节目后,单击"编辑"按钮,如图 4-19 所示。

缓冲时间为 URL 节目源开始播放前需要缓冲的数据量,单位为秒,仅对视频流有效。

3. 定时播放

定时播放节目在指定的开始时间播放,在指定的结束时间结束。如果节目源结束而结束时间未到,则播放其后的顺播;如果没有顺播,则随机播放垫播节目。

图 4-19 顺播节目编辑

在播放列表中选择一个节目,单击"编辑"按钮,弹出"节目编辑"界面,选择"定时播",并设置开始时间和结束时间,如图 4-19 所示。

4．垫播节目

垫播节目的作用是填充相邻定时播之间的空档期,垫播节目的播出是随机选择的。

在播放列表中选择一个节目,单击"编辑"按钮,弹出"节目编辑"界面,选择"垫播",参考图 4-19。

注意,播放列表修改完成后,要保存播放列表到服务器才能生效。

5．播放列表的播放流程

(1) 优先级排序：直播(推流)＞定时播＞顺播＞垫播。

(2) 直播(推流)优先级最高,如果有直播节目上来,立即切到直播节目,且不会被打断。

(3) 定时播起始时间到了且没有直播节目,就切到定时播节目。

(4) 定时播播放完后,播放其后和下一个定时播前的顺播节目。

(5) 如果相邻定时播之间有空档期,就随机播放垫播节目。

(6) 直播结束后,回到第一个顺播。

4.3.3 频道级 IP 规则

IP 规则用来对 P2P/HTTP/RTMP 访问者 IP 进行过滤。IP 规则列表按从上到下的顺序查找,如果找到符合条件的 IP 段规则,就立即终止查找并返回该 IP 规则的允许/禁止结果。如果找不到符合条件的规则,就返回禁止。过滤协议可以单选,也可以多选。

IP 规则分频道级和服务级两级,前者优先级高。先搜索匹配频道级规则,找到匹配项目后返回该规则结果,如果未找到,则再搜索服务级规则。

启用频道级 IP 规则,单击左侧的源频道或镜像频道名称,再单击右侧的"IP 规则"栏目。接着勾选 IP 规则列表上的"启用",然后单击 IP 规则列表下的"提交"按钮即可。取消勾选"启用",再单击"提交"按钮,则为不启用频道级 IP 规则,如图 4-20 所示。

IP 规则列表管理：

1) 添加

单击 IP 规则列表下的"添加"按钮,如图 4-21 所示。

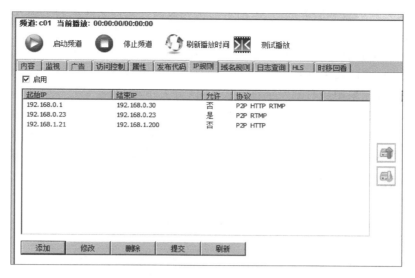

图 4-20　频道级 IP 规则

起始 IP：需要过滤的 IP 段的起始 IP。

结束 IP：需要过滤的 IP 段的结束 IP。若只想过滤一个 IP，则结束 IP 要与起始 IP 一样。

允许：是否允许过滤的 IP 访问相应的协议。

协议：需要过滤的协议，有 P2P、HTTP、RTMP 3 种协议供选择，可单选或多选。

2）修改

选择 IP 规则列表中的一条规则，然后单击 IP 规则列表下的"修改"按钮即可对该条规则进行修改。若想改变该条规则的位置，可以通过 IP 规则列表右边的"向上"和"向下"按钮进行调整。

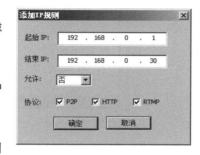

图 4-21　添加 IP 规则

3）删除

选择 IP 规则列表中的一条规则，然后单击 IP 规则列表下的"删除"按钮即可删除该条规则。

4）提交

每次勾选/取消勾选"启用"，或者对 IP 规则列表进行添加、修改、删除、调整位置等操作后，必须单击 IP 规则列表下的"提交"按钮，才能把操作结果提交到服务器。

5）刷新

每次单击"提交"按钮后，可以单击 IP 规则列表下的"刷新"按钮，验证操作结果是否已经提交到服务器。

4.3.4　频道级域名规则

域名规则用来对 P2P/HTTP/RTMP 访问 Web 页面地址进行过滤。域名规则列表按从上到下的顺序查找，若找到符合条件的域名规则，就立即终止查找并返回该域名规则的允许/禁止结果。如果找不到符合条件的规则，则返回禁止。过滤协议可以单选，也可以多选。

域名规则分频道级和服务级两级,前者的优先级高。先搜索匹配频道级规则,如果找到匹配项目,就返回该规则结果;如果未找到,则再搜索服务级规则。

域名匹配算法:给定访问 Web 页面地址(如 http://a.b.com/yyy/zzz.jsp),提取出域名(如 a.b.com),即协议头 http:// 与第一个'/'之间的内容,并去掉端口。根据此域名搜索域名规则列表,匹配采用从右到左字符比较,不区分大小写,见表 4-1。

启用频道级域名规则,单击左侧的源频道或镜像频道名称后,再单击右侧的"域名规则"栏目。接着勾选域名规则列表上的"启用",然后单击域名规则列表下的"提交"按钮即可。取消勾选"启用",再单击"提交"按钮,则为不启用频道级域名规则,如图 4-22 所示。

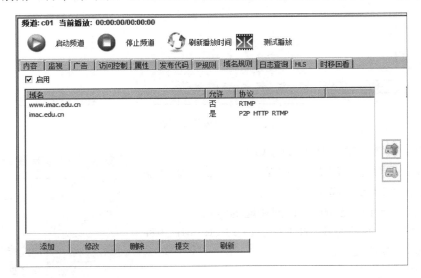

图 4-22　频道级域名规则

域名规则列表管理:

1) 添加

单击域名规则列表下的"添加"按钮。

域名:需要过滤的域名。输入"＊"号,表示所有域名。

允许:是否允许过滤的域名访问相应的协议。

协议:需要过滤的协议,有 P2P、HTTP 和 RTMP 3 种协议供选择,可单选或多选,如图 4-23 所示。

2) 修改

选择域名规则列表中的一条规则,然后单击域名规则列表下的"修改"按钮即可对该条规则进行修改。若想改变该条规则的位置,可以通过域名规则列表右边的"向上"和"向下"按钮进行调整。

3) 删除

选择域名规则列表中的一条规则,然后单击 IP 规则列表下的"删除"按钮即可删除该条规则。

图 4-23　添加域名规则

4）提交

每次勾选/取消勾选"启用",或者对域名规则列表进行添加、修改、删除、调整位置等操作后,必须单击域名规则列表下的"提交"按钮,才能把操作结果提交到服务器。

5）刷新

每次单击"提交"按钮后,可以单击域名规则列表下的"刷新"按钮,验证操作结果是否已经提交到服务器。

4.3.5 频道级日志查询

查询直播频道的访问日志和统计日志,可以了解直播频道的播放、IP规则、域名规则、推流等访问情况,也可以了解直播频道的在线人数、上传速度、内存使用量、CPU使用率等统计情况。日志可以导出并用来生成访问和统计图表。可以指定日期区间的日志查询,如1天或者1个月。日志时间跨度不宜过大,不宜频繁查询,建议在用户数少的情况下操作,否则可能会影响服务性能和稳定性。

管理日志之前,必须选择好所有参数,不然会影响下一步的操作。需要选择的参数有4个,分别是"日志""类型""开始时间"和"结束时间",如图4-24所示。

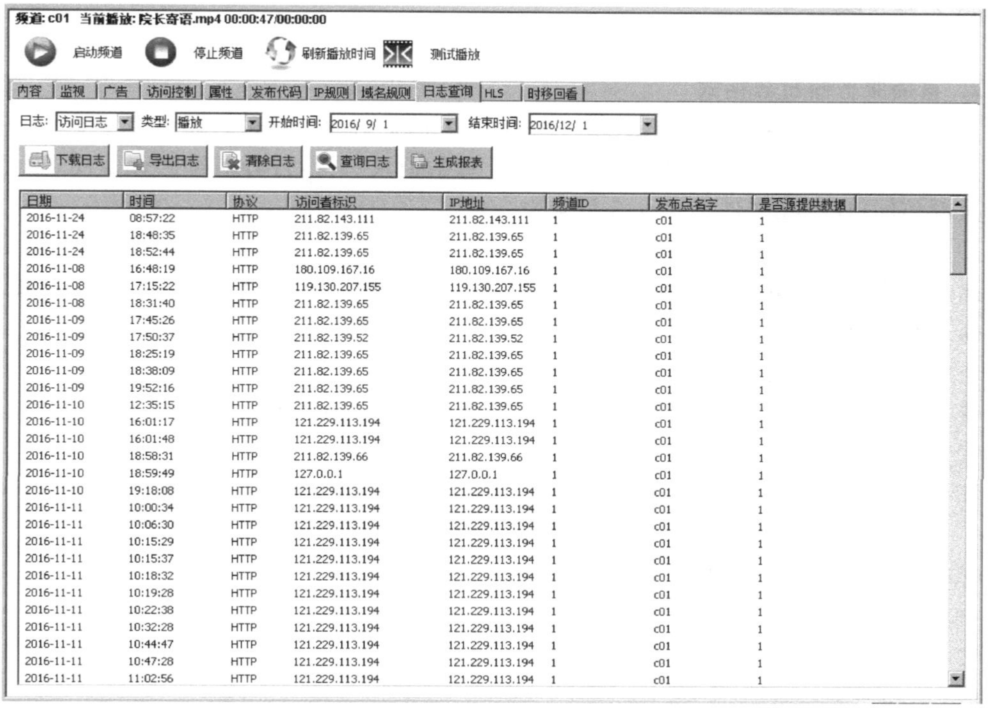

图 4-24　日志管理

日志:管理的日志,有"访问日志"和"统计日志"两种。

类型:管理的访问日志的类型,有"播放""下线""IP规则""域名规则"和"推流"5种。统计日志没有分类型,此项为空。

开始时间:指定要管理的日志的日期范围。这里选择的是开始时间。

结束时间：指定要管理的日志的日期范围。这里选择的是结束时间。注意,结束时间必须大于开始时间,否则日志为空。

所有参数都选择好以后,可以对日志进行以下操作：

1. 日志的管理

1) 查询日志

单击日志列表上的"查询日志"按钮,管理端会从服务器上获取指定日期范围内的日志,并显示到日志列表中。如果本地没有日志缓存文件,同时还会生成日志缓存文件到管理端安装目录下的 log 目录。

2) 下载日志

服务器上的日志文件存放在 VJLive 服务安装目录下的 log 目录里,通过单击日志列表上的"下载日志"按钮,可以从服务器上把指定日期范围内的日志下载到本地,并整合到本地的日志缓存文件。日志文件默认下载到管理端安装目录下的 log 目录。

3) 导出日志

首先单击日志列表上的"导出日志"按钮,然后从弹出的对话框中选择存放日志文件的目录,接着单击"保存"按钮,就能把日志列表里显示的内容以 txt 文件的方式导出到选择的目录中。

4) 清除日志

通过单击日志列表上的"清除日志"按钮,可以清空本地查询列表和本地缓存日志。

2. 直播服务器日志格式

直播服务器日志格式分 access 日志和 status 日志两种。每种日志格式记录在一个文件夹里面,文件名用日期表示,如 2016-12-12。每条记录一行,行分隔符为\n。Access 日志记录资源访问,保存在文件夹 access 目录中。

1) 直播服务器 access 日志格式

播放：日期　时间　[PLAY]　协议　访问者标识　IP 地址　频道 ID　发布点名字　是否源提供数据(1|0)

下线：日期　时间　[CLOSE]　协议　访问者标识　发布点名字

推流：日期　时间　[PUSH]　协议　访问者标识　频道 ID　发布点名字　推流用户名　允许禁止(1|0)

IP 规则：日期　时间　[IPR]　协议　访问者标识　IP 地址　发布点名字　允许禁止(1|0)

域名规则：日期　时间　[DMR]　协议　访问者标识　IP 地址　域名　发布点名字　允许禁止(1|0)

其中,协议有 P2P、HTTP、RTMP,访问者标识在 P2P 中是 peerid,其他协议采用 IP 地址,如图 4-25 所示。

2) 直播服务器 status 日志格式

频道：日期　时间 1　频道 ID　发布点名字　在线人数　直连数　最大直连数　上传带宽(Mb/s)总上传量(MB)下载带宽(Mb/s)总下载量(MB)

服务器：日期　时间 0　在线人数　上传带宽(Mb/s)　总上传量(MB)　下载带宽(Mb/s)　总下载量(MB)　CPU 使用率(%)　内存使用(MB)

直播服务器 status 日志如图 4-26 所示。

2016-11-12 - 记事本

文件(F) 编辑(E) 格式(O) 查看(V) 帮助(H)

```
2016-11-12 00:35:40 [CLOSE] RTMP null c01
2016-11-12 00:35:55 [PLAY] HTTP 211.82.139.49 211.82.139.49 1 c01 1
2016-11-12 00:36:26 [CLOSE] HTTP 211.82.139.49 c01
2016-11-12 00:36:27 [PLAY] HTTP 211.82.139.49 211.82.139.49 1 c01 1
2016-11-12 00:40:11 [PLAY] HTTP 211.82.139.65 211.82.139.65 1 c01 1
2016-11-12 00:43:18 [PLAY] HTTP 211.82.139.49 211.82.139.49 1 c01 1
2016-11-12 00:44:08 [CLOSE] HTTP 211.82.139.49 c01
2016-11-12 00:44:08 [PLAY] HTTP 211.82.139.49 211.82.139.49 1 c01 1
2016-11-12 00:44:10 [CLOSE] HTTP 211.82.139.49 c01
2016-11-12 00:44:38 [PLAY] HTTP 211.82.139.49 211.82.139.49 1 c01 1
2016-11-12 00:44:58 [CLOSE] HTTP 211.82.139.65 c01
2016-11-12 00:44:59 [PLAY] HTTP 211.82.139.65 211.82.139.65 1 c01 1
2016-11-12 00:45:09 [CLOSE] HTTP 211.82.139.49 c01
2016-11-12 00:47:41 [CLOSE] HTTP 211.82.139.65 c01
2016-11-12 00:54:44 [PLAY] HTTP 211.82.139.65 211.82.139.65 1 c01 1
2016-11-12 00:55:17 [CLOSE] HTTP 211.82.139.49 c01
2016-11-12 00:56:07 [CLOSE] HTTP 211.82.139.65 c01
2016-11-12 00:56:07 [PLAY] HTTP 211.82.139.65 211.82.139.65 1 c01 1
2016-11-12 00:56:25 [CLOSE] HTTP 211.82.139.65 c01
2016-11-12 00:56:26 [PLAY] HTTP 211.82.139.65 211.82.139.65 1 c01 1
2016-11-12 01:00:11 [CLOSE] HTTP 211.82.139.65 c01
2016-11-12 01:00:14 [PLAY] HTTP 211.82.139.65 211.82.139.65 1 c01 1
2016-11-12 01:00:15 [CLOSE] HTTP 211.82.139.65 c01
2016-11-12 01:00:17 [PLAY] HTTP 211.82.139.65 211.82.139.65 1 c01 1
2016-11-12 01:00:28 [CLOSE] HTTP 211.82.139.65 c01
2016-11-12 01:00:28 [PLAY] HTTP 211.82.139.65 211.82.139.65 1 c01 1
2016-11-12 01:03:46 [PLAY] HTTP 211.82.139.49 211.82.139.49 1 c01 1
2016-11-12 01:05:09 [CLOSE] HTTP 211.82.139.49 c01
2016-11-12 01:07:20 [CLOSE] HTTP 211.82.139.65 c01
2016-11-12 01:07:22 [PLAY] HTTP 211.82.139.65 211.82.139.65 1 c01 1
2016-11-12 01:07:23 [CLOSE] HTTP 211.82.139.65 c01
2016-11-12 01:07:25 [PLAY] HTTP 211.82.139.65 211.82.139.65 1 c01 1
2016-11-12 01:07:26 [CLOSE] HTTP 211.82.139.65 c01
```

图 4-25　直播服务器 access 日志

2016-11-12 - 记事本

文件(F) 编辑(E) 格式(O) 查看(V) 帮助(H)

```
2016-11-12 00:00:28 1 1 c01 3 2 100 0.039 30 0.031 27
2016-11-12 00:00:28 0 3 0.039 30 0.000 0 1 27
2016-11-12 00:00:58 1 1 c01 3 2 100 0.039 30 0.031 28
2016-11-12 00:00:58 0 3 0.039 30 0.000 0 1 27
2016-11-12 00:01:28 1 1 c01 3 2 100 0.039 30 0.031 28
2016-11-12 00:01:28 0 3 0.039 30 0.000 0 3 27
2016-11-12 00:01:58 1 1 c01 3 2 100 0.039 31 0.031 28
2016-11-12 00:01:58 0 3 0.039 31 0.000 0 4 27
2016-11-12 00:02:28 1 1 c01 3 2 100 0.039 31 0.031 28
2016-11-12 00:02:28 0 3 0.039 31 0.000 0 2 27
2016-11-12 00:02:58 1 1 c01 3 2 100 0.039 31 0.031 28
2016-11-12 00:02:58 0 3 0.039 31 0.000 0 3 27
2016-11-12 00:03:28 1 1 c01 3 2 100 0.039 31 0.031 28
2016-11-12 00:03:28 0 3 0.039 31 0.000 0 2 27
2016-11-12 00:03:58 1 1 c01 3 2 100 0.039 31 0.031 28
2016-11-12 00:03:58 0 3 0.039 31 0.000 0 2 27
2016-11-12 00:04:28 1 1 c01 3 2 100 0.039 31 0.031 29
2016-11-12 00:04:28 0 3 0.039 31 0.000 0 2 27
2016-11-12 00:04:58 1 1 c01 3 2 100 0.039 32 0.031 29
2016-11-12 00:04:58 0 3 0.039 32 0.000 0 2 27
2016-11-12 00:05:28 1 1 c01 3 2 100 0.039 32 0.031 29
2016-11-12 00:05:28 0 3 0.039 32 0.000 0 2 27
2016-11-12 00:05:58 1 1 c01 3 2 100 0.039 32 0.031 29
2016-11-12 00:05:58 0 3 0.039 32 0.000 0 2 27
2016-11-12 00:06:28 1 1 c01 3 2 100 0.039 32 0.031 29
2016-11-12 00:06:28 0 3 0.039 32 0.000 0 2 27
2016-11-12 00:06:58 1 1 c01 3 2 100 0.039 32 0.031 29
2016-11-12 00:06:58 0 3 0.039 32 0.000 0 2 27
2016-11-12 00:07:28 1 1 c01 3 2 100 0.039 32 0.031 30
2016-11-12 00:07:28 0 3 0.039 32 0.000 0 2 27
2016-11-12 00:07:58 1 1 c01 3 2 100 0.039 32 0.031 30
2016-11-12 00:07:58 0 3 0.039 33 0.000 0 2 27
2016-11-12 00:08:28 1 1 c01 3 2 100 0.039 33 0.031 30
```

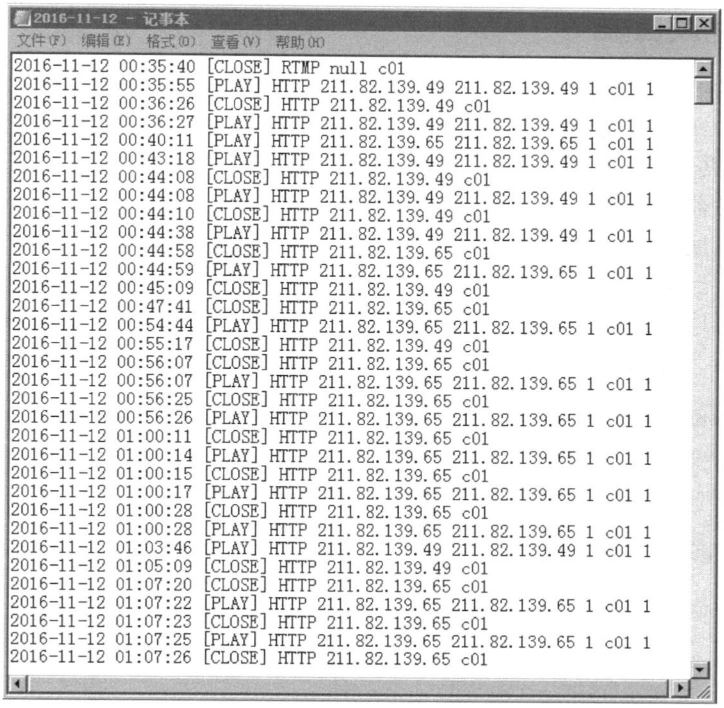

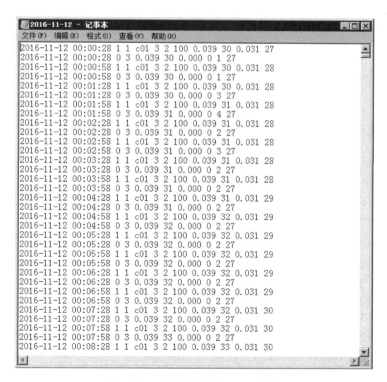

图 4-26　直播服务器 status 日志

4.3.6 频道级监视

单击左侧的源频道或镜像频道名称后,再单击右侧的"监视"选项卡,可以监控当前频道的频道号、系统 CPU 使用率、系统内存使用量、频道启动时间、频道启动时长、在线人数、直连人数、当前上传速度、上传总流量、当前下载速度、下载总流量、已连接服务器(限镜像频道)、可连接服务器列表(限镜像频道)、P2P 在线人数、HTTP 在线人数、RTMP 在线人数、P2P 当前上传速度、P2P 上传总量、HTTP 当前上传速度、HTTP 上传总量、RTMP 当前上传速度、RTMP 上传总量。

监视内容可以通过单击"刷新"按钮进行刷新,也可以通过"自动刷新"的下拉列表框设置自动刷新时间。可以设置 1s、3s、5s、8s 和 10s 的刷新间隔,如图 4-27 所示。

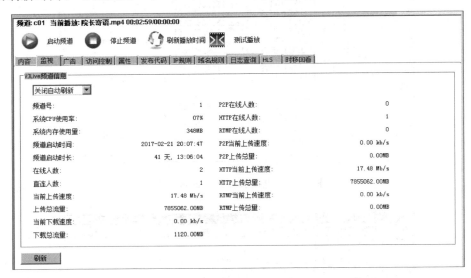

图 4-27 频道监视

4.3.7 HLS 协议

HLS 的全称是 Apple HTTP Live Streaming,是苹果公司开发的基于 HTTP 的直播协议。目前,iPhone/iPad 和 Android3.0+系统都支持 HLS 协议的播放。HLS 协议支持以下格式节目源:RTMP 推流、FLV 文件、UDP TS、HTTP TS。编码支持 H.264 Baseline/AAC Low 和 H.264 Baseline/MP3。

启用 HLS 之前,需要在直播服务器安装 Web 服务器(如 Apache、IIS 等)。IIS 服务器需要添加以下 MIME 类型:

(1).m3u8 application/x-mpegURL。

(2).ts video/MP2T。

配置和启用 HLS 协议如图 4-28 所示。

保存目录必须在 Web 服务器下能访问到(通过配置虚拟目录,或者直接在网站目录下面)。

文件格式支持 mpegts 和 MP4,一般使用 mpegts。

切片间隔不要修改,必须使用默认的 10s。

勾选"启用",单击"提交"按钮启用 HLS,服务会启动一个 naga_segmenter.exe 进程来

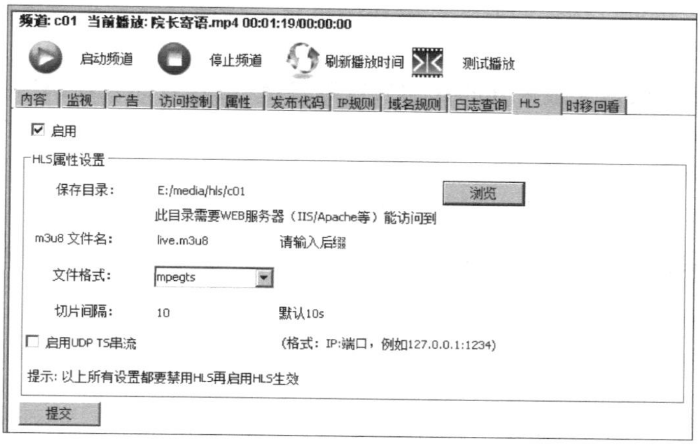

图 4-28 配置和启用 HLS 协议

进行该频道的 HLS 切片。

在支持 HLS 的平台打开 m3u8 的 HTTP 地址即可播放,如 http://211.82.136.213/hls/c01.m3u8。苹果公司推荐的 HLS 编码参数可访问 http://developer.apple.com/library/ios/#technotes/tn2224/_index.html。

4.3.8 时移回看

时移回看功能提供按时间选择回看,需要使用时移回看播放器 VJTVPlayer 进行播放。服务端时移回看将直播内容按天为单位存储到物理硬盘,并提供回看内容给时移回看播放器进行播放。

单击"时移回看"标签进行设置,如图 4-29 所示。

图 4-29 时移回看设置

单击"浏览"按钮可以选择回放文件的存储目录。存储目录需要较大的空间,计算公式如下:

需求空间＝保留天数×3600×24×直播码率(kb/s)/(8×1024×1024)GB

保留天数是指回放内容保留多少天。勾选"启用"复选框,单击"提交"按钮即可启用时移回看。

注意:每次修改都要重新提交才可以生效。

时移回看需要使用时移回看 Flash 播放器 VJTVPlayer 进行播放视频发布。

4.4 VJVod 的使用

双击桌面上的"VJMS3 管理终端"快捷方式,运行"VJMS3 管理终端"程序,打开 VGSAC 窗口。在窗口左侧"服务器列表"中选择并单击服务器前的"＋"号展开列表,单击 VJVod。即可对 VJVod 服务进行设置。

4.4.1 文件管理

VJVod 点播系统可对视频文件进行"添加文件、添加文件夹、取消发布、删除文件、刷新、搜索文件"等操作,如图 4-30 所示。VJVod 点播系统支持的文件类型有很多,包括 wmv、asf、wma、rm、rmvb、flv、mp3、mp4、mkv、avi、mpg、vob、mov、3gp、ogg、ogm。

图 4-30 VJVod 文件管理

1. 添加文件

单击频道管理右侧的"添加文件"按钮,即可选择服务器上的文件。文件根目录参考服务器端的"VJVod 配置"。

打开添加文件的窗口以后,可以对文件进行勾选,最后单击"发布文件"按钮即可将勾选的文件发布到点播列表中。

同时,添加文件也支持直接输入文件路径方式。在添加文件窗口下方的填写框中输入服务器上的文件路径,然后单击"发布"按钮即可。若管理的服务器是本机,还可以通过单击"浏览"按钮,选择服务器文件根目录以外的文件进行发布。

2. 添加文件夹

单击频道管理右侧的"添加文件夹"按钮,即可选择服务器上的文件夹,被选择的文件夹下的所有支持的文件类型都会发布到点播列表中。打开添加文件夹的窗口以后,可以对文件夹进行勾选,最后单击"发布文件夹"按钮即可将勾选的文件夹中的视频文件全部发布到点播列表中。

同时,添加文件夹也支持直接输入文件夹路径方式。在添加文件夹窗口下方的填写框中输入服务器上文件夹的路径,然后单击"发布"按钮即可。若管理的服务器是本机,还可以通过单击"浏览"按钮,选择服务器文件根目录以外的文件夹进行发布。

3．取消发布

单击软件左侧服务器列表中的 VJVod 打开点播的文件管理，然后勾选右侧列表中需要取消发布的文件，最后单击"取消发布"按钮即可。取消发布不会删除服务器上的视频文件。

4．删除文件

单击软件左侧服务器列表中的 VJVod 打开点播的文件管理，然后勾选右侧列表中需要删除的文件，最后单击"删除文件"按钮即可。

注意，删除的文件将直接从服务器上删除，须谨慎操作。

5．刷新

单击软件左侧服务器列表中的 VJVod 打开点播的文件管理，然后单击"刷新"按钮，就会刷新点播列表。

6．搜索文件

单击软件左侧服务器列表中的 VJVod 打开点播的文件管理。在列表的右上方可以直接输入文件名称进行搜索，支持模糊搜索。

7．属性列

文件管理窗口列出文件的各种属性，如图 4-31 所示。

图 4-31　文件列表中的文件属性

4.4.2　目录管理

单击左侧的 VJVod，再单击右侧的"目录管理"选项卡，就能打开目录管理的功能窗口，如图 4-32 所示。

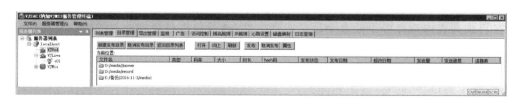

图 4-32　目录管理

1．新建发布目录

单击目录列表上的"新建发布目录"按钮，在弹出的"新建"窗口中单击"浏览"按钮就能选择服务器上的文件目录进行发布。

新建发布目录时，有以下两种方式可以选择：

发布目录下的所有子目录和文件，即发布目录时，自动把发布目录下的所有子目录和文件发布，此为默认选项。服务会自动监控此目录，有文件增加、修改、删除都会自动发布和取消发布。

只发布目录,即发布目录时,发布目录下的子目录和文件不会被发布,必须以后手动发布。

另外,新建发布目录支持直接输入目录路径方式。在"新建"窗口的"目录路径"填写框中输入发布目录的路径即可。

确定好发布目录路径和发布方式后,单击"新建"窗口中的"确定"按钮即可添加发布目录。

2. 取消发布目录

在目录列表内选择一个已发布的目录(注意,选择的必须为发布目录的根目录),然后单击目录列表上的"取消发布目录"按钮,即可取消发布该目录。同时,该目录下的所有子目录和文件也会被取消发布。

提示:选择一个已发布的目录后,右击该目录,从弹出的快捷菜单中选择"取消发布",效果与单击"取消发布目录"按钮相同。

3. 返回目录列表

在任何情况下进行目录管理时,只要单击目录列表上的"返回目录列表"按钮,在目录列表内就会显示出所有已发布的目录。

4. 打开

在目录列表内选择一个目录,通过单击目录列表上的"打开"按钮,或者双击选择的目录,即可进入该目录。

5. 向上

进入一个目录后,通过单击目录列表上的"向上"按钮,即可返回到上一级目录。

6. 刷新

每次进行发布或取消发布操作后,通过单击目录列表上的"刷新"按钮,可以刷新当前目录列表内显示的信息,以验证操作是否成功。

注意,只有文件处于"已发布"的状态,在目录列表内才会显示出该文件的详细信息,否则只会显示出该文件的文件名、大小和修改日期。

7. 发布

在目录列表内选择一个或多个目录或者文件,通过单击目录列表上的"发布"按钮,就能对其进行发布。此时选择的若是目录,则为发布被选择的目录下的所有文件。

提示:选择一个或多个目录或者文件,右击该目录或者文件,从弹出的快捷菜单中选择"发布",效果与单击"发布"按钮相同。

8. 取消发布

在目录列表内选择一个或多个目录或者文件,单击目录列表上的"取消发布"按钮,就能对其进行取消发布。此时选择的若是目录,则为取消发布被选择的目录下的所有文件。

提示:选择一个或多个目录或者文件,右击该目录或者文件,从弹出的快捷菜单中选择"取消发布",效果与单击"取消发布"按钮相同。

注意,若在目录列表内选择的目录为发布目录的根目录,通过单击"取消发布"按钮取消发布的是目录下的所有文件;而通过从快捷菜单中选择"取消发布",则取消发布的是该目录和目录下的所有文件。

9. 属性

在目录列表内选择一个或多个文件,通过单击目录列表上的"属性"按钮,在目录列表下就会显示出该文件的一系列可设置属性。

缓冲广告地址：播放该文件,播放器处于"缓冲"状态时,显示广告的地址。
例如,"http://www.imac.edu.cn/招生广告.html"。
暂停广告地址：播放该文件,播放器处于"暂停"状态时,显示广告的地址。
例如,"http://www.imac.edu.cn/招生广告.html"。
停止广告地址：播放该文件,播放器处于"停止"状态时,显示广告的地址。
例如,"http://www.imac.edu.cn/招生广告.html"。
宽、高：各种广告显示的宽度和高度,空白表示使用广告默认大小,单位为像素(px)。
防盗链：是否开启"防盗链"属性。勾选为"开启",取消勾选为"不开启"。
防下载：是否开启"防下载"属性。勾选为"开启",取消勾选为"不开启"。
允许用户关闭：是否允许用户关闭各种广告。勾选为"允许",取消勾选为"不允许"。
连接数限制：允许连接到服务器收看该文件的用户数目。"0"为不限制。
显示时长：该文件设置的缓冲广告的显示时长。若输入为"0",则自动设置为"10"。

各种属性设置好后,通过单击属性中的"设置"按钮,即可把设置提交到服务器。

提示：选择一个或多个文件后,右击该文件,从弹出的快捷菜单中选择"属性",会弹出一个属性窗口。通过该窗口设置的属性与单击"属性"按钮显示出的可设置属性一致,如图 4-33 所示。

图 4-33　广告属性

4.4.3　导出管理

导出管理用于根据指定的导出条件和链接规则,导出相应文件的"VJMS 链接地址"。单击左侧的 VJVod,再单击右侧的"导出管理"选择卡,就能打开导出管理的功能窗口。

导出管理的使用方法：

1) 选择导出条件

导出条件有 4 种,分别是：按选定目录导出、按选定时间导出、按指定关键字导出和导出所有。

(1) 按选定目录导出：选择该条件后,"导出目录"参数选项会被激活,可以从中选择需要导出的目录,支持多选。

(2) 按选定时间导出：选择该条件后,"导出时间范围"参数选项会被激活,可以从中填写需要导出的时间范围,时间精确到"秒"。注意,结束时间必须大于开始时间,否则导出无效。

(3) 按指定关键字导出：选择该条件后，"关键字内容"参数选项会被激活，可以从中填写需要导出的目录或文件名称，支持模糊搜索。

(4) 导出所有：把所有已发布文件的 VJMS 地址全部导出。

2）选择链接规则

链接规则有 3 种，分别是："取目录＋文件名""只取原文件名""取目录＋文件名（附带真实路径）"。

(1) "取目录＋文件名"：在"VJMS 链接地址"最后面的"|"后，加上该文件所在的目录和文件名，如 media/avi/_1.avi。

(2) "只取原文件名"：在"VJMS 链接地址"最后面的"|"后，加上该文件的文件名，如 1.avi。

(3) "取目录＋文件名（附带真实路径）"：在"VJMS 链接地址"最后面的"|"后，加上该文件所在的目录和文件名，另附加上真实路径，如 media/avi/_1.avi (C:/media/avi/1.avi)。

最后，单击"导出时间范围"参数选项下的"确定"按钮，即可根据前面选择的条件和规则导出相应文件的"VJMS 链接地址"，如图 4-34 所示。

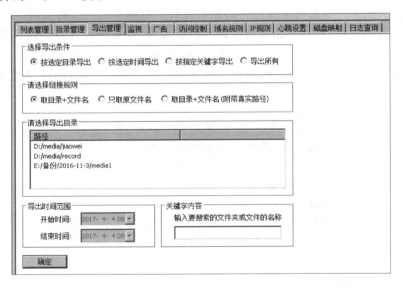

图 4-34　导出管理

4.4.4　广告功能

单击左侧的 VJVod，再单击右侧的"广告"选项卡，就能打开广告功能的设置窗口。设置的广告对所有点播列表中的文件均有效。

第一次打开并且没有广告文件时，先单击"编辑广告文件"。在广告路径为空的实况下，将会打开广告编辑器。打开编辑器就可以进行广告编辑了。

广告编辑好以后，回到管理端 VJVod 的广告设置栏目下，单击"选择广告文件"，把设置好的广告文件加载到窗口中，最后单击下方的"设置广告"按钮，便能对编辑好的广告进行发布。

若想清除已发布的广告，单击广告栏目下的"清除广告"按钮即可。

单文件设置缓冲、暂停、停止广告,只需要在"列表管理"或"目录管理"功能窗口中的列表内选择一个或多个文件,通过右击该文件,从弹出的快捷菜单中选择"属性",会弹出一个属性窗口。在属性窗口中设置缓冲、暂停、停止广告即可。具体参数选项的说明,请参考"目录管理"中的"属性"说明。

4.4.5 访问控制

单击左侧的 VJVod,再单击右侧的"访问控制"选项卡,就能打开广告功能的设置窗口。访问控制有 3 种方式,可以实现简单加密、计费加密和防盗链的功能。设置对所有点播列表中的文件均有效。

(1)简单密码访问控制,即播放器会提示输入访问密码。在此选项的文本框内填上密码。

(2)用户+密码访问控制,即播放会提示用户输入用户名和密码,并把用户名和密码发送提交到设置的 Web 服务 URL 地址进行验证。在此选项的文本框内填上验证的 Web 服务 URL 地址。

(3)域名访问控制,即播放器会把当前访问页面的 URL 提交到 Web 服务进行验证。在此选项的文本框内填上校验域名的 Web 页面地址。

4.4.6 域名规则

域名规则用来对 P2P/HTTP/RTMP 访问 Web 页面地址进行过滤。域名规则列表按从上到下顺序查找,若找到符合条件的域名规则,就立即终止查找并返回该域名规则的允许/禁止结果。如果找不到符合条件的规则,则返回禁止。过滤协议可以单选,也可以多选。

域名匹配算法:给定访问 Web 的页面地址(如 http://a.b.com/yyy/zzz.jsp),提取出域名(如 a.b.com),即协议头 http://与第一个'/'之间的内容,并去掉端口。根据此域名搜索域名规则列表,匹配采用从右到左字符比较,不区分大小写。域名匹配算法见表 4-1。

单击左侧的 VJVod,再单击右侧的"域名规则"选项卡,就能打开域名规则的设置窗口。

启用域名规则,只需要勾选右侧域名规则中的"启用",然后单击域名规则列表下的"提交"按钮即可。取消勾选"启用",再单击"提交"按钮,则为不启用域名规则,如图 4-35 所示。

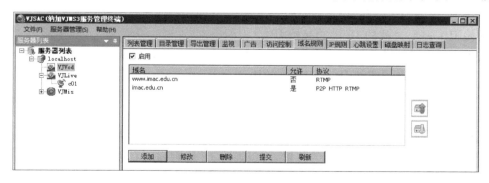

图 4-35 VJVod 域名规则

域名规则列表管理:

1) 添加

单击域名规则列表下的"添加"按钮。

域名:需要过滤的域名。输入"*"号表示所有域名。

允许:是否允许过滤的域名访问相应的协议。

协议:需要过滤的协议,有 P2P、HTTP、RTMP 3 种协议供选择,可单选或多选。

2) 修改

选择域名规则列表中的一条规则,然后单击域名规则列表下的"修改"按钮即可对该条规则进行修改。若想改变该条规则的位置,可以通过域名规则列表右边的"向上"和"向下"按钮进行调整。

3) 删除

选择域名规则列表中的一条规则,然后单击 IP 规则列表下的"删除"按钮即可删除该条规则。

4) 提交

每次勾选/取消勾选"启用",或者对域名规则列表进行添加、修改、删除、调整位置等操作,必须单击域名规则列表下的"提交"按钮,才能把操作结果提交到服务器。

5) 刷新

每次单击"提交"按钮,可以单击域名规则列表下的"刷新"按钮,验证操作结果是否已经提交到服务器。

4.4.7 IP 规则

IP 规则用来对 P2P/HTTP/RTMP 访问者 IP 进行过滤。IP 规则列表按从上到下顺序查找,如果找到符合条件的 IP 段规则,就立即终止查找并返回该 IP 规则的允许/禁止结果。如果找不到符合条件的规则,则返回禁止。过滤协议可以单选,也可以多选。

单击左侧的 VJVod,再单击右侧的"IP 规则"选项卡,就能打开 IP 规则的设置窗口。

启用服务级 IP 规则,只需要勾选右侧 IP 规则中的"启用",然后单击 IP 规则列表下的"提交"按钮即可。取消勾选"启用",再单击"提交"按钮,则为不启用 IP 规则。

IP 规则列表管理:

1) 添加

单击 IP 规则列表下的"添加"按钮。

起始 IP:需要过滤的 IP 段的起始 IP。

结束 IP:需要过滤的 IP 段的结束 IP。若只想过滤一个 IP,则结束 IP 要与起始 IP 一样。

允许:是否允许过滤的 IP 访问相应的协议。

协议:需要过滤的协议,有 P2P、HTTP、RTMP 3 种协议供选择,可单选或多选。

2) 修改

选择 IP 规则列表中的一条规则,然后单击 IP 规则列表下的"修改"按钮即可对该条规则进行修改。若想改变该条规则的位置,可以通过 IP 规则列表右边的"向上"和"向下"按钮进行调整。

3) 删除

选择 IP 规则列表中的一条规则,然后单击 IP 规则列表下的"删除"按钮即可删除该条规则。

4) 提交

每次勾选/取消勾选"启用",或者对 IP 规则列表进行添加、修改、删除、调整位置等操作,必须单击 IP 规则列表下的"提交"按钮,才能把操作结果提交到服务器。

5) 刷新

每次单击"提交"按钮,可以单击 IP 规则列表下的"刷新"按钮,验证操作结果是否已经提交到服务器。

4.4.8 心跳设置

心跳功能用于服务器定时请求一个 Web 地址或者发送 UDP 包到 UDP 服务器,有统计或监控的用途。运行参数包括本地 IP、在线用户数、文件总数、当前上传速度等。

数据格式如下:(Web 请求采用 POST,UDP 直接放入一个 UDP 包)

[local_ip =]&[onlines =]&[vod_file_count =]&[upload_speed =]

单击左侧的 VJVod,再单击右侧的"心跳设置"选项卡,就能打开心跳设置的设置窗口。

(1) 心跳服务器:HTTP 服务器或者 UDP 服务器,用于接收 HTTP POST 汇报或者 UDP 数据包,数据包内容就是"设置"按钮上方的编辑框的内容。运营商需要自行开发一个 Web 页面或者 UDP 服务器,接收心跳的数据包,解析参数用作统计和监控。心跳服务器支持多个地址组合使用,用"|"分割。

(2) 本地标识:可以输入任何内容,一般用 IP 地址,用于区分是哪台服务器发送的。例如 192.168.0.19。

(3) 心跳周期:服务器发送请求的间隔时间,默认为 60s。

(4) 自启动:勾选后,自动执行定时汇报。取消勾选,则停止定时汇报。

(5) 参数选择:选择汇报需要提供的参数,有本地 IP、在线用户数、当前上传带宽、点播影片数可供选择。

(6) 当前上传带宽:单位为 kb/s。

以上参数都输入后,单击"设置"按钮,心跳设置即可生效,如图 4-36 所示。

注意:每次改变心跳设置的参数,都要单击"设置"按钮,才能提交修改。

图 4-36 VJVod 心跳设置

4.4.9 磁盘映射

磁盘映射用来把网络路径地址映射成本地磁盘，类似访问本地硬盘，此功能目前只能用于 Windows 服务器。

注意，启用此功能需要调整本服务的启动账户。服务默认以"系统本地账户"启动，而此账户不具备网络访问权限。所以需要到操作系统的服务管理里面调整本服务的启动账户到具有网络访问权限的账户，推荐使用 Administrator。

单击左侧的 VJVod，再单击右侧的"磁盘映射"选项卡，就能打开磁盘映射的功能窗口，如图 4-37 所示。

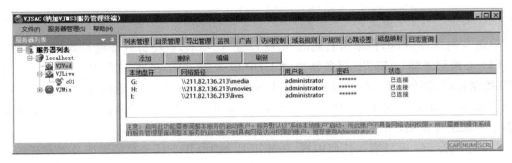

图 4-37 磁盘映射

磁盘列表管理：

1）添加

单击磁盘列表上的"添加"按钮。

本地盘符：访问网络路径的盘符，必须是服务器上不存在的。

网络路径：访问的网络路径，如\\211.82.136.213\media。

用户名：目标服务器的登录用户名，用于连接服务器。

密码：目标服务器的登录密码，用于连接服务器。

"添加磁盘映射"窗口，如图 4-38 所示。

图 4-38 "添加磁盘映射"窗口

2）删除

选择磁盘列表内的一条信息，然后单击磁盘列表上的"删除"按钮即可删除该条信息。

3）编辑

选择磁盘列表内的一条信息，然后单击磁盘列表上的"编辑"按钮即可对该条信息进行修改。

4）刷新

每次对磁盘列表进行添加、删除、编辑操作后，通过单击磁盘列表上的"刷新"按钮，可以刷新磁盘列表内显示的内容，以验证操作是否成功。同时，也可确认网络磁盘的连接状态。

4.4.10 日志查询

查询点播服务的访问日志和统计日志，可以了解点播服务的播放、IP规则、域名规则等访问情况，也可以了解点播服务的在线人数、上传速度、内存使用量、CPU使用率等统计情况。日志可以导出并用来生成访问和统计图表。可以指定日期区间的日志查询，如1天或者1个月。日志时间跨度不宜过大，不宜频繁查询，建议在用户数少的情况下操作，否则可能会影响服务性能和稳定性。

管理日志前，必须选择好所有参数，不然会影响下一步的操作。需要选择的参数有4个，分别是日志、类型、开始时间和结束时间。

日志：管理的日志，有"访问日志"和"统计日志"两种。

类型：管理的访问日志的类型，有播放、下线、IP规则和域名规则4种供选择。统计日志没有分类型，此项为空。

开始时间：指定要管理的日志的日期范围。这里选择的是开始时间。

结束时间：指定要管理的日志的日期范围。这里选择的是结束时间。注意，结束时间必须大于开始时间，否则日志为空。

1. 日志的管理

所有参数都选择好以后，可以对日志进行以下操作。

1）查询日志

单击日志列表上的"查询日志"按钮，管理端会从服务器上获取指定日期范围内的日志，并显示到日志列表中。如果本地没有日志缓存文件，同时还会生成日志缓存文件到管理端安装目录下的log目录。

2）下载日志

服务器上的日志文件存放在VJVod服务安装目录下的log目录里，通过单击日志列表上的"下载日志"按钮，可以从服务器上把指定日期范围内的日志下载到本地，并整合到本地的日志缓存文件。日志文件默认下载到管理端安装目录下的log目录。

3）导出日志

首先单击日志列表上的"导出日志"按钮，然后从弹出的对话框中选择存放日志文件的目录，接着单击"保存"按钮，就能把日志列表里显示的内容以txt文件的方式导出到选择的目录中。

4）清除日志

通过单击日志列表上的“清除日志”按钮，可以清空本地查询列表和本地缓存日志。

2. 点播服务器日志格式

服务器日志格式分两种：Access 日志和 Status 日志。每种日志格式记录在一个文件夹里面，文件名用日期表示，如 2016-09-13。每条记录一行，行分隔符为\n。Access 日志记录资源访问，保存在文件夹 access 目录中。

1）点播服务器 access 日志格式

播放：日期　时间　［PLAY］　协议　访问者标识　IP 地址　文件 hash 标识　文件路径是否成功(1|0)

下线：日期　时间　［CLOSE］　协议　访问者标识

IP 规则：日期　时间　［IPR］　协议　访问者标识　IP 地址　允许禁止(1|0)

域名规则：日期　时间　［DMR］　协议　访问者标识　IP 地址　域名　允许禁止(1|0)

其中协议有 P2P/HTTP，访问者标识在 P2P 中是 peerid，其他协议采用 IP 地址。例如：

```
2016 - 09 - 13 10: 37: 15 [ PLAY ] P2P 00E04D456BE7 @ 5216QHY 211. 82. 139. 215
b1d76323a625f34fd12d871597eadcbf "E:\media\[中专舞蹈专场][16 - 09 - 13].wmv" 1
2016 - 09 - 13 10:50:30 [CLOSE] P2P 00E04D456BE7@5216QHY
```

VJVod Access 日志文件如图 4-39 所示。

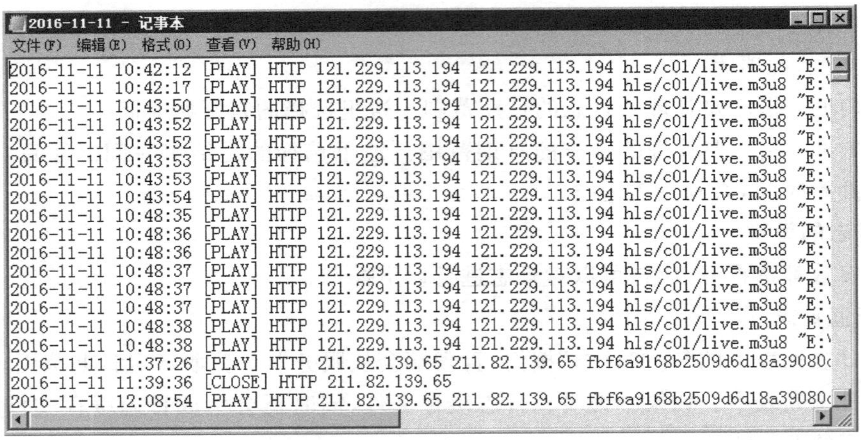
2016-11-11 - 记事本
文件(F) 编辑(E) 格式(O) 查看(V) 帮助(H)

```
2016-11-11 10:42:12 [PLAY] HTTP 121.229.113.194 121.229.113.194 hls/c01/live.m3u8 "E:\
2016-11-11 10:42:17 [PLAY] HTTP 121.229.113.194 121.229.113.194 hls/c01/live.m3u8 "E:\
2016-11-11 10:43:50 [PLAY] HTTP 121.229.113.194 121.229.113.194 hls/c01/live.m3u8 "E:\
2016-11-11 10:43:52 [PLAY] HTTP 121.229.113.194 121.229.113.194 hls/c01/live.m3u8 "E:\
2016-11-11 10:43:52 [PLAY] HTTP 121.229.113.194 121.229.113.194 hls/c01/live.m3u8 "E:\
2016-11-11 10:43:53 [PLAY] HTTP 121.229.113.194 121.229.113.194 hls/c01/live.m3u8 "E:\
2016-11-11 10:43:53 [PLAY] HTTP 121.229.113.194 121.229.113.194 hls/c01/live.m3u8 "E:\
2016-11-11 10:43:54 [PLAY] HTTP 121.229.113.194 121.229.113.194 hls/c01/live.m3u8 "E:\
2016-11-11 10:48:35 [PLAY] HTTP 121.229.113.194 121.229.113.194 hls/c01/live.m3u8 "E:\
2016-11-11 10:48:36 [PLAY] HTTP 121.229.113.194 121.229.113.194 hls/c01/live.m3u8 "E:\
2016-11-11 10:48:36 [PLAY] HTTP 121.229.113.194 121.229.113.194 hls/c01/live.m3u8 "E:\
2016-11-11 10:48:37 [PLAY] HTTP 121.229.113.194 121.229.113.194 hls/c01/live.m3u8 "E:\
2016-11-11 10:48:37 [PLAY] HTTP 121.229.113.194 121.229.113.194 hls/c01/live.m3u8 "E:\
2016-11-11 10:48:37 [PLAY] HTTP 121.229.113.194 121.229.113.194 hls/c01/live.m3u8 "E:\
2016-11-11 10:48:38 [PLAY] HTTP 121.229.113.194 121.229.113.194 hls/c01/live.m3u8 "E:\
2016-11-11 10:48:38 [PLAY] HTTP 121.229.113.194 121.229.113.194 hls/c01/live.m3u8 "E:\
2016-11-11 11:37:26 [PLAY] HTTP 211.82.139.65 211.82.139.65 fbf6a9168b2509d6d18a39080
2016-11-11 11:39:36 [CLOSE] HTTP 211.82.139.65
2016-11-11 12:08:54 [PLAY] HTTP 211.82.139.65 211.82.139.65 fbf6a9168b2509d6d18a39080
```

图 4-39　VJVod Access 日志文件

2）点播服务器 status 日志格式

日期　时间　在线人数　上传带宽(Mb/s)　总上传量(MB)　下载带宽(Mb/s)　总下载量(MB) CPU 使用率(%)　内存使用(MB)

例如：

```
2016 - 09 - 13 10:37:15 123 120.431 1023 10.123 800 12 450
```

VJVod Status 日志文件如图 4-40 所示。

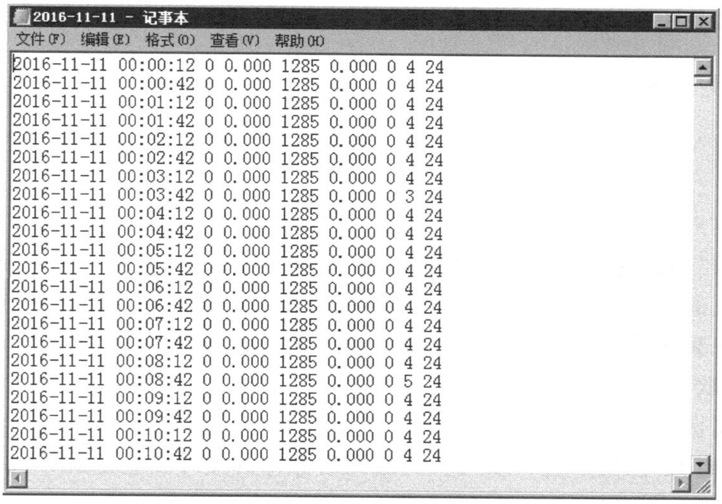

图 4-40　VJVod Status 日志文件

4.4.11　监视

单击左侧的 VJVod,再单击右侧的"监视"选项卡,可以监控系统 CPU 使用率、系统内存使用量、服务启动时间、服务启动时长、在线人数、当前上传速度、上传总流量、当前下载速度、下载总量、已发布文件总数量。

监视内容可以通过单击"刷新"按钮刷新,也可以通过"自动刷新"的下拉列表框设置自动刷新时间。可以设置 1s、3s、5s、8s 和 10s 的刷新间隔,如图 4-41 所示。

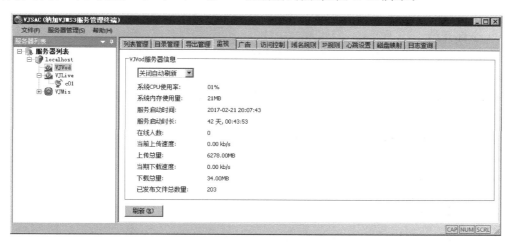

图 4-41　VJVod 监视

4.5　VJMis 的使用

双击桌面上的"VJMS3 管理终端"快捷方式,运行"VJMS3 管理终端"程序,打开 VGSAC 窗口。在窗口左侧"服务器列表"中选择并单击服务器前的"＋"号展开列表,单击

VJMis 即可对 VJMis 服务进行设置。

4.5.1 视频转码

单击左侧的 VJMis，再单击左侧新栏目"视频转码"，即可在右侧的列表中进行以下几种转码操作。

1）创建

单击右侧的"创建"按钮，添加新的编码任务。选择输入的视频文件，单击"浏览"按钮即可打开服务器上的目录，选择需要进行转码的视频文件，最后单击"确定"按钮。

单击输出视频文件栏后面的"浏览"按钮，设置输出的文件路径，可以重命名。在只指定路径的情况下，默认采用原文件名。

设置编码属性，编码方式可选择以下 4 种。

(1) H264 编码，音频采用 AAC 编码，编码后保存的文件类型是 MP4 文件。

(2) FLV 编码，音频采用 MP3 编码，编码后保存的文件类型是 FLV 文件。

(3) H264、MP4 混合编码，音频采用 MP3，编码后保存的文件类型为 MP4 文件。

(4) H264、FLV 混合编码，音频采用 MP3，编码后保存的文件类型为 FLV 文件。

选了编码以后，接着就是设置视频的码率、帧率、音频的码率和音频采样率。

最后是视频画面大小调整，默认不改变原有的画面大小。可通过下拉选择大小，也可以自定义画面大小。

单击窗口最下方的"添加"按钮，就完成了视频转码的任务添加。

2）开始

单击视频转码右侧列表中的转码任务，然后单击上方的"开始"按钮，即可对该任务进行转码。

3）全部开始

单击列表上的"全部开始"按钮，对列表中的所有编码任务进行编码。

4）停止

选择正在编码状态的编码任务，单击"停止"按钮，该编码任务则会停止。

5）删除

选择列表中的编码任务，单击"删除"按钮，可以删除该编码任务。

6）刷新

单击"刷新"按钮，可以刷新列表中的编码任务。

4.5.2 视频抓图

单击左侧的 VJMis，再单击左侧新栏目"视频抓图"，即可在右侧的列表中进行以下的抓图操作。

1. 文件属性

单击"视频文件"后面的"浏览"按钮，选择需要进行抓图的视频文件，然后单击"确定"按钮。注意，这里的视频文件是指服务器上的视频文件。

设置图像保存位置，此路径为服务器路径，抓图后保存到服务器。连续抓图文件名需要带通配符，如"%03d.jpeg"，其中的 03d 表示 3 位整数，最后的输出将是"001.jpeg、002.jpeg"等文件。此项留空时,系统会自动生成编号以区别。

如保存到本地,则勾选"保存到本地"功能前的复选项,然后设置本地路径。

2. 图片尺寸

设置抓图的尺寸,填写"0"即默认使用视频的画面尺寸。

3. 抓图模式

抓图模式分单帧和连续捕抓两种。

- 单帧:按视频的播放时间抓取图片;时间可以填写秒数,也可以填写时钟模式,如00:19:12.001。其中的"001"是指12s的第一帧。
- 连续捕抓:设定捕抓次数和时间间隔。时间单位为毫秒,如果设置间隔时间为"0",则为随机。

4. 获取截图

完成以上3个栏目的设置后,单击"获取截图"按钮开始捕抓图片。捕抓到的图片会在窗口下方的"预览窗口"中显示。单击"打开文件夹"按钮,可以打开图片所在目录。

4.5.3 视频上传

单击左侧的VJMis,再单击左侧新栏目"视频上传",即可在右侧的列表中进行以下的上传操作。

1. 创建会话

进行上传任务之前,需要先建立上传会话。上传会话可以建立多个。每个上传会话都可以设置不同的上传目录。

单击"上传会话管理"窗口中的"新建"按钮,弹出"添加上传任务"的窗口。

首先设置上传根目录,该目录为服务器上的文件目录。单击"浏览"按钮,选择目录即可。注意,不支持手动填写,必须是服务器上已有的根目录。

设置文件过滤标识。上传文件夹时,只上传指定后缀的文件,格式为:*.wmv;*.avi,留空为不过滤。

设置超时。"0"为不设置超时。超时的作用是在设定时间内没有上传任务,上传会话会被服务器删除。

2. 上传文件

完成"创建会话"后,单击窗口上方生成的"上传会话:xx"栏目,即可打开上传窗口。

上传窗口的左侧为本地目录,右侧为服务器的目录。本地目录可以输入路径或者单击"文件夹图标"进行选择。

上传文件时,可以使用鼠标左键拖拉文件方式,把需要上传的文件拖拉到服务器目录的窗口中,也可以右击本地的视频文件,然后单击弹出的"上传"按钮进行文件上传。

4.5.4 流录制

单击左侧的VJMis,再单击左侧新栏目"流录制",即可在右侧的列表中进行以下的录制操作。

1. 创建频道

单击界面右侧的"创建频道"按钮,弹出添加流录制频道的创建窗口。

频道名称可以任意填写。然后在"录制源 URL"的填写框中输入需要进行录制的流地址，目前支持 mms、rtmp、vjms http 协议地址，如 mms://192.168.0.103:8080、rtmp://192.168.0.2/live&mediaName=c01、http://192.168.0.2/live/1，最后单击"确定"按钮即可。

建立成功后，可以在"录制频道列表"栏目旁边看到以频道名命名的新栏目。

2. 管理频道

创建的频道会在窗口上以目录栏方式显示。单击需要进行管理的频道栏目，即可管理该频道。流录制频道的管理有创建任务、修改任务、删除任务、开始录制以及停止录制。

(1)"创建任务"按钮可以创建新的录制任务，使用方法参考"创建录制任务"。

(2)"修改任务"按钮可以针对所选任务进行修改。

(3)"删除任务"按钮用于删除所选任务。

(4)"开始录制"按钮仅对非自动录制的任务有效。有关自动录制和非自动录制，参考"创建录制任务"。

(5)"停止录制"按钮可以停止当前正在录制的任务。

(6)"内置频道"，在内置频道中添加录制任务，可以采用不同的"录制源 URL"地址。每个任务都可以有独立的 URL。

3. 创建录制任务

单击需要设置录制任务的频道栏目，然后单击"创建任务"按钮打开创建任务的窗口。

(1) 自动录制：当勾选上自动录制时，即可设置录制任务的开始时间、结束时间以及日期标志。日期标志：可以设置每周期，全选则是每天定时。

(2) 任务名：可以任意自定义。

(3) 保存路径：服务器全路径或相对路径，如/media/123.wmv。路径中可以包含 3 个通配符(用%s 表示)，服务器会自动按顺序替换成：当前日期、任务名、当前时间。注意，录制下来的文件格式由路径中最后输入的文件扩展名决定，目前支持 wmv/flv/wma/mp3 格式。

例如，任务名填写 VJLive，保存路径填写/media/%s/%s/%s.wmv，录制时间是 2016-11-19 12:00:00。最后输出的文件将保存为：/media/2016-11-19/VJLive/12:00:00.wmv。如不勾选"自动录制"，则建立为手动录制任务，需要在流频道管理中单击"开始录制"按钮后才开始录制。

4.5.5 磁盘映射

磁盘映射用来把网络路径地址映射成本地磁盘，类似访问本地硬盘，此功能目前只能用于 Windows 服务器。

注意，启用此功能需要调整本服务的启动账户。服务默认以"系统本地账户"启动，而此账户不具备网络访问权限，所以需要到操作系统的服务管理里面调整本服务的启动账户到具有网络访问权限的账户，如 Administrator 账户。

单击左侧的 VJMis，再单击左侧的新栏目"磁盘映射"，即可在右侧的列表中进行磁盘映射操作。

磁盘列表管理：

1) 添加

单击磁盘列表上的"添加"按钮。

本地盘符：访问网络路径的盘符，必须是服务器上不存在的。

网络路径：访问的网络路径，如\\192.168.0.19\media。

用户名：目标服务器的登录用户名，用于连接服务器。

密码：目标服务器的登录密码，用于连接服务器。

2) 删除

选择磁盘列表内的一条信息，然后单击磁盘列表上的"删除"按钮即可。

3) 编辑

选择磁盘列表内的一条信息，然后单击磁盘列表上的"编辑"按钮即可对该条信息进行修改。

4) 刷新

每次对磁盘列表进行添加、删除、编辑操作后，通过单击磁盘列表上的"刷新"按钮，可以刷新磁盘列表内显示的内容，以验证操作是否成功。同时，也可确认网络磁盘的连接状态。

4.5.6 心跳设置

心跳功能用于服务器定时请求一个 Web 地址或者发送 UDP 包到 UDP 服务器，有统计或监控的用途。运行参数包括本地 IP 等。

数据格式如下：(Web 请求采用 POST，UDP 直接放入一个 UDP 包)

```
[local_ip = ]
```

单击左侧的 VJMis，再单击左侧的新栏目"心跳设置"，即可在右侧的列表中进行心跳设置操作。

心跳服务器：HTTP 服务器或者 UDP 服务器，用于接收 HTTP POST 汇报或者 UDP 数据包，数据包内容就是"设置"按钮上方的编辑框的内容。用户需要自行开发一个 Web 页面或者 UDP 服务器，接收心跳的数据包，解析参数出来用作统计和监控。心跳服务器支持多个地址组合使用，用"|"分割。

本地标识：可以输入任何内容，一般用 IP 地址，用于区分是哪台服务器发送的请求，如 192.168.0.19。

心跳周期：服务器发送请求的间隔时间，默认为 60s。

自启动：勾选后，自动执行定时汇报。取消勾选，则停止定时汇报。

参数选择：选择需要向 Web 提供的参数，VJMis 服务只有"本地 IP"可供选择。

以上参数都输入好后，最后单击"设置"按钮，心跳设置即可生效。

注意，每次改变心跳设置的参数之后，都要单击"设置"按钮，才能提交修改。

本章小结

本章主要讲述了 VJMS3 管理终端的安装和使用。在部署完成了 VJMS3 流媒体服务器系统后，接下来就需要通过 VJMS3 终端程序对流媒体服务器进行管理。通过本章的学习，可以充分了解 VJMS3 管理终端的功能和作用，掌握 VJMS3 管理终端的各项操作。

思 考 题

1. VJMS3 客户端程序的作用是什么？
2. 在设置 VJLive 直播时，如何确定 VJLive 的最大连接数？
3. 简述 VJLive 视频流的类型。
4. 简述 VJLive 的播放列表、播放流程。
5. VJLive 的 IP 规则作用是什么？有几级？优先权高低怎样？
6. 域名规则的作用是什么？VJLive 的域名规则有几级？优先权高低怎样？
7. 直播频道的日志查询的作用是什么？
8. 什么是时移回看？服务端给直播内容建立时移回看时，存储目录需要磁盘空间如何计算？
9. 视频点播 VJVod 的广告功能有哪些？如何设置？
10. VJMS3、VJLive 和 VJVod 都有心跳功能设置，心跳功能是什么？

第 5 章 VJMS3 流媒体应用拓展

通过前两章的内容了解和学习了 VJMS3 流媒体服务器的安装、部署和设置，学习了通过 VJMS3 终端管理程序管理流媒体服务器的各项功能。本章通过 VJMS3 流媒体发布与播放、流媒体终端应用、直播推流、广告编辑发布等内容进一步学习 VJMS3 流媒体服务器的应用。

5.1 VJMS3 流媒体发布与播放

本节主要讲述 VJMS3 流媒体的前端应用，包括在前端页面中实现 VJVod 收看的代码以及 VJLive 的发布代码。

为了能通过 IE 浏览器播放 VJMS3 流媒体内容，首先需要安装 IE 浏览器的流媒体播放插件。表 5-1 是纳加官方提供的各播放程序。

表 5-1　纳加官方提供的各播放程序

播 放 程 序	功　　能
VJMSPlayer.swf	Flash 播放器
VJOcx3-ch-extend-setup.exe	网页播放器扩展解码包
VJOcx3-ch-full-setup.exe	网页播放器完整安装包，包含解码器
VJOcx3-ch-setup.exe	网页播放器简化包，只包含 wmv/rmvb/rm 解码器
VJOcx-ch.cab	IE 自动下载安装包，简化包
VJOcx-ch-full.cab	IE 自动下载安装包，完整包
VJOcx-ch-full-nosign.cab	IE 自动下载安装包，完整包，未签名
VJOcx-ch-nosign.cab	IE 自动下载安装包，简化包，未签名

纳加还提供 Windows 播放器客户端程序，通过该程序能够播放流媒体内容。该客户端程序的获取和安装都很方便，从纳加官网下载该程序，运行官方提供的 VJPlayer3-ch.exe 程序，打开"纳加播放器安装向导"窗口，根据安装程序提示信息，逐页单击"下一步"按钮即可完成安装。

5.1.1 VJLive 发布代码

运行"VJMS3 管理终端"程序，在窗口左侧的"服务器"列表中，单击左侧的源频道名称后，再单击右侧的"发布代码"，就能看到默认的发布代码，如图 5-1 所示。

发布代码分为"IE 播放代码"和"Flash 播放代码"，每个直播频道的代码都是独立的，并且不会随直播的内容而变化。注意，"Flash 播放代码"仅当直播内容为 RTMP 推拉流时有效。

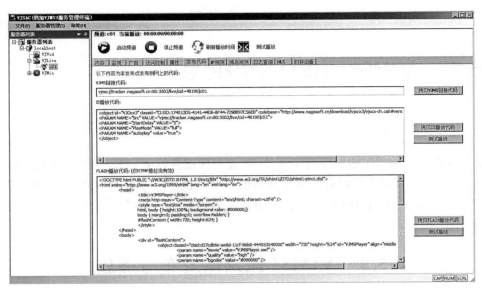

图 5-1 发布代码窗口

"IE 播放代码"和"Flash 播放代码"分别对应一个"测试播放"按钮,单击这些按钮就能使用对应的播放代码测试播放。也可以通过单击频道管理界面中的"测试播放"按钮进行测试播放,这时采用的是 IE 播放代码。

当进行"测试播放"时,IE 浏览器需要播放插件,如果没有事先安装,IE 浏览器会自动从纳加官网下载并安装播放插件。

把 IE 播放代码提取后放到网站的 Web 代码中,就可以在网站上进行发布了。

支持 VJMS 链接协议:vjms://ip:tport:nport/live/cid=…|频道名称。

其中,各项参数的意义如下:

vjms://为协议头。

ip 为索引服务器的 ip 地址或者域名。

tport 为索引服务器端口,默认是 80。

nport 为引入服务器端口,live 默认是 3502,vod 默认是 3501。

如果是默认端口,tport 和 nport 可以省略,例如:

vjms://ip/
vjms://ip:tport/
vjms://ip::nport/

/live/cid=…为直播内容,cid 从直播频道获取。例如,/live/cid=1。

Flash 播放代码默认工作在 P2P 模式(加速器 VJStream 已安装并且已运行),如果加速器未安装或者未运行,则会自动以直连方式运行。加速器随着 IE Activex 播放器插件一起安装,并设置为开机自动运行。

5.1.2 VJVod 播放代码

单击窗口左侧的 VJVod,打开点播列表。然后右击点播列表中的文件,在弹出的快捷菜单中可选择获取该文件的"HASH 码""VJMS 连接""IE 播放代码(P2P)""Flash 播放代码"和"Flash 播放代码(P2P)"。同时,也可以选择"测试 IE 播放"或"测试 Flash 播放"进行测试播放,这时使用的分别是"IE 播放代码(P2P)"和"Flash 播放代码(P2P)",如图 5-2 所示。

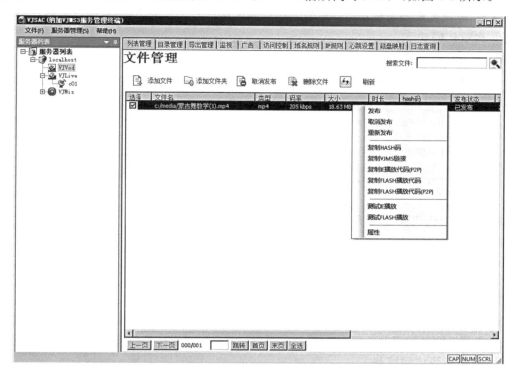

图 5-2　VJVod 播放代码操作

除了上述的测试播放方法外,也可以通过双击点播列表中的文件,或者把"IE 播放代码(P2P)"放到网站代码中测试播放。

每个文件都有唯一的 VJMS 连接。VJMS 连接如下:

vjms://ip:tport:nport/vod/cid = …&hash = …&mime = …&time = …&size = …&bitrate = …&start = …&end = …|资源名称

其中各项参数的意义如下:

vjms:// 为协议头。

ip 为索引服务器的 ip 地址或者域名。

tport 为索引服务器端口,默认是 80。

nport 为引入服务器端口,live 默认是 3502,vod 默认是 3501。

如果是默认端口,tport 和 nport 可以省略,例如:

vjms://ip/
vjms://ip:tport/
vjms://ip::nport/

/vod/cid=…&hash=…&mime=…&time=…&size=…&bitrate=…为点播内容,cid 后面的内容从点播服务器获取。例如,/vod/cid=1&hash=08a007ff543f66eefbaec610be2f1b48&mime=rm&bitrate=698000&size=179878680&time=1962。

&start=…&end…为控制开始播放和停止播放位置,浮点类型,单位为秒(s),如100.04s。

注意,资源名称用来显示在播放器上的资源名称,用"|"与链接分隔,可以省略。

IE 播放代码如下:

```
< object id = "VJOcx3" classid = "CLSID:174012D5 - 4141 - 44D6 - 8F44 - 729BB97C56EB" codebase = "http://www.nagasoft.cn/download/vjocx3/vjocx - ch.cab#version = 3,0,101,0" width = 640 height = 480 >
    < PARAM NAME = "Src" VALUE = "vjms://tracker.nagasoft.cn:80:3501/vod/cid = 2873&hash = a154df3b24da5174d523c5ef8d2b000b&mime = rm&bitrate = 400000&size = 132603242&time = 2631 | kenyuu_densetsu_yaiba_01 - 02.rm">
    < PARAM NAME = "BufferTime" VALUE = "5">
    < PARAM NAME = "PlayMode" VALUE = "full">
    < PARAM NAME = "AutoPlay" VALUE = "true">
</object >
```

Flash 播放代码仅支持 flv/mp4,默认工作在 P2P 模式(加速器 VJStream 已安装并且已运行),如果加速器未安装或者未运行,则会自动以直连方式运行。加速器随着 IE Activex 播放器插件一起安装并设置为开机自动运行。

5.1.3 访问控制

访问控制可以有效地保护用户发布的直播和点播内容不被盗版和盗链。访问控制支持以下几种访问控制模式:

1. 简单密码访问控制

播放器会提示输入访问密码,用户可以在管理终端的 VJLive 频道管理中设置访问密码。

2. 用户+密码访问控制

播放会提示用户输入用户名和密码,并把用户和密码发送提交到指定的验证 Web 页面进行验证,用户可以在服务器管理后台设置验证 Web 页面地址(如 http://www.xxx.com/usercheck.jsp),如图 5-3 所示。

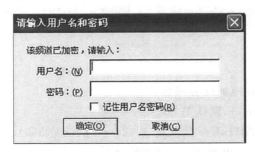

图 5-3 用户+密码访问控制

用户需要根据以下格式开发验证 Web 页面。

播放器通过 HTTP POST 方式提交用户名输入的用户名和密码给验证 Web 页面,POST 内容格式为(UTF-8 编码):user=…&plass=…,其中 pass 字段是密码的 MD5 码,32 个大写字符。

验证 Web 页面需以 plain/text 方式按以下格式返回验证结果(UTF-8 编码)。

```
<result>
<login>success|fail</login>
<reason>...</reason>
</result>
```

如果返回 fail,播放器就会提示 reason 字段的信息给用户。

3. 域名访问控制

域名访问控制即播放器会把当前访问页面的 URL 地址提交到指定的验证 Web 页面进行验证。用户可以在服务器管理后台设置验证 Web 页面地址(例如,http://www.xxx.com/domaincheck.jsp)。

用户需要根据以下格式开发验证 Web 页面。

播放器通过 HTTP POST 方式提交访问 URL 地址给验证 Web 页面,POST 内容格式为(UTF-8 编码):url=…,其中 url 是当前访问页面的 url 地址(例如,http://www.zz.com/play.jsp?id=123)。验证 Web 页面需要以 plain/text 方式按以下格式返回验证结果(UTF-8 编码)。

```
<result>
<login>success|fail</login>
<reason>...</reason>
</result>
```

如果返回 fail,播放器就会提示 reason 字段的信息给用户。

验证页面 jsp 例子:

```jsp
<%@pagelanguage="java" import="java.util.*" pageEncoding="UTF-8"%>
<%
String url = request.getParameter("url");
String result = "";
String reason = "";
if (url != null && url.contains("www.paytee.com")) {
result = "success"; }
else {
result = "fail";
reason = "please access from www.paytee.com";
}
%>
<result>
<login><%=result%></login>
<reason><%=reason%></reason>
</result>
```

5.2 VJMS3 流媒体播放终端

5.2.1 计算机(PC)播放

1. IE 播放插件

1) 安装

首先安装 IE 浏览器播放插件。安装包分为:

(1) 简易安装包(VJOcx3-ch-setup.exe),只包含加速器、IE插件。
(2) IE自动下载安装包(vjocx-ch.cab),内容与简易安装包相同,供IE自动下载时使用。
(3) 扩展解码器安装包(VJOcx3-ch-extend-setup.exe),只包含各类解码器文件。
(4) 完整安装包(VJOcx3-ch-full-setup.exe),包含加速器、IE插件和各类解码器文件。
客户可根据自己的需求,使用相应的安装包。

安装过程较为简单,直接运行安装程序即可。注意,简易安装包中不包含解码器文件,播放器会在需要的时候从服务器采用点对点方式下载扩展解码器安装包,并安装。

IE自动下载安装包:可把该程序放在自己的网站上,并在IE插件播放代码中把代码codebase=http://nagasoft.cn/download/vjocx-ch.cab#version=3,0,156,0修改为自己网站的下载地址,即可让插件自动下载安装。

2) 播放代码

IE插件播放代码示例:

```
<object id = "VJOcx3" classid = "CLSID:174012D5 - 4141 - 44D6 - 8F44 - 729BB97C56EB" codebase = "http://www.nagasoft.cn/download/vjocx3/vjocx - ch.cab#version = 3,0,101,0" width = 640 height = 480>
<PARAM NAME = "Src" VALUE = "vjms://tracker.nagasoft.cn/live/cid = 1">
<PARAM NAME = "StartDelay" VALUE = "5"><PARAM NAME = "PlayMode" VALUE = "full">
<PARAM NAME = "autoplay" value = "true">
</object>
```

在VJMS3管理终端中复制IE播放代码,可以获得相关代码。

3) 升级

通过IE浏览器自动检测版本升级,只需要修改codebase中的地址和版本就可以使用户自行升级。

通过服务器升级信息文件升级:

服务器可部署升级信息文件update.xml。文件中包含最新版本的完整安装包和扩展解码器安装包的P2P下载信息。

升级信息文件中的地址均为P2P下载地址,故应先将文件加入点播系统中,获取点播代码vjms://…,把该代码中的vjms改为vjmsd,放入升级信息文件中。

默认的升级信息文件在http://www.nagasoft.cn服务器。用户如需要使用自己的服务器提供升级,可自行在IE插件的网页代码中加入接口代码:<param name="updateurl" value="http://web:port/updatedir"/>,所设地址为update.xml所在目录的URL,update.xml不需要加入。

如update.xml文件的地址是:http://www.nagasoft.cn/download/update.xml,接口代码为<param name="updateurl" value="http://www.nagasoft.cn/download/"/>。

update.xml格式如下:

```
<?xml version = "1.0"?>
<vjmsupdate>
<vjsetup description = "版本3.0.609.0&lt;br&gt;1.更新了播放器的升级模式;&lt;br&gt;
2.修改升级界面;&lt;br&gt;" url = "vjmsd://tracker.nagasoft.cn:80:3501/vod/cid = 1&amp;hash = aa026ee908630d24f42056616c1cd7d6&amp;mime = exe&amp;bitrate = 0&amp;size = 6609176&amp;time =
```

```
0|VJ0cx3-ch-full-setup.exe" md5="FE5715D28F62AB3A88471F4001821495" version="3.0.609.0"
force-update="false">
    </vjsetup>
    <vjcodecs description="codecsfile" url="vjmsd://tracker.nagasoft.cn:80:3501/vod/cid=
1&amp;hash=5e04130e54356b723855500f3fc51c3c&amp;mime=exe&amp;bitrate=0&amp;size=
5457624&amp;time=0|VJ0cx3-ch-extend-setup.exe" md5="4B82B996C40734F101A665CAB906AA68"
version="3.0.607.0">
    </vjcodecs>
</vjmsupdate>
```

格式说明：

vjsetup：描述的是安装包最新版信息。其中，description 字段会在提示用户升级时显示。
表示换行。url 是最新版本的 P2P 下载地址。md5 是该文件的 md5 码。version 用于与本地版本相比较。force-update 为是否强制升级。

vjcodecs：描述的是扩展解码器安装包的信息。url 是解码器的 P2P 下载地址。md5 是该文件的 md5 码。

注意，vjmsd 协议中有 & 符号，该符号在 xml 文档中要转义为 &。vjmsd 地址是从 vjms 转变而来的。把文件加入 VJVod 点播系统中，可以复制出 vjms 地址，把 vjms 替换为 vjmsd 即可。

2. Flash 播放（P2P）

Flash 播放只支持 flv 点直播和 rtmp 直播。P2P 播放需要加速器的支持，用户须安装简易安装包（包含加速器），并允许加速器随计算机启动。Flash 播放器为 VJMSPlayer.swf，该文件要与播放页面同时放在 Web 服务器上。

（1）安装部署。

安装简易安装包，或者使用 IE 浏览器自动下载。

（2）播放。

在 VJMS3 管理终端可以复制 Flash P2P 播放代码。

① 支持播放 http 的 flv、f4v、mp4 文件。

② 支持播放 rtmp 流。

③ 支持 vjms 协议的直连方式和加速器方式。

④ 支持直点播的广告设置。缓冲广告时间可设。

⑤ 点播支持未下载部分的拖拉，目前仅支持 flv。

⑥ 支持全屏。

播放参数：Flash 播放器通过 flashvars 传递参数播放视频。

① src：视频源地址，可以是 http、vjms、rtmp 地址（rtmp 地址要与 rtmpname 相搭配）。

② volume：默认音量位置，0～100。

③ position：起始视频时间，该文件有索引且该地址支持断点下载时生效。

④ bufferad：缓冲广告地址。

⑤ buffertime：缓冲广告时间。

⑥ stopad：停止后广告。

⑦ usep2p：使用 P2P 加速器下载，仅 src 是 vjms 地址、加速器已经安装并且运行时生

效,如果加速器未启动,则自动转换为直连服务器方式。

① videoaspect:视频比例,取值:16:9、4:3、maintian(保持)、full(满屏)。

② logo:公司 logo 的 url,显示在视频右上角。

(3)播放示例。

```
<!DOCTYPE html PUBLIC "-//W3C//DTD XHTML 1.0 Strict//EN" "http://www.w3.org/TR/xhtml1/DTD/xhtml1-strict.dtd">
<html xmlns="http://www.w3.org/1999/xhtml" lang="en" xml:lang="en">
<head>
<title>VJMSPlayer</title>
<meta http-equiv="Content-Type" content="text/html; charset=utf-8" />
<style type="text/css" media="screen">
html, body { height:100%; background-color:#000000;} body { margin:0; padding:0; overflow:hidden; } #flashContent { width:100%; height:100%; } </style>
</head> <body>
<div id="flashContent">
<object classid="clsid:d27cdb6e-ae6d-11cf-96b8-444553540000" width="720" height="624" id="VJMSPlayer" align="middle"> <param name="movie" value="VJMSPlayer.swf" />
<param name="quality" value="high" />
<param name="bgcolor" value="#000000" />
<param name="play" value="true" />
<param name="loop" value="true" />
<param name="wmode" value="window" />
<param name="scale" value="showall" />
<param name="menu" value="true" />
<param name="devicefont" value="false" />
<param name="salign" value="" />
<param name="allowScriptAccess" value="always" />
<param name="flashvars"
value="src=vjms://tracker.nagasoft.cn/live/cid=1|c01"> <param name="allowFullScreen" value="true" />
<!--[if !IE]>-->
<object type="application/x-shockwave-flash" data="VJMSPlayer.swf" width="720" height="624"> <param name="movie" value="VJMSPlayer.swf" />
<param name="quality" value="high" />
<param name="bgcolor" value="#000000" />
<param name="play" value="true" />
<param name="loop" value="true" />
<param name="wmode" value="window" />
<param name="scale" value="showall" />
<param name="menu" value="true" />
<param name="devicefont" value="false" />
<param name="salign" value="" />
<param name="allowScriptAccess" value="always" />
<param name="flashvars" value="src=vjms://tracker.nagasoft.cn/live/cid=1|c01" />
<param name="allowFullScreen" value="true" />
<!--<![endif]-->
<a href="http://www.adobe.com/go/getflash"> <img src="http://www.adobe.com/images/shared/download_buttons/get_flash_player.gif" alt="Get Adobe Flash player" /> </a>
<!--[if !IE]>-->
</object>
<!--<![endif]-->
</object>
```

```
</div>
</body>
</html>
```

3. Flash 播放(非 P2P)

只支持 flv/mp4 点播和 rtmp 直播。Flash 播放器为 VJMSPlayer.swf,该文件要与播放页面同时放在服务器上。

(1) 安装部署。

不必安装。

(2) 播放。

在 VJMS3 管理终端可以复制 Flash(非 P2P)播放代码。参数参照 P2P 的 Flash 播放器。

4. 客户端播放

用户可以使用 VJOcx3 Activex 插件二次开发自己的播放器客户端。纳加也可以根据用户要求的界面和功能提供定制服务。

用户可以安装纳加提供的客户端程序,该客户端程序的获取和安装都很方便,从纳加官网下载该程序,运行官方提供的 VJPlayer3-ch.exe 程序,打开"纳加播放器安装向导"窗口,根据安装程序提示信息逐页单击"下一步"按钮即可完成安装。

VJPlayer3 界面如图 5-4 所示。

图 5-4　VJPlayer3 界面

5.2.2　机顶盒播放

1. Linux 机顶盒

目前,纳加提供二次开发用的 P2P 库头文件和库文件(C/C++),机顶盒厂商可以在播放器中支持纳加 P2P。机顶盒厂商需要提供编译平台,纳加编译对应平台的库文件。

将来,纳加会发布 Linux 平台播放器,支持大部分本地文件播放和各种网络流协议,包括纳加 P2P。可以编译到各种 CPU 平台。用户应用层可以调用。

2. Android 机顶盒

目前,纳加提供二次开发用的 P2P 库头文件和库文件(C/C++NDK),机顶盒厂商可以在播放器中支持纳加 P2P。

将来,纳加会发布 Android 平台播放器,支持大部分本地文件播放和各种网络流协议,包括纳加 P2P。

5.2.3 手机/平板电脑播放

1. iOS(iPhone/iPad)播放

VJLive 支持 HLS(Apple HTTP Live Streaming),可以支持 iOS 的直播播放。

VJVod 支持 HTTP,可以支持 iOS 的点播 mp4 文件播放。

将来,纳加会发布 iOS 平台播放器,支持大部分本地文件播放和各种网络流协议,包括纳加 P2P。

2. Android 播放

VJLive 支持 HLS,可以支持 Android3.0+系统的直播播放。

纳加提供 Android 可用的 Flash 播放器,支持 flv 文件点播、rtmp 推流直播播放。

VJVod 支持 HTTP,可以支持 Android 的点播文件播放。

将来,纳加会发布 Android 平台播放器,支持大部分本地文件播放和各种网络流协议,包括纳加 P2P。

5.3 VJLive 推流直播

5.3.1 WMV 推流直播

1. 使用 VJDirector2 的 WMV 输出进行推流直播

运行 VJDirector2 数字切换台,然后打开"WMV 输出"的设置,如图 5-5 所示。关于 VJDirector 数字切换台的详细使用方法及实例,请参考后续章节的内容。

图 5-5 "WMV 输出"设置

在 WMV 编码设置的"输出"中,勾选"向服务器推传递"。

在"服务器名称"中输入 VJLive 服务器端所在的服务器 IP 和端口,端口的设置方法请参考服务器端"VJLive 配置",默认端口是 8083。

在"发布点"的填写框中输入 VJLive 的源频道名称。注意,前面在创建源频道中提到过,源频道名称必须由英文或数字组成,才能有效推流。

最后单击"确定"按钮即可。

在 VJDirector2 中单击 WMV 输出后,如果服务器的 VJLive 设置了推流保护,就需要手动输入账户密码,如图 5-6 所示。

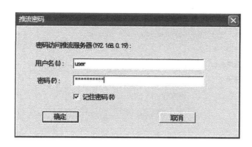

图 5-6　输入账户密码一

2. 使用 Windows Media 编码器进行推流直播

如图 5-7 所示,运行 Windows Media 编码器,设置视频源后,打开"输出"栏目,勾选其中的"向服务器推传递"。

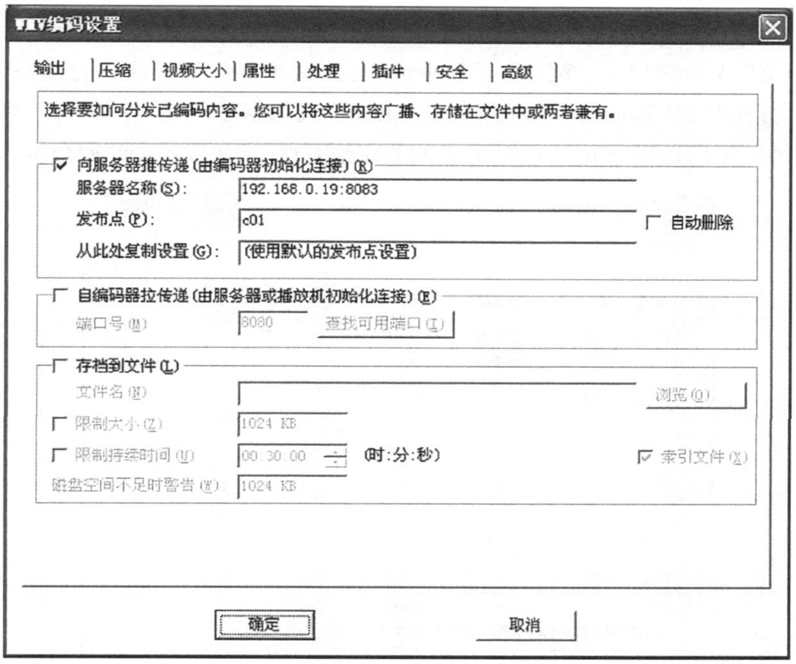

图 5-7　Windows Media 编码设置

在"服务器名称"的填写框中输入 VJLive 服务器端所在的服务器 IP 和端口,端口的设置方法请参考服务器端的"VJLive 配置",默认端口是 8083。

在"发布点"的填写框中输入 VJLive 的源频道名称。注意,前面在创建源频道中提到过,源频道名称必须由英文或数字组成,才可以进行有效推流。

最后单击"确定"按钮即可。
VJLive 的推流直播可以设置推流保护,当设置了推流保护,单击"开始编码"按钮,就会提示输入账户密码,如图 5-8 所示。

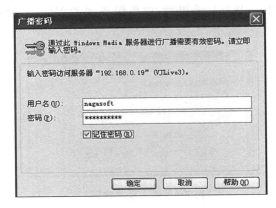

图 5-8　输入账户密码二

5.3.2　H.264 推流直播

1. 使用 VJDirector2 的 MP4 输出进行推流直播

运行 VJDirector2 数字切换台,然后打开"输出"窗口中的"MP4 输出"设置。

VJDirector2 支持多码率、多服务器的推流方式,这里仅举例推流一台服务器的方法。

第一步:打开"MP4 输出"窗口,在"多码率配置"选项卡中勾选"流号 01",则该流号为有效,反之则关闭。然后选择"rtmp 推流"下方的复选框,如图 5-9 所示,向"服务器 1"进行推流。

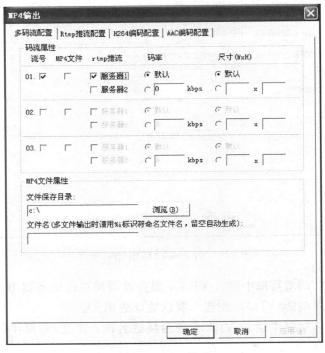

图 5-9　MP4 输出

第二步：单击"Rtmp 推流配置"选项卡，对"推流服务器一"进行设置。在"地址"中输入服务器的 IP 或域名，VJLive Rtmp 推流端口默认为 1935。格式可参照切换台 MP4 输出中的提示。在"流"中输入 VJLive 的源频道名称。注意，VJLive 的源频道名称必须由英文字母或数字组成时，才可以进行有效推流，如图 5-10 所示。

最后单击"确定"按钮，输出 MP4 就完成推流了。

2. 使用 FMLE 编码器进行推流直播

运行 FMLE 编码器，设置视频源，勾选 Stream to Flash Media Server 复选框。

在 FMS URL 中输入服务器的 IP 或域名，VJLive Rtmp 推流端口默认为 1935。

在 Stream 中输入 VJLive 的源频道名称。注意，VJLive 的源频道名称必须由英文字母或数字组成时，才可以进行有效推流，如图 5-11 所示。

图 5-10　Rtmp 推流配置　　　　　　图 5-11　FMLE 编码设置

最后单击 Connect 按钮，按 Start 开始编码就完成了推流。

5.3.3　UDP 推流

下面通过 VLC Media Player 进行 UDP 推流。推流步骤如下。

（1）运行 VLC Media Player，单击菜单栏上的"媒体"→"串流"，弹出"打开媒体"窗口。在"打开媒体"窗口中设置视频源。

（2）单击"打开媒体"窗口中的"串流"按钮，弹出"流输出"窗口。在"流输出"窗口中单击"下一个"按钮。

（3）首先，"转码选项"中的"档案"选择 Video-H.264＋AAC（TS）；然后，"目标"中的"新目标"选择 UDP（legacy）；最后，单击"目标"中的"添加"按钮，弹出 UDP 栏目，如图 5-12 所示。

（4）在 UDP 栏目中设置服务器信息。在"地址"中输入服务器的 IP 地址。例如，192.168.0.19。在"端口"中输入服务器的监听端口。例如，"1234"，如图 5-13 所示。

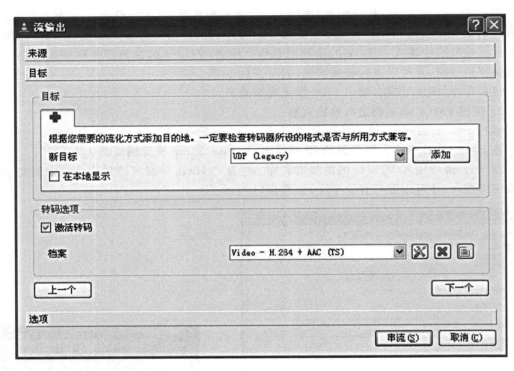

图 5-12　VLC Media Player 添加 UDP 推流

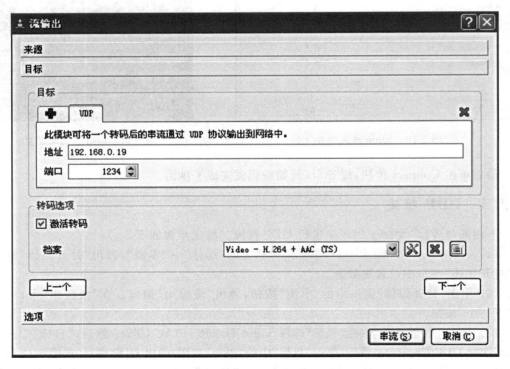

图 5-13　VLC Media Player UDP 设置

(5) 设置完成后,单击"流输出"窗口中的"串流"按钮,开始编码。
(6) 在直播源频道中添加一个视频流,即可完成推流。

视频流的具体设置如下:

在"节目名称"中可输入任意名称。

"URL链接":在其下拉列表中选择 udp://,在输入框中输入第(4)步里填写的服务器监听端口,如 1234,如图 5-14 所示。

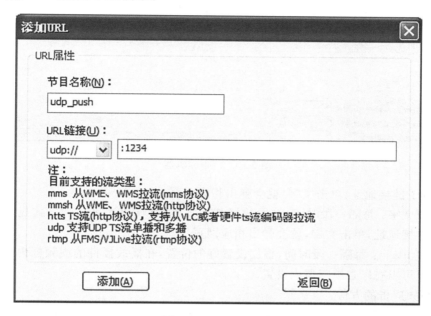

图 5-14　视频流设置

纳加 VJLive 直播系统 3.0 除了支持以上的软件编码推流方式外,还支持其他硬件编码器,如纳加 VMV9 编码盒、纳加单兵移动流媒体编码器、TS 硬编码器等设备。

5.4　广　告　编　辑

广告编辑器的独立运行程序是管理端 VJSAC 目录下的 VJADMaker.exe 文件。双击该文件,就能打开广告编辑器。

使用管理端第一次进行广告管理时,在没有广告文件并且广告路径为空的情况下,单击"编辑广告文件",也会打开广告编辑器。

在广告编辑器下方,可以设置文字广告、Flash 广告和弹窗广告的间隔时间。待所有广告都设置好后,单击广告编辑器右下角的"保存"按钮,就能把设置好的广告保存为广告文件,如图 5-15 所示。

5.4.1　视频广告

视频广告分为 3 类,分别是"控制栏文字""视频文字"和"视频 Flash"。

- 控制栏文字:每隔一段时间,在播放插件的控制栏上,默认以水平滚动方式显示。

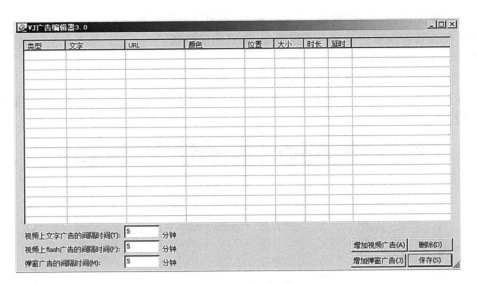

图 5-15　广告编辑器

若设置了链接地址,单击文字,就会弹出相应网页。
- 视频文字:每隔一段时间,在播放插件的顶端,默认以水平滚动方式显示。若设置了链接地址,单击文字,就会弹出相应网页。
- 视频 Flash:每隔一段时间,根据设置好的位置,在播放插件的视频框内显示。显示时长可以在广告编辑器内设置。

添加视频广告的方法:

(1) 单击广告编辑器右下角的"增加视频广告"按钮,或者右击广告编辑器中的广告列表,从弹出的快捷菜单中选择"增加视频广告",弹出"广告信息"窗口,如图 5-16 所示。

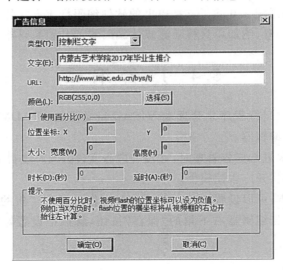

图 5-16　"广告信息"窗口

类型:选择视频广告的类型,分别是"控制栏文字""视频文字"和"视频 Flash"。

文字:"控制栏文字"和"视频文字"的文字内容。当类型为"视频 Flash"时,此项不可用。

URL：地址是用来链接用户单击广告后跳出的网页的地址。当类型为"视频 Flash"时，URL 用来链接你所显示广告 Flash 源的网络地址（必须为 swf 地址）。

提示：弹窗广告的 URL 用来连接你所要弹出广告的网络地址。

颜色：用来修改"控制栏文字"和"视频文字"的文字颜色。当类型为"视频 Flash"时，此项不可用。

当广告类型为"视频 Flash"时，以下参数有效：

使用百分比：勾选该项，"坐标"和"大小"将以百分比的方式计算。

位置坐标：设置"视频 Flash"的显示位置。不使用百分比时，可以设置为负值。例如，当 X 为负时，Flash 位置的横坐标将从视频框的右边开始往左计算。

大小：设置"视频 Flash"的大小，单位为像素(px)。

时长：显示"视频 Flash"的持续时间，单位为秒(s)。

延时：延迟"视频 Flash"的显示时间，单位为秒(s)。

（2）以上参数都设置好后，单击"广告信息"窗口最下方的"确定"按钮，会在广告编辑器的广告列表中显示该条广告信息。

（3）如果广告设置有误，可以通过双击广告列表中的一条广告信息，或者右击一条广告信息，从弹出的快捷菜单中选择"修改"，对该条广告的设置进行修改。

（4）选择广告列表中的一条广告信息，通过单击广告编辑器右下角的"删除"按钮，或者右击一条广告信息，从弹出的快捷菜单中选择"删除"，可以删除该条信息。

5.4.2 弹窗广告

弹窗广告分为两类，分别是"右下角弹出"和"新窗口弹出"。

右下角弹出：每隔一段时间，在屏幕右下角显示。显示时长可以在广告编辑器内设置。

新窗口弹出：每隔一段时间，弹出一个默认浏览器的窗口。窗口显示的内容可以在广告编辑器内设置。

添加弹窗广告的方法：

（1）单击广告编辑器右下角的"增加弹窗广告"按钮，或者右击广告编辑器中的广告列表，从弹出的快捷菜单中选择"增加弹窗广告"，弹出"弹窗广告信息"窗口，如图 5-17 所示。

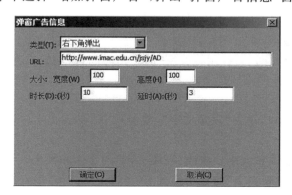

图 5-17 "弹窗广告信息"窗口

类型：选择弹窗广告的类型，分别是"右下角弹出"和"新窗口弹出"。

URL：用来连接所要弹出广告的网络地址。

大小：设置"右下角弹出"广告大小，单位为像素（px）。当类型为"新窗口弹出"时，此项无效。

时长：显示"右下角弹出"广告的持续时间，单位为秒（s）。

延时：延迟弹窗广告的显示时间，单位为秒（s）。

（2）以上参数都设置好后，单击"弹窗广告信息"窗口最下方的"确定"按钮，会在广告编辑器的广告列表中显示该条广告信息。

（3）如果广告设置有误，可以通过双击广告列表中的一条广告信息，或者右击一条广告信息，从弹出的快捷菜单中选择"修改"，对该条广告的设置进行修改。

（4）选择广告列表中的一条广告信息，通过单击广告编辑器右下角的"删除"按钮，或者右击一条广告信息，从弹出的快捷菜单中选择"删除"，可以删除该条信息。

5.4.3 高级广告功能

通过右击广告列表，从弹出的快捷菜单中选择"更多设置"，可以打开"高级配置"窗口，如图 5-18 所示。

高级配置分为 4 部分，分别是"控制条广告""视频文字广告""LOGO 设置"和"播放广告设置"。

1. 控制条广告

打开"高级配置"窗口时，默认打开"控制条广告"的设置窗口，以下是各种参数的介绍。

（1）文字广告的字体和大小。修改"控制栏文字"的字体和大小。

（2）滚动模式。"控制栏文字"的显示模式有"水平向左"和"垂直向上"两种，默认是以水平向左滚动显示。

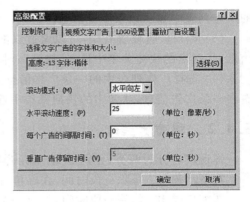

图 5-18　"高级配置"窗口

（3）水平滚动速度。"控制栏文字"的水平滚动速度，滚动模式为"水平向左"时有效，单位为像素/秒（px/s）。

（4）每个广告的间隔时间。两次显示"控制栏文字"之间的间隔时间，滚动模式为"水平向左"时有效，单位为秒（s）。

（5）垂直广告停留时间。"控制栏文字"的停留时间，滚动模式为"垂直向上"时有效，单位为秒（s）。

2. 视频文字广告

打开"高级配置"窗口，单击"视频文字"，就能打开"视频文字广告"的设置窗口，以下是各种参数的介绍。

（1）文字广告的字体和大小。修改"视频文字"的字体和大小。

（2）滚动模式。"视频文字"的显示模式有"水平向左"和"垂直向上"两种，默认是以水平向左滚动显示。

（3）水平滚动速度。"视频文字"的水平滚动速度，滚动模式为"水平向左"时有效，单位为像素/秒(px/s)。

(4) 每个广告的间隔时间。两次显示"视频文字"之间的间隔时间,滚动模式为"水平向左"时有效,单位为秒(s)。

(5) 垂直广告停留时间。"视频文字"的停留时间,滚动模式为"垂直向上"时有效,单位为秒(s)。

3. LOGO 设置

打开"高级配置"窗口,单击"LOGO 设置",就能打开"LOGO 设置"的设置窗口。

"LOGO 设置"可以设置播放器控制条上的 LOGO,在该功能窗口的输入框中填入 LOGO 的 URL(支持 png、jpg、swf 格式),然后单击"确定"按钮即可。

4. 播放广告设置

打开"高级配置"窗口,单击"播放广告设置",就能打开"播放广告设置"的设置窗口,以下是各种参数的介绍。

缓冲时间:片头缓冲广告的显示时长,只对片头缓冲广告有效。

允许用户关闭:是否允许用户关闭各种广告。勾选为"允许",取消勾选为"不允许"。

片头缓冲:播放器处于"缓冲"状态时,显示的广告的地址。例如,http://www.nagasoft.cn/BufferAD.html。

视频暂停:播放器处于"暂停"状态时,显示的广告的地址。例如,http://www.nagasoft.cn/PausedAD.html。

视频停止:播放器处于"停止"状态时,显示的广告的地址。例如,http://www.nagasoft.cn/StopAD.html。

宽、高:各种广告显示的宽度和高度,空白表示使用广告默认大小,单位为像素(px)。

本 章 小 结

本章主要讲述了 VJMS3 的终端发布与播放、VJMS3 推流直播以及 VJMS3 的广告功能。VJMS3 支持的终端环境比较多样,从 PC、智能机顶盒到移动设备(手机、平板电脑),都可以方便地播放。通过本章的学习,能够进行便捷实用的视频直播操作,同时在视频推流过程中,能够实现推送广告服务的功能。

思 考 题

1. VJLive 发布代码怎么用?
2. VJVod 播放代码怎么用?
3. VJMS3 播放终端各有什么特点?
4. 如何使用 Windows Media 编码器进行推流直播?
5. 如何通过 VJDirector2 的 MP4 输出进行 H264 推流直播?
6. 如何通过 VLC Media Player 进行 UDP 推流直播?
7. VJMS3 广告形式有哪些?各有什么特点?
8. VJMS3 视频广告有几种方式?分别如何设置?
9. VJMS3 广告高级功能的配置分为哪 4 部分?

第6章 纳加流媒体导播软件

6.1 流媒体导播系统 NSCaster

随着近年来传媒行业的快速发展和互联网热浪的推波助澜,流媒体行业进入爆发式发展阶段。各种形式的现场视频录制、网络直播节目也随之纷纷涌入市场。在这些传媒活动中,导播平台及软件是必不可少的核心部分。一款优秀的导播软件,要求功能强大、性能稳定,能够智能化地实现导播 8 大功能:切换、字幕、调音、硬盘播出、虚拟演播室、录像、远程采集和数字电视制作。目前,导播软件在广电媒体、教育、政企等各行各业都有巨大的市场需求,在导播、直播、点播综合需求等方面发挥着重要的作用。

纳加旗下的 NSCaster 和 VJDirector 导播软件集成度超高,体积小,携带方便,仅需少量设备及工作人员即可迅速搭建出功能齐全的专业演播室,完美解决了传统导播的所有问题,满足高标准广播级环境的需要。纳加导播软件是对传统导播软件的一场革命,除了众多国内客户外,在海外也占据很高的市场份额,在世界导播市场上为中国争得一席之地。纳加正带领中国导播行业在世界上大放异彩。

6.1.1 NSCaster 硬件规格

NSCaster 目前有两个主流型号:NSCaster-352 和 NSCaster-352H,它们的区别在于 NSCaster-352 配置有四路 SDI/HD-SDI/3G-SDI 视音频输入(高标清兼容),NSCaster-352H 配置有四路 HDMI 视音频输入(高标清兼容),其余硬件配置基本相同。NSCaster-352/352H 配置参数表见表 6-1。

表 6-1　NSCaster-352/352H 配置参数

一路全接口(SDI/HD-SDI/3G-SDI/HDMI/DVI/VGA/分量)视音频输入(高标清兼容)
一路 SDI/HD-SDI、HDMI 视音频输出(高标清兼容)
一路卡侬立体声输入,支持+48V 幻象供电
一路卡侬立体声输入
两路卡侬头立体输出
一路 3.5mm 线路立体声输入
一路 3.5mm 话筒立体声输入
一路 3.5mm 立体声输出
一路 RS232 COM 输入
六路 TALLY 输出
一路 DVI MultiView
一路 HDMI 投影输出

续表

| 一个 PS/2 键盘接口 |
| 一个 PS/2 鼠标接口 |
| 四个 USB 2.0 接口 |
| 两个 USB 3.0 接口 |
| 一个千兆 RJ-45 网络接口 |
| 两台 23 英寸(1 英寸＝2.54cm)全高清宽屏显示器 |
| 一套无线键盘、鼠标 |
| 内置 DVD 刻录机 |
| 内置 WiFi 无线网卡 |

NSCaster 可以选购导播键盘,如图 6-1 所示,还可以选配八路通话/TALLY 系统,如图 6-2 所示。

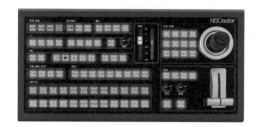 

图 6-1　导播键盘　　　　　　　　图 6-2　八路通话/TALLY

NSCaster-352/352H 展示如图 6-3 所示。

图 6-3　NSCaster-352/352H 展示图

首先是硬件设备连接。把 NSCaster 导播机平放在桌面或者上架到服务器机柜,连接好所有的外接设备(如显示器、鼠标、键盘等)。将视音频设备(如摄像机、计算机等)的输出端接入到 NSCaster 主机采集输入接口。根据不同型号有不同输入类型,详细参考对应型号的接口图,具体分为以下几类。

(1) SDI 摄像机通过 SDI 线缆连接到 SDI 输入口,如图 6-4 所示。

(2) HDMI 摄像机通过 HDMI 线缆连接到 HDMI 输入口,如图 6-5 所示。

(3) 调音台通过卡侬线连入卡侬输入口,如图 6-6 所示。

图 6-4　SDI 输入口　　　　图 6-5　HDMI 输入口　　　图 6-6　卡侬输入口

（4）计算机桌面通过 VGA/DVI/HDMI 线连接到 VGA/DVI/HDMI 输入口，如图 6-7 所示。

图 6-7　VGA/DVI/HDMI 输入口

然后连接 NSCaster 主机输出端口到监视器。不同型号有不同输出类型。

（1）SDI 监视器通过 SDI 线缆连接到 SDI 输出口。

（2）HDMI 监视器通过 HDMI 线缆连接到 HDMI 输出口。

（3）模拟监视器通过模拟视频线连接到模拟视音频输出口。

再连接 NSCaster 主机投影端口到大屏或者分屏监视（MultiView）。

投影接口有 HDMI，根据大屏接口进行连接。

注意，此步骤必须在开机前做好，NSCaster 主机开机后请勿再连接投影大屏。

最后把导播键盘连接到 NSCaster 主机，使用导播键盘中配的 USB 线连接导播键盘和 NSCaster 主机。

6.1.2　NSCaster 软件功能

NSCaster 352 是集三维无轨虚拟、多机位切换、录制、播出、调音、延时、字幕、监视为一体的全高清采编导录播一体机。NSCaster 352 高度集成化，包含主机、双 23 英寸全高清显示屏、无线键鼠、外置导播键盘等设备。主机采用专业的视频接口封装，主显示屏用于操作界面显示，副显示屏用于 MultiView 多分屏监视。有了 NSCaster 352，用户只需要简单的设备就能搭建出专业的演播室，并制作出高质量的视频节目。

1. 路输入

NSCaster 352 采用专业的视频接口封装，总共 12 路输入，其中四路 SDI/HD-SDI/3G-SDI 摄像机输入、一路全接口（SDI/HDMI/DVI/VGA/分量）输入、一路网络输入、两路 DDR（视频素材）输入、四路虚拟场景输入。

全接口输入可用于连接摄像机，也可用于连接计算机桌面等。

网络输入可用于通过网络接入计算机桌面、Android 设备、iOS 设备；也可接入网络流信号，支持 RTMP/ RTSP/MMS/VJVGA/VJTeacher/HTTP TS/UDP TS 协议，支持 IP 摄像机输入；还可用于远程访谈连线。

两路 DDR，用于播放本地视音频和图片素材，支持绝大部分常用视音频和图片文件；支持单文件播放和列表播放、循环播放；支持播放进度调整、播放倍率调整、播放时间倒数；支持与切换配合自动播放。

四路虚拟场景输入用于构建四机位三维无轨虚拟场景。

2. 多机位三维无轨虚拟

NSCaster 352 采用真三维虚拟场景，包含四机位三维无轨虚拟，每个机位可以调入三维虚拟场景的一个角度，每个机位都有虚拟摄像机，可以模拟摄像机移动和推拉，物理摄像机无须移动，虚拟摄像机移动轨迹可以编辑。支持 4 通道三维虚拟场景输入，每个虚拟场景通道可以选择虚拟三维场景和虚拟镜头，每个虚拟三维场景可通过编辑器设置多个虚拟镜头；支持三维虚拟镜头轨迹推拉，轨迹可编辑；每个虚拟镜头有 4 个轨迹预设点，预设点间可轨迹过渡，过渡时间可调；场景最大支持 4 个输入，每个输入可以独立关联到其他输入通道，输入可设置于电视墙或任何虚拟物体表面，位置和大小可调。

3. 专业虚拟场景

NSCaster 352 内置多套专业二维、三维虚拟场景，涵盖新闻、财经、教育、军事、访谈、娱乐、体育等应用。

纳加会持续开发新的虚拟场景，并提供在线下载升级。

同时，纳加提供虚拟场景编辑器用于编辑和新建虚拟场景，用户可以创建自己的虚拟场景。

4. 多机位实时 GPU 抠像

NSCaster 352 的所有输入都支持实时抠像，采用 GPU 加速，不消耗 CPU；支持全色背景抠像，背景色可选，抠像人物边缘清晰，无色边；抠像支持色键、亮度、阴影、模糊、边缘、溢出控制、边框、排除等参数调整。

支持图像对比度、色调、亮度、饱和度调整。

5. 多机位特技切换

NSCaster 352 支持多机位带特技切换，支持通过 T 杆、键盘、鼠标切换；支持 PVW 切换预览，支持 FTB 切黑场；内置擦除、滑行、卷页、溶解、伸缩、画中画、3D、交换等超过 200 多种特技；带有切换效果编辑器，用于创建和编辑切换特技。

6. MultiView 监视

NSCaster 352 包含两台 23 英寸全高清显示屏（选配），主显示屏用于操作界面显示，副显示屏用于 MultiView 多分屏监视，支持单画面、四分屏、十分屏、十三分屏、十六分屏监视，监视窗口布局与监视内容高度可调。

7. 强大的录制能力

支持 PGM 录制成 AVI、MPEG2-PS、MPEG2-TS、MP4，其中 MPEG2 支持 YUV4∶2∶0 和 YUV4∶2∶2，MP4 支持 YUV4∶2∶0、YUV4∶2∶2 和 YUV4∶4∶4。

PGM 录制支持暂停后继续录制。

支持摄像机、VGA、网络输入的同时同步录制成 MP4、FLV，支持双码流录制。

支持 PGM 抓图，并自动添加到 DDR 里。

8. 多格式网络播出

支持 MMS 推流/拉流、FLASH/RTMP 推流、UDP TS 单播/组播网络直播。

MMS 采用 WMV/WMA 编码,RTMP 采用 H.264/AAC 编码,UDP TS 采用 MPEG2 编码。

RTMP 支持 3 条码流编码,每条码流支持推流 2 台 RTMP 服务器。

9．SDI/HDMI 输出

支持一路 SDI/HD-SDI 和一路 HDMI 输出 PGM 的视音频信号。

10．投影输出

支持通过 DVI 和 HDMI 接口投影 PGM 到现场大屏幕。

11．六路 TALLY 信号输出

通过两个 VGA(15 针)接口输出六路 TALLY 信号,用于连接 TALLY 灯指示设备。其中,TALLY A 接口输出 4 路,TALLY B 接口输出 2 路,总共 6 路。

12．延时安全播出

物理信号输出和网络直播均支持延时播出,紧急情况能切到安全画面,保证播出安全;延时时间可调,最大为 60s;安全画面可选 DDR。

13．专业音频输入/输出

所有 SDI/HDMI 输入都支持内嵌音频,另外提供 2 路卡侬立体声输入(其中第 1 路输入支持＋48V 幻象电源),2 路卡侬立体声输出。

14．专业调音台

内置专业调音台,支持每通道 VU 监视和增益调节,支持 dBVU/dBu/dBFS VU 制式,每通道音频可以单独调音和开关,支持锁定一路音频作为输出,支持素材通道独占音频输出,支持音频跟随切换通道;支持各通道音频独立监听;支持左右声道平衡设置,支持单声道转立体声。

15．字幕/角标/时钟/CG

支持简单文本字幕,快速输入或从文本文件导入,快速发布,支持一键拍唱词。

支持四个角标叠加,支持 Alpha 通道和动态角标,角标位置可调。

支持时钟显示,时钟字体、样式和位置可调。

支持类似 PPT 的 CG 字幕,提供 CG 字幕编辑器。

16．远程发布 CG 字幕

支持通过 IP 网络远程 CG 发布,用于导播和字幕工作分离;支持文字、图片、图片序列、时钟、定时器等 CG 叠加,CG 位置、大小任意可调,支持无限层叠加。

17．系统资源监视与报警

支持 CPU 使用率、内存使用率、网络使用率、磁盘空间实时监测,支持异常情况报警。

18．专业视频接口封装

NSCaster 352 采用专业的视频接口封装,按功能分区标注,专业美观,使用也方便。

19．专业操作界面

NSCaster 352 采用专业的操作界面 UI 设计,美观大气,操作布局人性化。

20．专业导播操作键盘

外置专业导播操作键盘,更符合导播人员的操作习惯,支持切换、DDR 控制、VI 虚拟场景控制、播出控制、字幕控制、摄像机云台控制等操作,支持 TALLY 信号输出。

6.2　NSCaster 的使用及操作

6.2.1　NSCaster 调试

启动 NSCaster 主机,进入 NSCaster 操作界面,如图 6-8 所示。

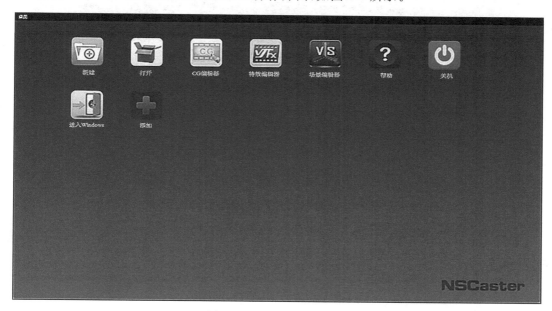

图 6-8　NSCaster 操作界面

第一次启动 NSCaster 时,需要新建工程,单击"新建"按钮,填写项目名称和项目保存路径,选择项目规格,单击"确定"按钮完成新建项目,如图 6-9 所示。

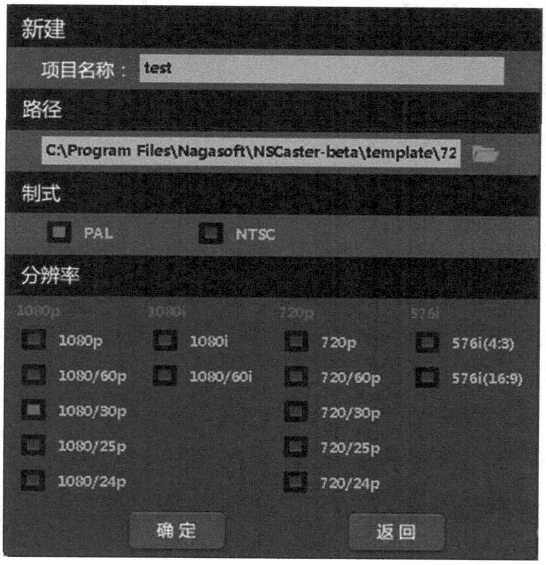

图 6-9　新建项目

进入 NSCaster 导播界面，如图 6-10 所示。

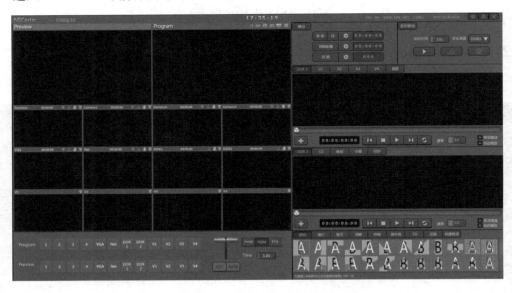

图 6-10　NSCaster 导播界面

加载 4 通道的 SDI 视频信号，分别单击 Camera1～Camera4 通道右上角的菜单按钮，选择"加载源"选项，如图 6-11 所示。

从弹出的"选择源"对话框中选择 SDI 输入信号源即可，如图 6-12 所示。

图 6-11　选择"加载源"选项

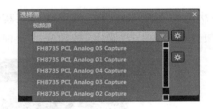

图 6-12　选择 SDI 输入信号源

加载 1 路 VGA 信号，单击 VGA 通道右上角的菜单按钮，选择"加载源"选项，从弹出的"选择源"对话框中选择 SDI 输入信号源。

加载 1 路 NET 信号，单击 NET 通道右上角的菜单按钮，选择"加载源"选项，从弹出的"选择源"对话框中直接输入 RTSP 流的地址，如图 6-13 所示。

加载 2 路 DDR 信号，在 DDR1 备选视频窗口中选中 DDR1 按钮，双击其中的一个视频源，即可将视频加载进 DDR1 通道。DDR2 通道同理，如图 6-14 所示。

加载 4 路虚拟场景。单击 V1 功能按钮，出现虚拟场景设置界面，该界面中包含一个虚拟场景中的 4 个镜

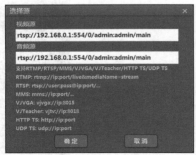

图 6-13　输入 RTSP 流的地址

图 6-14　加载 2 路 DDR 信号

头,如图 6-15 所示。

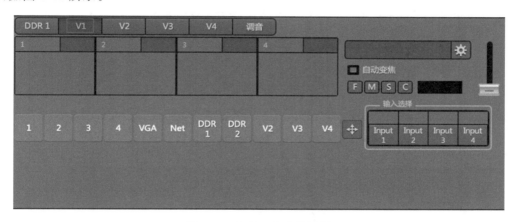

图 6-15　加载 4 路虚拟场景

单击右上角齿轮形的设置按钮,加载虚拟场景,选定需要采用的场景单击"确定"按钮进行加载,如图 6-16 所示。

加载完成后,V1 的 4 个镜头窗口会自动显示镜头位置,如图 6-17 所示。

加载完虚拟场景后,把 4 路背景视频嵌入到虚拟场景。单击"输入选择"中的 Input1,再单击也要嵌入的通道名称,就可以把该通道的视频嵌入到虚拟场景中,如图 6-18 和图 6-19 所示。

选择所需的输出类型,并做相应配置,按录制按钮开始输出,如图 6-20 所示。

开始执行切换、上字幕、角标等动作,如图 6-21 所示。

再次单击录制按钮停止输出,检查所有录制文件是否正常,关闭 NSCaster 软件,然后单击关机按钮关闭 NSCaster 主机。

6.2.2　NSCaster 操作

1. NSCaster 桌面

NSCaster 桌面以图标形式显示,如图 6-22 所示。

新媒体编播技术与应用

图 6-16 加载虚拟场景

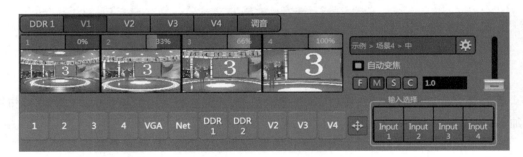

图 6-17 镜头位置

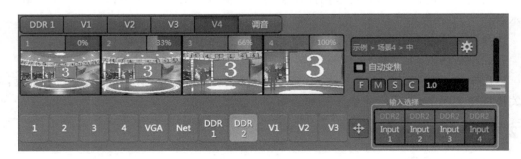

图 6-18 单击"输入选择"中的 Input1

 图 6-19 嵌入到虚拟场景

 图 6-20 选择所需的输出类型

图 6-21 切换、上字幕、角标

图 6-22 NSCaster 桌面

NSCaster 桌面中的图标说明见表 6-2。

表 6-2　NSCaster 桌面中的图标说明

图　标	说　　明
	新建 NSCaster 工程，多种工程可选。可建 12、15、18 通道。可以选择制式为 PAL/NTSC，可选择的分辨率为 720P 和 1080i、1080P 或者 480i/576i
	打开最近新建或打开的历史工程，可选择其他目录下的工程文件，工程文件以 NSCP 格式保存
	CG 编辑器。编辑字幕 CG，类似 PPT 功能，每个 CG 文件包含一个或者多个 CG 页，每个 CG 页包含多个文字、图片、图片序列等 CG 元素。NSCaster 中内置了多个 CG 文件可选，用户可自定义 CG 文件
	特效编辑器。客户可以使用该软件编辑和新建切换特效，NSCaster 内置了八大类、两百多种特效
	场景编辑器。客户可以使用该软件编辑和新建虚拟场景，NSCaster 预定义多个虚拟场景，并会持续更新
	使用手册电子文档
	设备关机和重启
	外置自动播出工具
	进入 Windows 桌面。系统开机默认进入 NSCaster 桌面，如需要进入 Windows 桌面，请单击该按钮，默认密码是 admin
	更新软件版本
	可添加其他应用程序

2. NSCaster 主界面

需要在启动桌面中选择新建工程或者选择已建立的工程来打开 NSCaster 界面。新建工程如图 6-23 所示。

新建工程默认勾选 1080p25，单击"高级"按钮可以选择建立的通道数，有 12、15、18 通道可选，经常使用某种数目的通道，可以勾选"设为默认选项"，如图 6-24 所示。

打开工程会显示加载的进度，包括加载界面、加载特效、加载通道内容。完成后进入操作界面，如图 6-25 所示。

图 6-23 新建工程

图 6-24 通道数设置

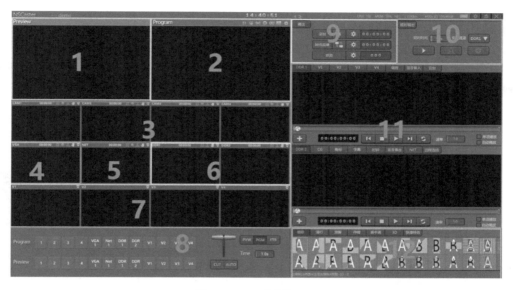
图 6-25 12 通道的工程

12 通道工程如下所述。

① 预监。

② 主监。

③ 设备采集通道。

④ VGA 采集通道。

⑤ NET 采集通道。

⑥ DDR 显示通道。

⑦ 虚拟场景通道。

⑧ 通道切换控制。

⑨ 输出控制。

⑩ 延时输出控制。

⑪ DDR 通道、虚拟场景、调音台、CG、角标、字幕、时钟功能。

⑫ 切换特效。

3. 预监和主监

NSCaster 提供监视加载的视音频信号和素材，如图 6-26 所示。

图 6-26　预监和主监

（1）预监窗口：绿色代表预监，监看即将播出的画面。

（2）主监窗口：红色代表主监，监看正在播出的画面。

（3）输出监视：包括显示/隐藏 UV、清除远程 CG、启动/停止声卡输出、显卡投影输出、物理输出、打开/关闭 MultiView 监视和设置，如图 6-27 所示。

① 显示/隐藏 UV：在主监窗口中显示或者隐藏声音 UV 条（默认情况为不显示）。

② 清除远程 CG：一键清除在主监窗口上的远程 CG 内容（对本地 CG 内容无效）。

③ 启动/停止声卡输出：选择需要输出的声卡设备，配置界面如图 6-28 所示。

图 6-27　输出监视

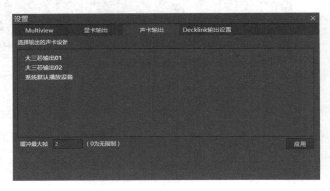

图 6-28　配置界面

如果需要使用设备中的大三芯输出，选择大三芯输出 01/大三芯输出 02 即可。

④ 启动/停止物理输出：输出主监的视音频信号到显示设备，可选择输出的设备，如图 6-29 所示。

⑤ 启动/停止显卡投影输出：通过 DVI/HDMI/DP 接口输出主监的视音频信号到显示设备，输出的显示设备可在列表中选择，配置如图 6-30 所示。

如果图 6-30 中的列表只显示一项，说明连接的显示设备没有识别到，可以尝试重启 NSCaster。投影显示设备对应的 Windows 桌面需要设置为扩展，不能设置为复制。

注意，要先将投影显示设备连接到显卡输出端口，再启动 NSCaster 设备。

⑥ 打开/关闭 MultiView：分屏监视通道画面，可选输出监视器、输出模式、输入源和窗口，如图 6-31 所示。

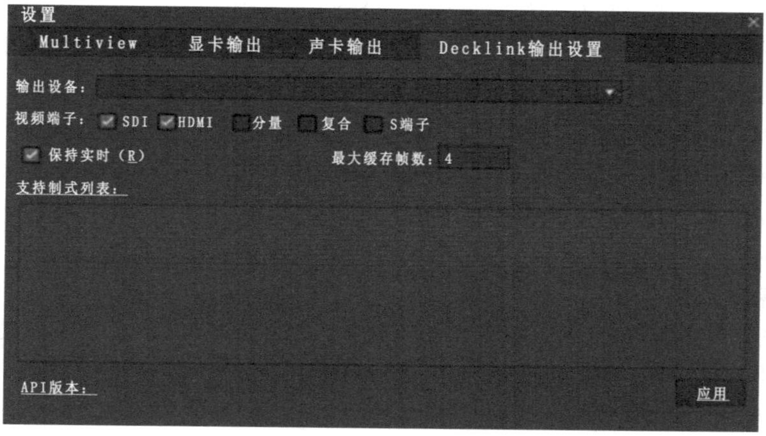

图 6-29 选择输出设备

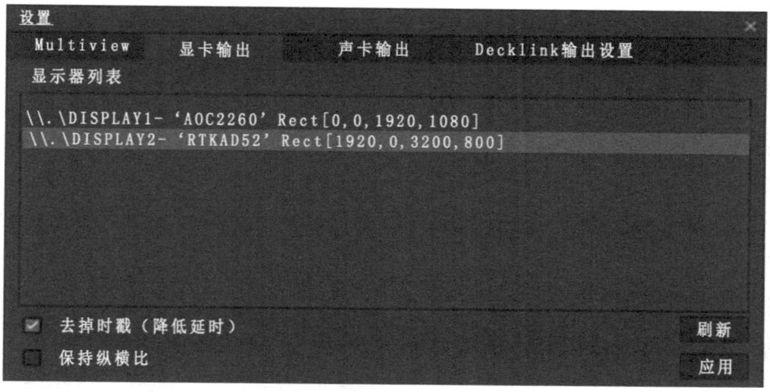

图 6-30 选择显示设备

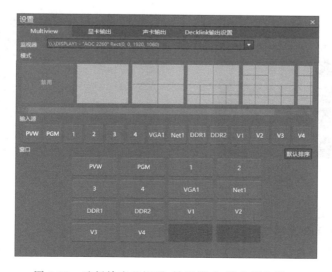

图 6-31 选择输出监视器、输出模式、输入源和窗口

第6章 纳加流媒体导播软件

输出的监视器可选。共有 7 种输出模式,分别是:禁用、单屏、四屏、十屏、十三屏、十六屏模式和二十屏模式;每种模式在"窗口"中排列显示,每个屏输入的内容可以按照默认排序显示,也可以手动将"输入源"中的通道加载到各个分屏中。在"窗口"中显示的屏,只需要单击屏幕中的内容,即可取消与通道的关联;要加载内容到屏幕中只需要在"输入源"中选择通道,再单击对应的窗口即可加载;已被选择的通道不能再作为其他屏幕的输入源。

⑦ 设置:包括显卡输出设置、声卡输出设置、MultiView 输出设置和 Decklink 输出设置。

4. 设备采集通道

可通过采集设备接入 SDI 摄像机或其他设备,最多有 13 个通道可选为设备采集通道。通道界面如图 6-32 所示。

① 通道名称:可被重命名。

② 播放时长:显示播放的时间长度。

③ 通道叠加:叠加其他通道到本通道。

④ 通道录制:单击可启动录制功能,正在录制的状态显示为红色。

⑤ 抠像:单击可启动抠像功能,正在抠像的状态显示为绿色。

⑥ 静帧:单击可启动静帧功能,启动后通道一直显示当前一帧画面,直到停止该功能。

⑦ 通道菜单:打开通道菜单,可做如下操作:

1) 加载源

① 设备:可选择加载视频源和音频源,如加载编号为"SDI 输入 01"的设备,其他类推。其他参数自行设置。

② IP 摄像机:可添加、修改或者删除 IP 摄像机,在列表中可选择一个摄像机加载到通道中,单击添加图标,可添加 IP 摄像机,如图 6-33 所示。

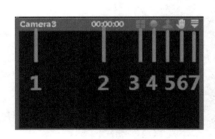

图 6-32 通道界面

图 6-33 添加 IP 摄像机

名称:用户自定义。

地址:按照完整格式填写 IP 摄像机的地址。

启用云台控制:勾选该项后需要填写摄像机的 IP 地址和控制端口、设备名称,以及验证的用户名和密码。

③ 远程桌面:本机需要安装并开启 Bonjour 服务,目标桌面开启 VJVGACpture,便可

搜寻局域网内的远程桌面。单击 ⟳ 即可获取局域网内的远程桌面，单击 ⬇ 可下载 VJVGA 桌面采集软件，如图 6-34 所示。

④ 远程摄像头：同上，需要安装并开启 Bonjour 服务。单击图标 ⟳ 便可搜索局域网内的远程摄像头；单击图标 ▦ 打开二维码，通过扫描下载"纳加远程摄像机 App(iOS 版本和 Android 版本)"。

2）视频源配置

视频源配置可以查看设备信息，系统设置可以调整系统消息，高级设置可以自定义视频源设置。

3）音频源配置

音频源配置可以设置主输入混音、插入线输入混音。

4）背景设置

设置该通道的背景，可选择纯颜色背景或者背景

图 6-34　选择摄像机

图片，用于在该通道加载图片或在没信号源情况下显示该通道下的背景。

注意，背景图片需要放到 NSCaster 目录下才能识别（默认地址为 C:\Program Files\Nagasoft\NSCaster\media\图片）。

5）图像配置

图像配置用来调整输入的图像。图像纵横比分自动检测视频源的信息，也可以设置为 4∶3 或者 16∶9 的画面大小，还有保持纵横比的功能，保持视频的原始比例；图像裁剪可以裁剪视频的上、下、左、右尺寸，根据自己的需求调整；图像翻转功能可以调整视频左、右翻转，上、下翻转。

6）颜色调整与抠像

颜色调整主要用来调整视频画面的对比度、亮度、色调、饱和度。勾选"启用颜色调整"复选框启用颜色调整，拖动对比度、亮度、色调、饱和度对应的滑动条调整相应的参数，调整效果可以实时从通道监视里看到。

① Contrast 对比度：默认值为"1"，最小值"0.0"，最大值为"10.0"。

② Brightness 亮度：默认值为"0"，最小值为"－1.0"，最大值为"1.0"。

③ Hue 色调：默认值为"0"，最小值为"－180.0"，最大值为"180.0"。

④ Saturation 饱和度：默认值为"1"，最小值为"0.0"，最大值为"10.0"。

抠像主要用于将人物后面的蓝/绿背景遮罩消除，并叠加上特定的虚拟场景或者特定的背景。支持多通道实时抠像，抠像效果如图 6-35 所示。

单击"启用抠像"，并设置背景参数，然后调整色键、模糊、边缘、溢出控制、边框、排除等参数，以达到最佳效果。

a. 色键用来调整背景基色的范围，单击"基色"下面的颜色条，可设置背景颜色的基色。

设置背景颜色基色的技巧：单击 ✎ 颜色拾取器拾取背景颜色，再把颜色值设置到上图的颜色设置界面，然后根据现场灯光条件调整亮度和阴影。如果画面有很多黑点，可以调高亮度和降低阴影。

b. 模糊用来调整人物边和背景的平滑过渡。

c. 边缘用来控制人物边缘的缩减与膨胀。

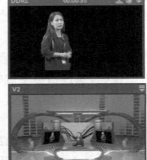

(a) 抠像前　　　　　　　　(b) 抠像后

图 6-35　抠像效果

d. 溢出控制用来防止抠像后颜色溢出，基色颜色设置与 A 里面的基色设置一样。

e. 边框用来选取抠像的范围。

f. 排除用来选择不进行抠像的范围。

7) 通道叠加

通道叠加用来把其他通道叠加在本通道上，可以叠加 1 到多个通道，具有淡入淡出，通道裁剪，位置大小、边框设置等功能。通道叠加界面如图 6-36 所示。

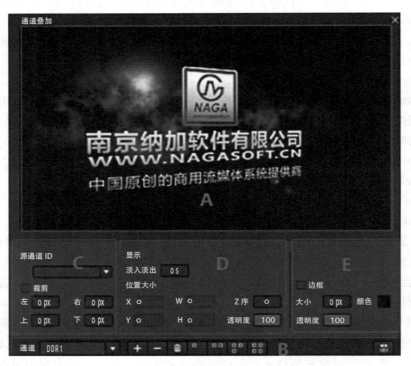

图 6-36　通道叠加界面

使用时要先单击通道上的 ■ 按钮启动叠加功能，功能描述如下：

a. 叠加预览窗口：预览通道叠加的效果。

b. 操作按钮：

在"通道"栏目中选择被叠加的通道。╋图标表示添加一个通道，━图标表示删除一个通道，🗑图标表示删除所有叠加通道，▢ ▢▢ ▢▢▢ ▢▢▢▢图标从左到右分别表示叠加一个通道、两个通道、3个通道和4个通道。▦图标表示对齐方式，可选左对齐、中间对齐等6种对齐方式。

c. 选择叠加的通道，可对叠加的通道进行左、右、上、下方向的裁剪。

d. 设置叠加通道的淡入淡出时间、X和Y的坐标值、长宽值、Z序和叠加透明度。

e. 设置叠加通道的边框，包括边框的大小、颜色和透明度。

8）录制/编码配置

通道录制/编码用来将通道的输入信号用H.264/AAC编码，录制文件和推流到网络流媒体服务器。通道录制/编码支持两条流同时编码，每条流都可以录制文件和推流到2台流媒体服务器。录制/编码配置界面如图6-37所示。

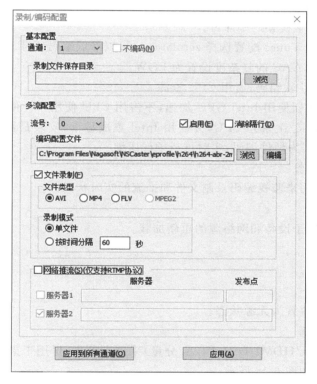

图6-37　录制/编码配置界面

基本配置：

通道：选择需要配置的通道(1～6)。

不编码：勾选后，不进行编码。

录制文件保存目录：单击"浏览"按钮选择录制视频文件的保存目录。

多流配置：

流号：支持2条流的编码，在流号中选择(0～1)。

勾选"启用"复选框,启动此流的编码。

勾选"消除隔行"复选框,消除隔行信号。

勾选"文件录制"复选框,来配置此流输出文件。文件类型支持 AVI、FLV、MP4,录制模式可以选择"单文件"或者"按时间分割"。

勾选"网络推流(s)(仅支持 RTMP 协议)"复选框,来配置推流到流媒体服务器,每条流可以同时推流到两个服务器。

单击"浏览"按钮选择编码配置文件。单击"编辑"按钮修改编码配置参数。

基本配置:可以修改编码的名称和描述,设置媒体类型中的视频编码和音频编码,设置媒体属性的视频大小和帧率。

H.264 配置:可设置编码方式、平均码率、最大关键帧间隔、编码线程数、Presets 设置。

Intel.H264 配置:可设置编码方式、恒定码率、关键帧间隔、B 帧、Presets 设置。

硬编卡 H.264 配置:可设置编码方式、变码率和关键帧间隔。

AAC 配置:可设置 MPEG 版本、复杂度、码率和输出格式。

大部分情况只调整视频码率即可。

H.264 配置中的 Tunes 配置选择 zerolatency 可以降低编码延时。

手机播放需要把 AAC 的复杂度设置为 LOW。

H.264 采用 CPU 软编码,占用 CPU 资源。

Intel.H264 编码器使用 Intel GPU 加速,不占用 CPU 使用率。使用 Intel.H264 编码器需要 Intel 酷睿 i3/i5/i7 系列 CPU,并启用 Intel 集成显卡,安装最新的 Intel 显卡驱动。

硬编卡 H.264 编码器为硬件编码,实时进行硬件压缩。

9)录制/编码状态

录制/编码状态用来监视编码录制文件和推流的实时状况。

10)重新加载源

重新加载源常用于设备和网络源的重新加载。

11)重命名

重新为通道命名。

12)关闭

关闭输入源,通道置为无源状态。

5. VGA 采集通道

通过全接口(SDI/HDMI/DVI/VGA/分量)采集卡输入,可用于摄像机接入,也可用于连接计算机桌面等,如图 6-38 所示。

操作描述如下。

① 通道名称:可被重命名。

② 播放时长:显示播放的时间长度。

③ 通道叠加:叠加通道到本通道上面,可叠加 1 个或 1 个以上通道,可自由拖动。

④ 通道录制:单击之可启动录制功能,正在录制的状态显示为红色。

⑤ 抠像:单击之可启动抠像功能,正在抠像的状态显示为绿色。

⑥ 静帧:单击之可以启动静帧功能,启动后通道一直显示当前一帧画面,直到停止该功能。

⑦ 通道菜单:具体操作请参考"设备采集通道-通道菜单"描述。

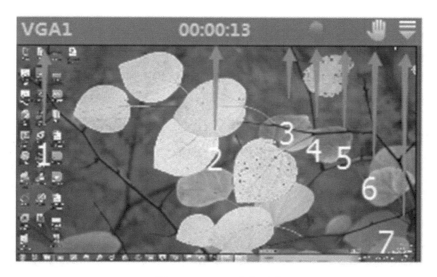

图 6-38　VGA 采集通道

6. NET 采集通道

NET 采集通道用于加载网络流,可以加载 1～5 个通道,可以加载支持的格式有 mms/rtmp/rtsp/udp ts/http ts/m3u8/VJVGA/VJTeacher,如图 6-39 所示。

图 6-39　NET 采集通道

操作描述如下。

① 通道名称:可被重命名。
② 播放时长:显示播放的时间长度。
③ 通道叠加:叠加通道到本通道上面,可叠加 1 个或 1 个以上通道,可自由拖动。
④ 通道录制:单击之可启动录制功能,正在录制的状态显示为红色。
⑤ 抠像:单击之可启动抠像功能,正在抠像的状态显示为绿色。
⑥ 静帧:单击之可启动静帧功能,启动后通道一直显示当前一帧画面,直到停止该

功能。

⑦ 通道菜单：具体操作请参考"设备采集通道-通道菜单"描述。

7. DDR 通道

DDR 共有 2 个通道，名称分别为 DDR1 和 DDR2，用于加载素材。素材包括视音频、图片和 PPT，如图 6-40 所示。

图 6-40 DDR 通道

① 通道名称：可被重命名。
② 播放时长：显示播放的时间长度。
③ 通道叠加：叠加通道到本通道上面，可叠加 1 个或 1 个以上通道，可自由拖动。
④ 抠像：单击之可启动抠像功能，正在抠像的状态显示为绿色。
⑤ 静帧：单击之可启动静帧功能，启动后通道一直显示当前一帧画面，直到停止该功能。
⑥ 通道菜单：具体操作请参考"设备采集通道-通道菜单"描述。

8. 虚拟场景通道

虚拟场景通道一共有 1～4 个通道，分别对应 V1～V4，用于加载三维虚拟场景，如图 6-41 所示。

图 6-41 虚拟场景通道

通道名称用于为该通道重命名，关闭则使虚拟场景处于关闭状态。

9. 播出

播出面板用于控制录制、网络直播和抓图，如图 6-42 所示。

图 6-42 播出面板

1）录制

录制包括 AVI、MPEG2 和 MP4，可以控制 3 种录制格式的设置和查看录制过程中的状态。录制界面如图 6-43 所示。

图 6-43 录制界面

勾选某项就表示启用这种文件的录制，✱ 是配置按钮，ⓘ 是查看录制状态按钮。

（1）AVI 录制。

AVI 录制用来录制主监视频和混合后的音频保存到 AVI 文件，可以提供给后期的非编系统使用。单击 AVI 对应的配置按钮 ✱，出现配置界面，在该界面中可以配置输出目录、视频编码格式和音频编码格式等，如图 6-44 所示。

图 6-44 AVI 录制

单击"浏览"按钮：选择输出到本地的保存目录。

勾选"按时间分割文件"：在录制 AVI 文件的时候，如果非正常结束录制（如软件崩溃、PC 死机等），一般录制出来的 AVI 文件都是无法播放的，因此可以选择使用"按时间分割文件"的功能降低风险。

视频编码格式：可以打开编码器后的下拉列表框，选择视频格式，单击"设置"按钮进行各类编码格式设置，建议选择默认编码器 MainConcept MJPG Video Encoder。

音频编码格式：固定格式 None。

AVI 录制开始后，单击状态按钮，可以查看录制状态。

(2) MPEG2 录制。

MPEG2 用于录制主监视频和混合后的音频保存到 MPEG2 文件，可以提供给后期的非编系统使用。MPEG2 录制文件采用 MPEG2 视音频编码，文件支持 MPEG2 PS 和 MPEG2 TS 封装，同时可以输出 UDP 的 MPEG2 TS 网络流。录制的 MPEG2 文件可以导入到非编系统，也可以刻录 DVD。

通过以下步骤配置 MPEG2 录制：

单击 MPEG2 对应的配置按钮，出现配置界面，在该界面中可以配置编码控制、输出格式和保存位置。MPE2 录制界面如图 6-45 所示。

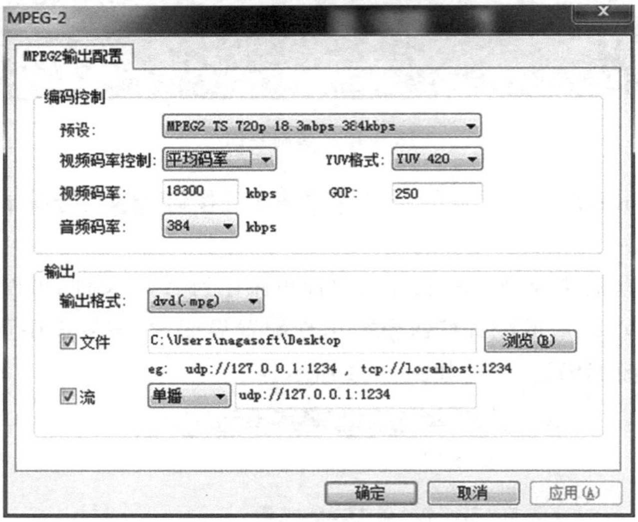

图 6-45　MPEG2 录制界面

预设：可以选择程序预定好的参数设置，None 为不用预设。

视频码率控制：可以选择平均码率和恒定码率。

YUV 格式：可以选 YUV 420 和 YUV 422，前者兼容性较好。

视频码率：视频编码码率，可根据预设参数设置。

GOP：视频关键帧间隔设置。

音频码率：音频编码码率设置。

输出格式：PS 封装选择 vob(.mpg)，TS 封装选择 ts。

勾选"文件"复选框，设置文件保存位置，文件名自动根据时间生成。

勾选"流"复选框，设置网络串流。

注意，网络串流可以输出 UDP(单播或组播)TS 流。输出格式需要选择 TS 封装，勾选"流"复选框，填写 UDP 输出地址，可以是单播地址或者组播地址。

例如，单播：UDP 输出到 udp://127.0.0.1:1234，打开 VLC 播放器后，打开串流 udp://@:1234 即可播放。

例如，组播：UDP 输出到 udp://234.0.0.10:1234，打开 VLC 播放器后，打开串流 udp://@234.0.0.10:1234 即可播放。

MPEG2 录制后，单击对应的状态按钮 ⓘ 可监视 MPEG2 的输出状态。

（3）MP4 录制。

MP4 录制用于录制主监视频和混合后的音频保存到 MP4 文件，可供后期编辑使用。

单击 MP4 的配置按钮 ☼ 可弹出配置界面，如图 6-46 所示。

图 6-46　MP4 录制配置界面

编码配置：单击"浏览"按钮选择默认的编码文件，可对默认的编码文件进行编辑。

下面以 abr-20mbps-420.epfx 配置文件为例，配置如下内容。

基本配置：可配置文件的名称、描述、视音频编码类型、媒体属性（视频大小和帧率），如图 6-47 所示。

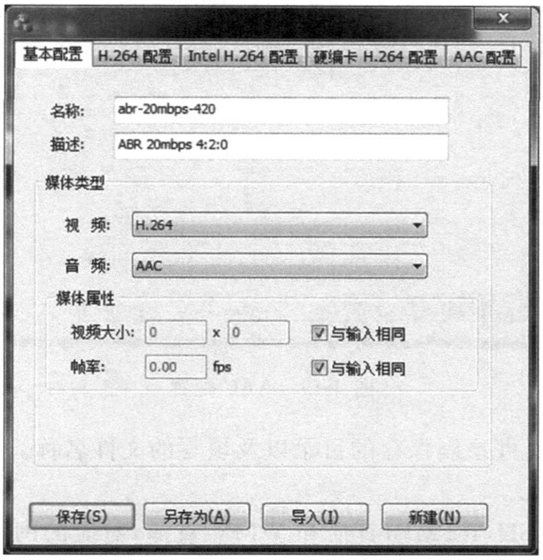

图 6-47　基本配置

H.264 配置：可设置编码方式、平均码率、最大关键帧间隔、编码线程数，以及启用 Presets，如图 6-48 所示。

图 6-48　H.264 配置

AAC 配置：可选择 MPEG 版本、复杂度、码率和输出格式，如图 6-49 所示。

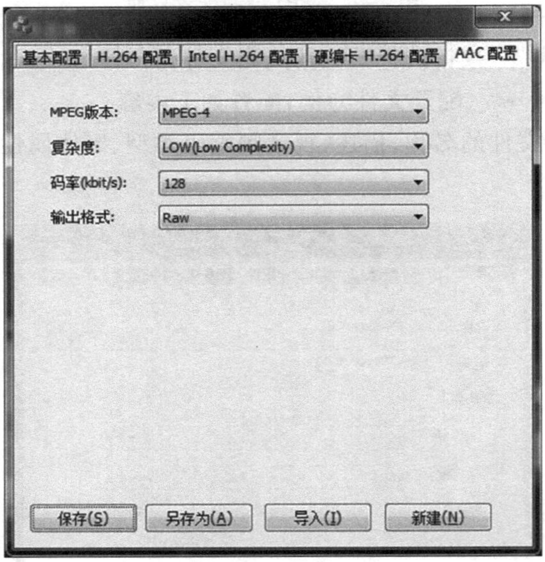

图 6-49　AAC 配置

文件配置：可选择文件录制保存的目录以及填写的文件名称。

2）网络直播

网络直播包括 FLASH（RTMP）直播和 WMV 直播，对应的网络流协议分别为 RTMP 和 MMS。

(1) 热备。

热备用于现场直播设备播出安全。例如,使用一台 NSCaster358 设备作为主设备进行网络直播,选择另一台 NSCaster358 或者手机作为热备,在主设备出现故障的情况下自动切换到热备设备进行直播输出,有效消除主设备故障导致现场直播中断事故。

单击 可设置热备(支持设备热备和手机热备),如图 6-50 所示。

图 6-50　设备热备

使用步骤:

① 需要手机支持热备请单击 下载纳加热备 App(支持 iOS 和 Android 系统),安装完成后请打开 App 软件。

② 单击 可自动搜索局域网内的设备。

③ 如果无法自动搜索,请单击 手动加载热备,分别输出热备的 IP 地址和端口(默认端口是 8017),名称自定义,如图 6-51 所示。

④ 在热备列表中选中需要连接的热备,单击"连接"并输入连接密码(默认是 admin)即可连接。

注意,在 NSCaster 的"系统配置-服务设置"中可更改连接的端口和连接的密码,如图 6-52 所示。

图 6-51　添加 IP

图 6-52　服务设置

(2) FLASH(RTMP)。

采用 H.264/AAC 编码输出视音频信号,可以保存为 MP4、FLV 文件,也可以通过 RTMP 推送流到 VJLive3、FMS、WOWZA 等,进行网络流媒体直播。

单击 FLASH(RTMP)对应的配置按钮 ,出现 FLASH(RTMP)配置界面,如图 6-53 所示。

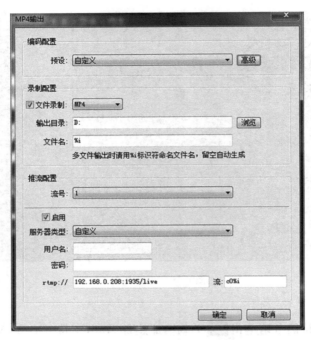

图 6-53 FLASH(RTMP)配置界面

① 编码配置。可选预设的编码选项,也可以自定义,单击"高级"按钮可设置编码参数,如图 6-54 所示。

图 6-54 编码配置

编码控制可设置最大关键帧间隔,编码线程数,H.264 的 Preset、Level 和 Profile 参数,消除隔行、低延时、恒定码率、关闭 B 帧。

多码率配置可设置输出网络流的视频和音频码率,以及输出尺寸。每条流号可支持推流到 3 个频道。

注意,一般只需要调整视频码率和音频码率;如果是隔行工程,可勾选"消除隔行"功能,其他编码参数可采取默认值。

② 文件录制。可录制为 MP4 或 FLV 格式,可选择输出的路径和输出文件的名称,其中文件名可以加通配符%i,文件生成会自动替换成流号。

③ 推流配置。选择流号,可选择 1 号流和 2 号流,每条流号可推送到 3 个流地址。

勾选"启动"复选框才能设置如下描述参数。

a. 选择服务器类型为"自定义",可设置频道推流保护,输入用户名和密码。如无设置,则不需要填写。

b. rtmp://输入的格式是:ip:port/live,"流名"为频道的名称。如一台服务器需要用到多条流的时候,可用流名 c0%i,此命名会按顺序排列推流到频道名为"c01、c02、c03"。选择服务器类型为"微距",可在直播平台(www.vjshow.com)进行直播。授权码在微距直播平台上注册、创建直播后才可获取。获取后直接复制授权码,登录后开始直播操作,如图 6-55 所示。

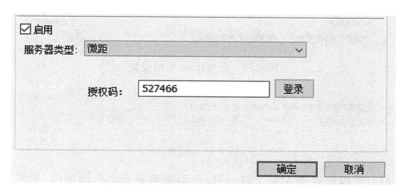

图 6-55 选择服务器类型为"微距"

(3) WMV(MMS 协议)。

可以把输出视音频信号以 WMV 方式编码,支持 3 种模式:推流、拉流、保存到文件。单击 WMV 对应的配置按钮 ✱,打开 WMV 配置界面,如图 6-56 所示。

① 输出。WMV 支持 3 种模式的输出方式:推流、拉流、保存到文件。

推流:可以把编码出来的流,推到流媒体服务器,然后再由流媒体服务器分发出去。如果流媒体服务器是 Windows Media Service(WMS),那么就需要配置 WMS 启动"HTTP 控制协议",并设置 HTTP 端口。如果是 VJLive,则无须设置,默认端口是 8083,如图 6-57 所示。

服务器名称:填写直播 VJLive 服务器的地址。

发布点:填写直播 VJLive 的频道。

拉流:是播放器、流媒体服务器可以从 NSCaster 拉流,和推流的方向相反,如图 6-58 所示。

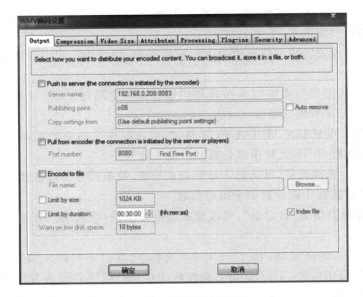

图 6-56 WMV 配置界面

图 6-57 向 VJLive 推流设置

图 6-58 拉流

保存到文件：可以保存 WMV 文件，可以作后期编辑或者点播使用，如图 6-59 所示。

限制大小：设置保存文件的大小。

限制持续时间：设置保存文件的播放时长。

注意，推流适合 NSCaster 部署在内网，流媒体服务器部署在外网情况。

拉流适合 NSCaster 和流媒体服务器部署在同一个局域网情况。

② 压缩。压缩设置界面可以设置压缩参数，如输出大小、帧速率、比特率等参数，如图 6-60 所示。

目标：选择压缩方式。单击"编辑"按钮可以编辑编码参数。

③ 视频大小。视频大小界面可以设置裁剪视频或者调整视频大小，如图 6-61 所示。

④ 属性。属性界面用于设置文件属性，如图 6-62 所示。

⑤ 处理。处理界面用于选择要用来提高编码内容质量的选项，可在其中设置视频和音频格式，如图 6-63 所示。

⑥ 插件。插件界面用于设置音视频插件，如图 6-64 所示。

⑦ 安全。使用数字权利管理保护内容，可以在内容中嵌入水印，如图 6-65 所示。

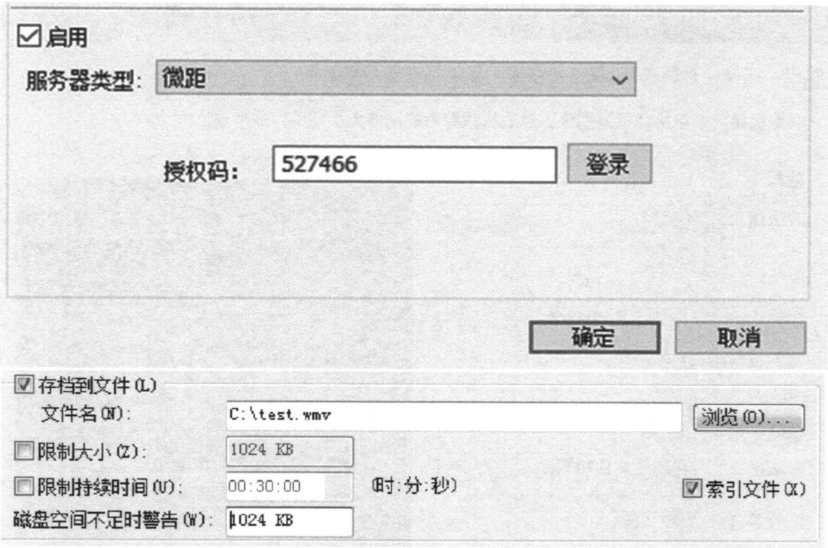

图 6-59　保存到文件

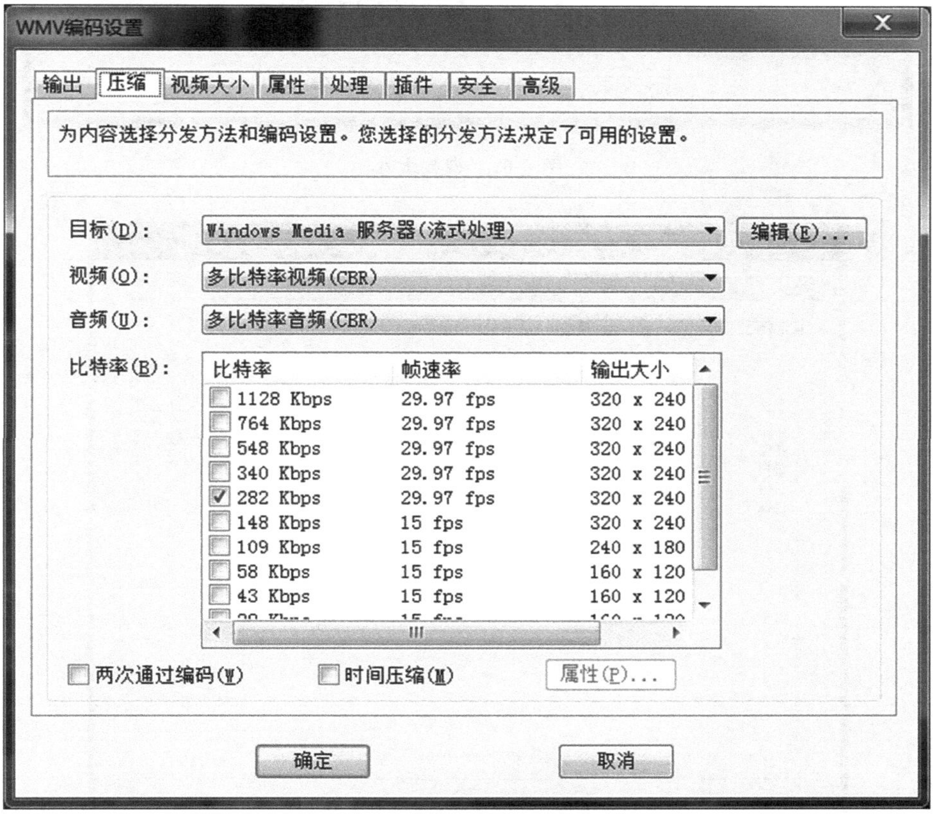

图 6-60　压缩设置界面

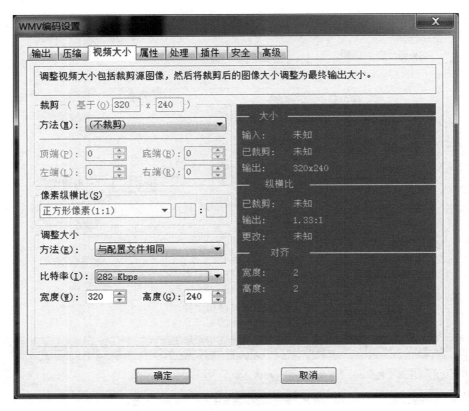

图 6-61　视频大小

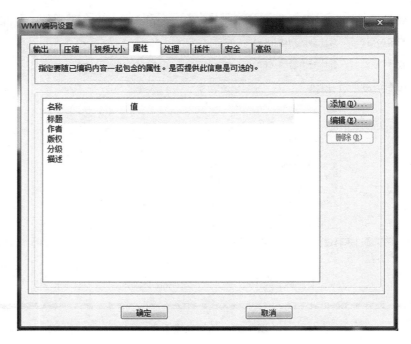

图 6-62　属性设置

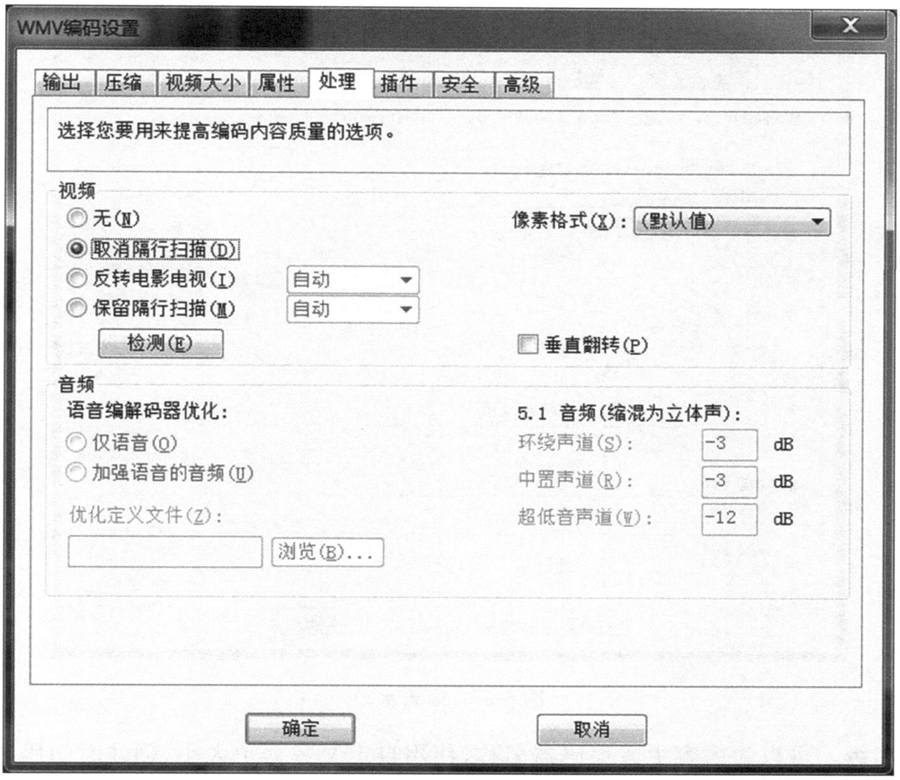

图 6-63 设置视频和音频格式

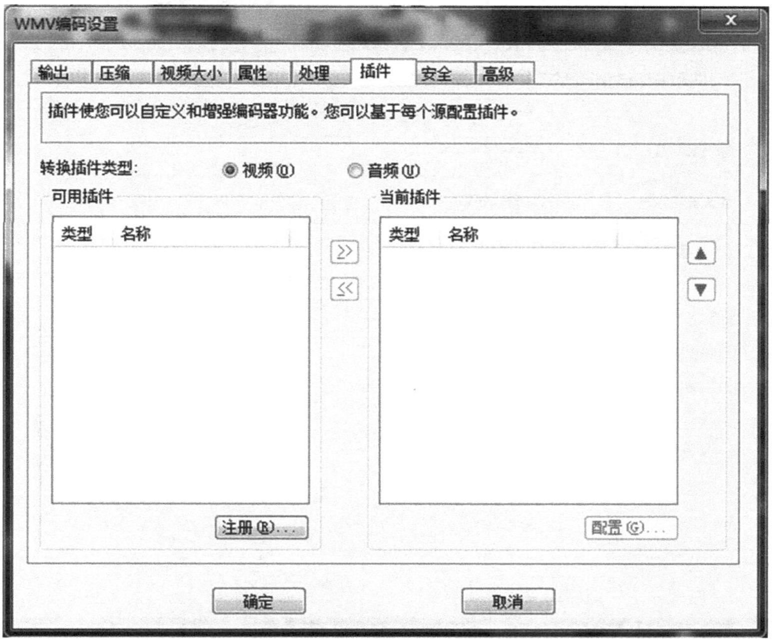

图 6-64 插件设置

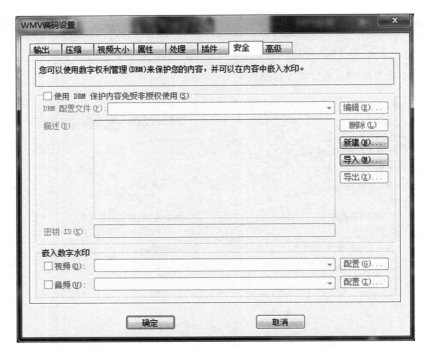

图 6-65　嵌入水印

⑧ 高级。可以为内容更改编码器名称、使用自定义数据包大小、创建时间码或启用临时存储，如图 6-66 所示。

图 6-66　高级设置

3）抓图

从主监通道画面抓取图片，界面如图 6-67 所示。

（1）执行抓图：抓取当前主监画面。

（2）单击 按钮可弹出抓图设置界面，如图 6-68 所示。
可以设置图片的保存目录和图片的文件名前缀，图片的保存
格式为 JPG，其中文件的保存命名格式为：文件名前缀_xxx.jpg。勾选"自动添加到
DDR1"或者"自动添加到 DDR2"，图片自动添加到 DDR1 或 DDR2 列表，可直接用作素材
播出。

图 6-67　抓图界面

图 6-68　抓图设置界面

图 6-69　延时输出界面

（3）显示抓图总量。

10．延时输出

有些直播场合为了安全，需要延时播出，观众收看到的直播实际比现场信号延时了一定时间，若出现紧急情况，导播可以切到预先制作的安全视频，观众看到的画面也立即切到安全视频，待紧急情况解除后，导播再切回到正常画面。

延时输出界面如图 6-69 所示。

（1）设置延时时间（默认为 10s），单位为 s（范围为 1～60s）。延时的视音频帧全部存储在内存中，需要消耗大量的内存。表 6-3 为不同的制式单位时间（s）所需内存。

表 6-3　不同的制式单位时间（s）所需内存

工 程 制 式	1s 所需内存/MB
PAL/NTSC	40
720p25	90
720p50	180
1080p25	200

（2）选择安全通道，DDR1 或 DDR2。

（3）加载安全视频到安全通道。

（4）单击 按钮启动延时输出。

注意，在启动延时输出之前，不能有任何一个输出模块处于开始输出状态。

（5）在紧急情况下，按下 按钮，此按钮红灯闪烁，输出视音频切到安全通道，直到 按钮被按下或者延时输出被停止。

（6）当紧急情况解除，按下 按钮，此按钮绿灯闪烁，并定时延时时间，定时发生后，

按钮停止闪烁,输出视音频回到正常状态。

(7) 停止所有输出模块,单击 ■ 按钮停止延时输出。

11. 虚拟场景 V1~V4

系统内置二维、三维虚拟场景,可应用于电视台、新闻、财经、教育等方面,操作界面如图 6-70 所示。

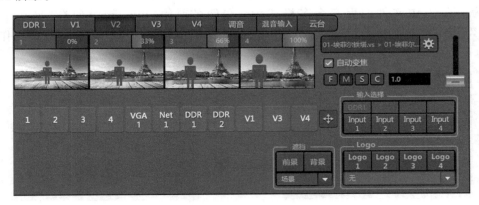

图 6-70 虚拟场景 V1~V4

1) 加载场景到虚拟通道

单击按钮 打开媒体浏览器,如图 6-72 所示。可选场景中的某个虚拟镜头加载到通道 VI 中,系统支持 1~4 个通道(通道 V1、V2、V3 和 V4)的虚拟场景输入,如图 6-71 所示。

图 6-71 加载场景到虚拟通道

2）轨迹

每个虚拟摄像机的轨迹可通过编辑器自定义。每个虚拟摄像机有 4 个轨迹预设点。

虚拟摄像机镜头轨迹变化速度可选，F、M、S、C 按钮分别对应快速、中速、慢速和自定义速度。

自动变焦为每个轨迹预置点之间的转换提供变焦效果。不勾选"自动变焦"，在两个轨迹点之间的推拉效果是直接跳转的，没有变焦过程。

推拉的效果可通过推杆查看镜头的轨迹变化效果，如图 6-72 所示。

图 6-72　轨迹

3）场景输入设置

每个场景最大支持 4 路输入，输入可以关联到 NSCaster 的其他通道，输入的位置和大小都可调整，界面如图 6-73 所示。

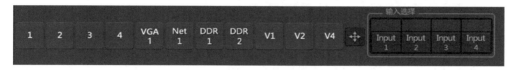

图 6-73　场景输入设置

4）选择输入的关联通道

在"输入选择"框中单击 InputN（N 对应 1、2、3、4），再选择关联到 InputN 的通道 M（M 表示 1、2、3、4、VGA 等其他通道），表示 InputN 关联到通道 M。需要更改关联的通道，先单击 InputN，再选择其他通道；如果选择原来的通道，则表示取消关联通道。图 6-74 为 DDR1 通道关联到 V3 通道中场景的效果图。

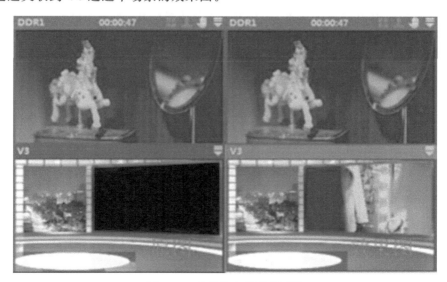

图 6-74　选择输入的关联通道

在"输入选择"中单击需要调整的输入,再单击按钮 ,弹出位置和大小的编辑窗口,如图 6-75 所示。

图 6-75　调整输入的位置和大小

在"裁剪"中,单击并拖动鼠标可调整某个方向的大小;单击 箭头并拖动鼠标,可同时改变两个方向的大小。

在"位置"中,可设置 X、Y、Z 方向的位置和旋转角度,可单独横向或纵向缩放或者保持原比例缩放。所有编辑框都可在按住 Shift 键后双击还原数值。

5) Logo 输入设置

每个场景可支持 4 个 Logo,每个 Logo 支持图片或者图片序列输入,可在场景中的固定位置显示。如果场景没有设置 Logo 显示的位置,可在场景编辑器中增加或者修改。

在虚拟场景通道中加载该场景,并在 logo2 中选择图片,即可在讲台前一直显示该图片,如图 6-76 所示。

图 6-76　选择图片

6）遮挡设置

用于设置场景中的对象在前景位置或者背景位置。

12. 调音台

调音台用来控制所有输入和输出音频的增益和混音,12 通道时只有一个调音面板,大于 12 通道时分调音 1 和调音 2 两个面板,如图 6-77 所示。

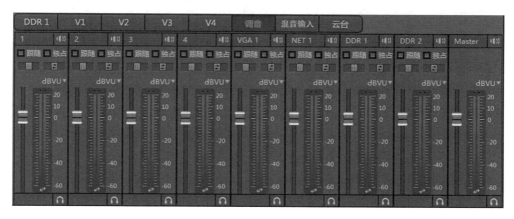

图 6-77　调音台

按钮用于开启或关闭该通道的音频混音,关闭表示这个通道的音频不会进入主输出。按钮用于选中"跟随"的通道,只有当这个通道是 PGM 时,它的声音才会混合到主输出。按钮用于选中"独占"的通道,并且这个通道是 PGM,就只会混合它的声音到主输出,其他通道不会混进去(即使其他通道开启了混音)。按钮用于声道平衡,可以设置左、右声道平衡,用于立体声降为单声道。按钮用于声道复制,可将单声道转立体声。按钮支持 dBVU/dBu/dBFS VU 制式。按钮是音量推杆,用来控制整个通道音频的增益,往上增加,往下衰减。按钮可监听通道的音频。

13. 云台

云台用来控制带云台的摄像机,可支持 RS485 摄像机、IP 摄像机、虚拟场景(三维),界面如图 6-78 所示。

图 6-78　云台界面

1）云台设置

使用云台功能前，请先加载需要控制的云台摄像机。单击 按钮，可打开云台设置界面，如图 6-79 所示。

图 6-79　云台设置界面

（1）选择云台摄像机加载的通道，并勾选"启动"。

（2）如果勾选"RS485 摄像机"，就需要选择控制协议类型，可选 VISCA 协议、PELCO-D 协议和 PELCO-D 协议，请根据摄像机支持的协议在"协议类型"中选择。同时需要根据摄像机的控制参数，再设置控制的 COM 端口、数据位、波特率和地址位。

（3）如果勾选"IP 摄像机"复选框，就需要选择厂家型号，支持开锐 IP 球机和 Onvif 摄像机。需要填写摄像机的 IP 地址、端口、设备名称、用户名和密码。选择"开锐 IP 球机"，还需要选择波特率和地址位。

（4）跟踪主机：此功能无效。

2）调整画面镜头

单击 图标或 图标，可调大或调小摄像机的变焦、聚焦和光圈参数。

（1）拖动 中的旋钮可设置摄像机云台移动的速度。或者直接单击 3 个按钮，按照预设值设置云台移动的速度。

（2）单击 图标可向固定方向或者任意方向转动摄像机。

3）设置预置位

（1）单击数字，再单击"摄像机"，可控制加载到对应通道的摄像机。

（2）将摄像机镜头移动到一个合适的位置，单击数字再单击"保存"按钮，可设置当前摄像机的预置位。

（3）单击数字再单击调用，可调用所选择的摄像机在该预置位下的镜头。

注意，当"摄像机选择"的通道为虚拟场景通道时，可控制 3D 虚拟场景的观看角度、焦距、移动速度，以及类似摇臂功能，如非 3D 的虚拟场景不可移动观看角度，只可调整焦距。

14. DDR

DDR1 和 DDR2 用于加载本地视音频、图片素材和 PPT，支持绝大部分常用视音频和图片文件。PPT 支持 Office,如图 6-80 所示。

图 6-80 DDR

1)播放列表

单击图 6-80 中左下方的 ![+] 按钮,可打开媒体浏览器界面,如图 6-81 所示。

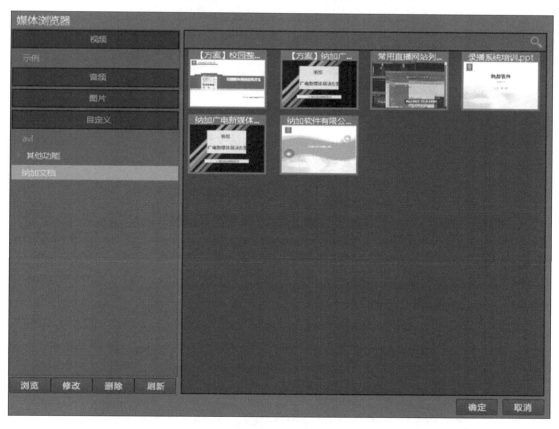

图 6-81 媒体浏览器界面

用户可加载"视频-示例"中的素材,也可自定义浏览路径。单击 ![浏览] 按钮,选择要加载的素材文件夹,加载完成后,素材以缩略图形式显示在"媒体浏览器"中。单击 ![修改] 按钮可修改加载的文件夹的名称,单击 删除 按钮可删除素材文件夹,单击 刷新 按钮可刷新在"媒体浏览器"列表中的素材。单击选中的素材并单击 确定 按钮,可将素材加载到 DDR 列表中。如果需要多个素材,可双击素材,同一个素材可被加载多次,单击 确定 按钮后,将素材加载到 DDR 列表中。

(1) DDR 设置。用于新添加文件的默认设置,右击列表框中的空白处,可弹出 DDR 设置界面,如图 6-82 所示。

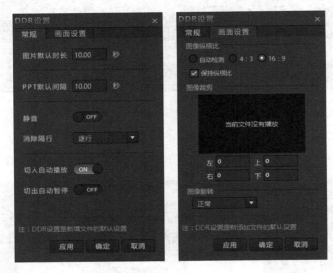

图 6-82 DDR 设置界面

① 单击"定位到当前播放"可找出当前正在播放的文件。
② 单击"删除重复项"可删除加载到列表中的重复文件。
③ 单击"清空"可将列表的文件清除。
④ 选择导入/导出/追加列表功能。
⑤ 单击"设置",在"常规"项中可设置图片、PPT 和视频的默认参数,包括每张图片默认播放的时长、每张 PPT 播放的间隔、每个视频为静音和消隔行、切入自动播放、切出自动暂停,如图 6-83 所示。

图 6-83 设置界面

在"画面设置"中可选择图像的纵横比,包括自动检测、4∶3或者16∶9的大小;可左、右、上、下裁剪图像;可选择图像的翻转模式。

(2)文件设置。用于选中文件的设置,在选中的文件中右击,可弹出文件设置界面,如图6-84所示。

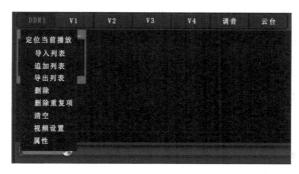

图 6-84　文件设置界面

① 单击"定位到当前播放"可以找出当前正在播放的文件。
② 单击"删除"可删除选中的文件。
③ 单击"删除重复项"可删除加载到列表中的重复文件。
④ 单击"清空"可将列表的文件清除。
⑤ 选择导入/导出/追加列表功能。
⑥ 单击"属性"可查看当前选中的文件的编码、路径等属性。
⑦ 单击"视频设置"或"图片设置"可设置当前文件,界面如图6-85所示。

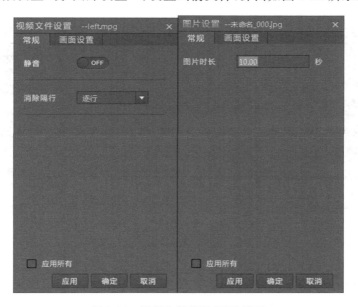

图 6-85　视频文件设置/图片设置

在"常规"选项卡中,当选择视频时,可设置视频的静音和消隔行参数;当选择PPT或者图片的时候,可设置图片播放的时长。如需将其设置的参数应用到所有对应类型的文件中,可勾选"应用所有"。

在"画面设置"选项卡中,可选择图像的纵横比,包括自动检测、4∶3或者16∶9的大小;可通过左、右、上、下裁剪图像;可选择图像的翻转模式。

注意,在DDR的设置中,可统一设置所加载素材的默认参数;在"文件设置"中,可单独针对某个视频或者图片设置其参数,也可将设置好的参数应用到所有相同类型的文件中。

2)播放控制

(1)播放进度条。拖动之可改变播放的进度。

(2)播放时间。可实时查看播放时间及播放进度。

(3)播放控制栏。播放控制栏上的按钮分别为上一个素材、停止播放、播放、下一个素材和循环播放。

(4)播放速率。调整范围为0.2~8.0。

(5)单项播放和自动播放。勾选"单项播放"复选框,只播放当前选中的项目,不做列表播放。勾选"自动播放"复选框,并且非循环情况下,DDR列表播放结束后自动将PVW画面切换到PGM。勾选"循环播放"和"单项播放"复选框,被选取的素材循环单项播放。勾选"循环播放"和"自动播放"复选框,素材按照列表顺序循环播放,在这种情况下,列表播放完不会自动进行主监和预监的切换,当前DDR依然按照列表顺序播放。

15. CG

CG界面用来发布纳加CG文件(使用VJCGEditor编辑生成,扩展名是.vjcgf)。CG文件类似PPT,按页为单位组织,每页可以在任意位置放置文字、静态图片、动态图片序列等,内置CG编辑功能。CG界面如图6-86所示。

图 6-86 CG 界面

1)列表

CG页以缩略图形式展示在列表中。针对每个CG页,可单击快捷键图标 ➕ 添加文本列或者图片列,也可以添加多行。

2)操作控制

操作按钮说明见表6-4。

表 6-4　操作按钮说明

按　钮	说　明	按　钮	说　明
	新建 CG 文件	PGM	发送/取消 CG 页到 PVM（预监）窗口预览
	移除选中的 CG 页		
	清除所有的 CG 页	PVW	发送/取消 CG 页到 PVM（预监）窗口预览
	调用内置 CG 编辑器	通道	在选择的通道中加载 CG 页

（1）单击按钮 ,出现菜单项,可选择新建 CG、打开存在的 CG 文件或新建 CG 文件。

① 新建 EXCEL：EXCEL 文件导入。

② 新建 RSS：输入 RSS 地址获取信息。

③ 新建微博：登录微博即可获取信息。

④ 新建 Twitter：输入 Twitter 用户名或标签获取信息。

⑤ 新建 Facebook：输入 Facebook 用户名即可获取信息。

⑥ 打开：打开已经创建好的 CG 文件。

⑦ 新建：新建 CG 文件。

（2）单击按钮 ,可删除被选中的 CG 文件。

（3）单击按钮 ,可打开内置 CG 编辑器。

（4）单击按钮 ,可把当前 CG 列表中的所有 CG 页移除,同样不删除原 CG 文件。

（5）单击按钮 ,可选择将 CG 页面在通道中显示。

（6）选中列表中的 CG 页面,单击发送预监按钮 ,把页面发到 PVM（预监）窗口上进行预览,然后图标变成 。确认没有问题后,单击发送主监按钮 发送到 PGM（主监）窗口画面,然后图标变成 。单击 和 可从相应的窗口画面中移除 CG 页。

16．角标

角标面板可以快速发布 4 个角标到主监和预监界面。系统预设 4 个角标位置,可以快速设置角标位置,也可以自定义位置。角标文件支持图片文件和图片序列,图片支持 PNG/TGA/GIF/JPG/BMP 等文件格式,建议使用带透明通道的 PNG 或者 TGA 文件格式；图片序列可以用多张图片,系统自动生成动画效果。角标设置界面如图 6-87 所示。

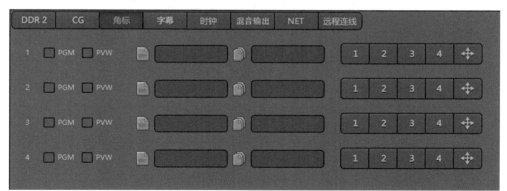

图 6-87　角标设置界面

勾选 PGM 或者 PVW，角标发送到主监和预监显示。取消勾选，则不显示。

单击按钮 ![], 可以选择静态图片。单击按钮 ![], 可以选择图片序列文件目录。

单击按钮 ![], 可按预设置快速确定角标的位置，共 4 个预置位可选。单击 ![], 可调整角标位置，其操作界面如图 6-88 所示。

图 6-88　角标位置操作界面

在操作界面中单击不放并左右移动，可调整角标在 X 方向和 Y 方向的位置，也可单独横向或纵向缩放或者保持原比例缩放图标。所有编辑框都可在按住 Shift 键后双击还原数值。

17．字幕

字幕面板可以将简单的文字字幕发布到主监和预监。字幕界面如图 6-89 所示。

图 6-89　字幕界面

1）字幕列表

单击导入文件按钮 ![], 可以将文本文件里面的文字导入字幕列表，也可以在"新增字幕输入框"中输入即时文字，并单击添加字幕按钮 ![], 添加到字幕列表中。

在字幕列表中选择一行文字，单击修改字幕按钮 ![], 可以进行修改。单击删除字幕按钮 ![], 可以把选中的文字从列表中删除，单击清空字幕按钮 ![], 可清空整个字幕列表。

2）字幕设置

单击设置格式按钮 ![], 可设置字幕的效果。字幕设置界面如图 6-90 所示。

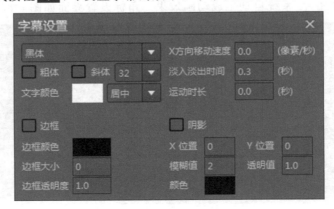

图 6-90　字幕设置界面

在字幕设置界面中,可设置字体格式、大小、粗体、斜体、文字对齐方式、文字颜色、边框颜色、边框大小、边框透明度、淡入淡出时间等。

"X 方向移动速度"可以实现跑马灯字幕效果,设置框里是负数,表示向左移动,数值越小,表示向左移动速度越快。相反,正数表示向右移动,数值越大,移动速度越快。"运动时长"结合"X 方向移动速度"使用,可以让字幕移动到一定位置后停止。第一个字移动位置的计算方法:

$$工程宽(1280×720)/X 方向移动速度(不算正负) = 运动时长$$

3) 发送字幕

选中字幕列表中的一行文字,单击发送主监按钮 或发送预监按钮 ,可将字幕发送到监视界面,单击取消主监按钮 或取消预监按钮 ,可取消输出到视频上的字幕,也可按下一条字幕快捷键发送下一条主监字幕,再按该键取消当前字幕。

18. 时钟

显示当前的时间,显示格式可选择。时钟界面如图 6-91 所示。

图 6-91 时钟界面

选择 或 ,可将时钟发送到主监或者预监;可快速选择时钟在画面中的位置,共预设 4 个位置;可自定义时钟位置,单击 调整时钟在画面中显示的位置;单击 可设置时钟效果。预设格式可选,分别为时:分:秒(24)、时:分:秒(12)、年-月-日、日/月/年、月/日/年、年/月/日、年-月-日-时-分-秒(24)和年-月-日-时-分-秒(12)。

19. 远程连线

远程连线是为实现嘉宾或记者通过互联网接入到演播室与主持人远程视音频互动,可用于远程嘉宾访谈、网友互动、现场记者报道等活动。

(1) 单击按钮 ,配置远程连线验证地址和登录方式。验证地址默认格式为:http://IP:Port/vjdrc/plugins/callLogin.jsp;登录方式需要与管理平台设置的活动的登录方式一致。共有 3 种登录方式,分别是:用户名+密码模式、MAC 模式和 IP+MAC 模式。

(2) 单击按钮 登录远程连线活动,如果设置了用户名+密码模式登录,就需要输入用户名和密码。被接入的线路可将其加载到 NET1 或 NET2 通道上显示。登录成功后可看到如图 6-92 所示的界面。

(3) 单击按钮 获取推流服务器地址。例如,获取地址为:rtmp://192.168.0.208:1936/live&mediaName=25_107,可在"播出-网络直播-flash 直播"MP4 输出配置中的rtmp://"输入框中填写 192.168.0.208:1936/live,在"流:"输入框中填写 25_107,如图 6-93 所示。

新媒体编播技术与应用

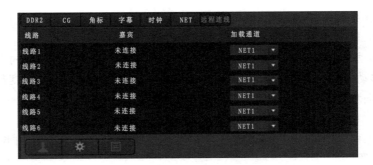

图 6-92 登录界面

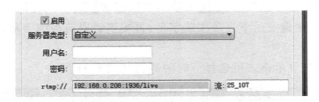

图 6-93 获取推流服务器地址

20．NET

NET 用于加载多个网络流，支持的格式有 rtmp\rtsp\vjtv\vjvga 等。NET 界面如图 6-94 所示。

图 6-94 NET 界面

（1）单击图标 ，可添加网络流。添加网络流界面如图 6-95 所示。

- 名称：自定义。
- 地址：完整的网络流地址，如 rtmp://nagasoft.cn:1935/live/yanshi。
- 消除隔行：可选逐行、奇行优先和偶行优先。

（2）单击图标 ，可修改选择的网络流。

（3）单击图标 ，可删除选择的网络流。

（4）单击图标 ，可清空所有的网络流。

（5）单击图标 ，可将选中的网络流在所选择的加载通道上播放。

21．切换控制

切换控制界面需要单击对应通道按钮或者拖拉 T 杆来完成切换操作。切换控制界面如图 6-96 所示。

图 6-95　添加网络流界面

图 6-96　切换控制界面

Program 系列按钮对应每个通道,单击其中的按钮,Program 窗口直接硬切到对应的通道内容。Preview 系列按钮也对应每个通道,单击其中的按钮,Preview 窗口直接切换到对应的通道内容。Preview 通道不能切换到与 Program 通道显示相同的内容。

单击 CUT 按钮,Program 和 Preview 通道内容硬切换没有过度效果,切换完成后 Program 和 Preview 内容互换。

单击 AUTO 按钮,Program 和 Preview 通道在切换时使用选中的特技效果进行自动切换。切换时间可在编辑框中确定单位为秒。在编辑框中按住鼠标并左右拖动,可以改变自动切换的时间,时间单位点为 0.1s。

用鼠标拖动 T 杆进行手动且带特技的切换,切换进度和速度可以自行控制。

可选择切换的模式。选择 PVM 模式,切换效果在 Preview 窗口中显示,可用于预览切换效果;选择 PGM 模式,则切换效果之间在 Program 窗口显示,在正常工作中使用该模式;选择 FTB 模式,Program 窗口一直显示黑屏,常用于紧急情况下输出黑屏,当前模式下任何切换效果都无效。

切换还可以使用键盘快捷键操作。

22. 切换特效

切换特效控制面板集成多种类型的切换效果,用户可以自由选择特效来实现多种的动态效果。切换特效控制面板如图 6-97 所示。

(1) 切换效果类型。

系统集成有 8 种切换效果类型,分别是擦除、滑行、卷页、溶解、伸缩、画中画、3D 和交换。单击相应的按钮,可以切换到该效果类型列表。

(2) 切换效果。

类型列表中的每个图标代表一种切换效果,单击图标可以选中效果,并在切换效果描述框中可以看到效果的描述。双击图标可以调整切换特效的设置(只有部分特效有设置)。选

图 6-97　切换特效控制面板

择相应的特效,可以在通道切换时实现相应的特效。

(3) 快捷特效。

可以把常用的特效添加到快捷特效类型中,方便快速选用。右击需要加入快捷特效类型的特效,从弹出的快捷菜单中单击"添加快捷特效"即可,如图 6-98 所示。

图 6-98　快捷特效

(4) 属性。

可以自定义某些特效的属性,设置如图 6-99 所示。

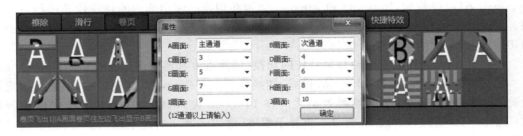

图 6-99　属性

23. 标题栏

标题栏主要用于监控系统的资源使用状态,如图 6-100 所示。

图 6-100　标题栏

工程名称:单击属性图标弹出属性框,可查看视频设置、音频设置和工程设置的参数属性,属性描述如图 6-101 所示。

图 6-101　工程属性

系统时间：显示当前系统的时间。

系统资源使用状态：分别对应 CPU、内存、网络和硬盘使用状态。

快捷键按钮：开启/关闭快捷键。

设置：系统设置和 U 盘/移动硬盘弹出，可以安全弹出 U 盘或者移动硬盘。

注意，在此标题栏中右击，可显示软件版本信息、授权等信息，如图 6-102 所示。

图 6-102　软件版本信息

24. 系统设置

单击标题栏右上角的设置按钮 ，显示系统设置界面，目前有快捷键设置、渲染设置和服务设置，如图 6-103 所示。

图 6-103　系统设置界面

快捷键设置：单击需要设置的快捷键，在键盘上按下对应的快捷键即可设置。快捷键启用/关闭热键是 Ctrl+Alt+Esc。

渲染设置：保持默认。

服务设置：控制热备/控制 App 与 NSCaster 连接。

本 章 小 结

随着计算机技术的发展和新兴网络导播市场的诞生,业内不断呼吁专业、便捷、高性价比的新兴导播产品,以适应涵盖传统广电和网络的应用。因此,作为传统导播设备的完美替代品,导播一体机应运而生。本章以纳加 NSCaster 导播一体机为主,主要介绍集直播、采集、录像、制作于一体的流媒体导播系统的构建、功能及操作。通过本章的学习,可以充分了解以纳加 NSCaster 为主的导播一体机的功能和作用,掌握导播一体机的各项操作。

思 考 题

1. NSCaster 的主要功能是什么?
2. NSCaster 硬件设备有哪些?如何连接?
3. 简述 NSCaster 的调试步骤。
4. NSCaster 包含哪些操作区?
5. NSCaster 输出监视的主要功能是什么?
6. NSCaster 设备采集通道有哪些?如何加载源?
7. 简述 VGA、NET、DDR、虚拟场景等通道具体操作。
8. NSCaster 录制格式有哪些?如何设置?
9. NSCaster 网络直播热备的使用步骤是什么?
10. NSCaster 切换类型有哪些?切换效果是什么样的?

第 7 章 流媒体编播典型应用

7.1 演播室方案

7.1.1 应用场景

1. 校园电视台建设

校园电视台建设作为一种典型的网络视频应用,借助于现有的 IP 网络平台,运用先进的流媒体技术,将信号(如卫星电视、摄像机、VCD/DVD 等)实时转换并同步直播。

校园电视台建设的应用极大地丰富了师生的课余文化生活,有助于学生了解社会动态,为学生更好地就业打下良好基础,同时有效地节省了学校的外网宽带。

校园电视台的建设主要是通过高清摄像机和有线的方式将视频信号传送到导播一体机内,或者是通过纳加桌面采集软件 VJTeacher 将教师授课机上的教案信息以网络的形式传递给导播一体机,信息成功接入到导播一体机后,导播一体机利用自身功能全面的特点,处理符合观众审美效果的视频文件,处理完成后将网络流推送到指定的服务器上,通过教育流发布平台向收看端推送,用户可以通过手机端、PC 端、机顶盒电视端收看正在直播的视频文件,如图 7-1 所示。

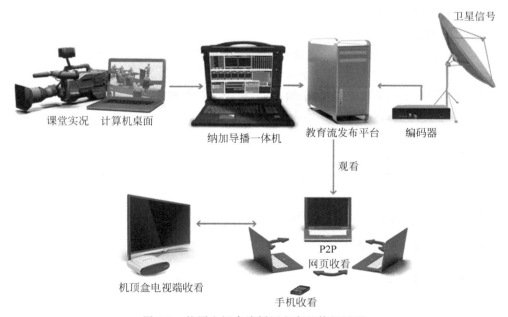

图 7-1 校园电视台演播厅方案整体部署图

2. 数字化校园多媒体系统建设

1) 视频直播业务

(1) 支持演播室的导播一体机将信号编码推流到直播服务器。

(2) 支持利用服务器上的视频文件编排节目单,可以设定顺播、定时播、插播等多种虚拟直播方式。同时支持直播回看技术,可以记录几天之内的直播内容。

(3) 支持多终端同时收看,包括PC、手机、平板电脑、机顶盒等终端设备。

(4) 支持P2P方式进行直播信号分发,用户默认使用Flash播放器进行播放,也可以根据实际需要下载加速器实现P2P方式分发。

(5) 支持内外网环境,只需简单开放防火墙端口即可实现支持1000人以上外网同步并发。

(6) 支持多种广告方式以及权限访问控制。

2) 视频点播业务

(1) 支持多种格式视频文件在线点播,如RMVB、RM、WMV、FLV、MP4等。

(2) 支持高标清视频文件,最高可到1080P。

(3) 除了flv、MP4文件可以通过Flash播放器直接播放,其他格式的文件需要下载P2P播放器才可以播放,建议通过媒资处理系统将所有视频格式统一转码成FLV及MP4文件,以支持多终端平台播放。

(4) 支持多终端同时收看,包括PC、手机、平板电脑、机顶盒等终端设备。

(5) 支持P2P方式进行点播视频分发,用户默认使用Flash播放器进行播放,也可以根据实际需要下载加速器实现P2P方式分发。

(6) 支持内外网环境,只简单开放防火墙端口即可实现支持1000人以上外网同步并发。

(7) 支持设置图片标记点,用户可以直接在标记点之间跳转播放。

(8) 支持多种广告方式以及权限访问控制。

3) 内容管理业务

(1) 支持管理员发布文字新闻、视频新闻、图片新闻等校园新闻公告。

(2) 支持管理员发布图片、图片序列等图片内容。

(3) 支持管理员发布视频文件、视频分类、视频专辑等视频内容。

(4) 支持PC终端、移动终端同步浏览平台网站。

(5) 支持广告内容发布及网站访问权限控制。

(6) 支持管理员对内容进行推荐、排序等操作。

(7) 支持对视频、图片、资料、新闻等访问情况进行统计。支持管理员对网站平台的运行状况进行了解。

(8) 支持对敏感词及登录用户或IP地址进行过滤。

7.1.2 方案组成介绍

1. 演播室硬件设备

(1) 纳加导播一体机NSCaster352。

(2) 外置操作台。

2．演播室高清摄像机

3．演播室 LCD 液晶大屏

（1）OP4635-LED 超窄边拼接屏。

（2）VSOP 拼接控制软件。

4．架构材质

钢架构为 80mm×80mm×2.5mm 的方钢，显示设备背面使用上、下、前、后可调的挂钩进行固定。

5．演播室调音台的配置要求

（1）12 输入通道、6 路单声道、4 路立体声。

（2）4 立体声线路输入，6 个低噪声。

（3）低噪声，高精度话筒放大器。

（4）可切换幻像电源。

（5）插入 I/O、4 条总线。

（6）3 波段均衡器。

（7）话筒支撑架。

（8）高通道滤波器。

（9）轻巧耐用的机身设计。

6．演播室无线话筒

7．演播室控制台

关于具体的演播室控制台，效果参见图 7-2。

8．演播室三脚架

9．演播室摇臂

10．演播室机架

机柜整体图样及内部结构详解分别如图 7-3 和图 7-4 所示。

图 7-2 演播室控制台

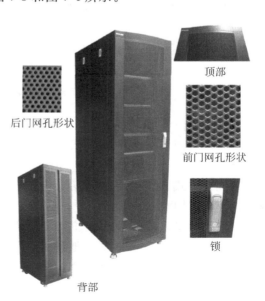

图 7-3 机柜整体图样

图 7-4　机柜内部结构详解

11. 演播室 Tally 内部对讲

演播室 Tally 内部对讲如图 7-5 所示。

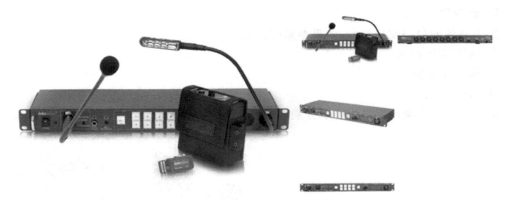

图 7-5　演播室 Tally 内部对讲

1）特点介绍

在影片制作现场,导播人员与摄像、灯光及音效人员需要保持有效的联系,才能合作完成一部好的音像作品。演播室 Tally 内部对讲系统具有 8 组子机的连接,可采用一对一或一对多的通话方式,让导播人员将信息快速传达至摄像师。这样的搭配应用采用高音质及低噪声的 IC 设计规格,让通话保持音质清晰,在任何环境下都能维持良好的联系。除此之外,Tally 内部对讲系统采用标准 19 英寸(1 英寸=2.54cm)的机架式主机,高度 1U 的机柜式硬件设计,可装置在系统柜或其他场所使用,内部按键具备灯光显示及内建喇叭,19 英寸机架式主机内含 XLR 话筒端子及 XLR 照明灯。

2）功能简介

(1) 声音监听及音量表。

(2) 抽取式硬盘盒,采用 2.5 英寸固态硬盘或机械硬盘。
(3) 坚固的 2.5 英寸硬盘。
(4) 硬盘 USB 及 SATA 连接端子。
3) 应用介绍
(1) 导播通话系统。

户外现场 EFP 执行时,导播人员通过 Tally 与摄像师直接通话协调,得到需要的视频画面,而摄像师可由 Tally 的子机以耳机话筒通话或由 TD-1Tally 灯号显示得到导播人员的目前执行情况,交互配合达成一场完整的现场拍摄,如图 7-6 所示。

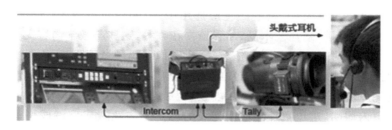

图 7-6　导播通话系统

(2) 连接示意图。
连接示意图如图 7-7 所示。

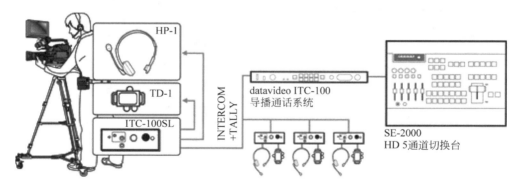

图 7-7　连接示意图

(3) Tally 指示灯:连接 Tally 子机,用于接收主机 Tally 信号时产生红或黄灯光显示。
(4) 单耳耳机话筒:连接子机,用于摄影、灯光或音效员与导播人员通话。
(5) 20m 5-Pin 通话系统线:连接 Tally 主机与子机,可通话、传输 Tally 信号及提供子机电源。1.2m GPI 线连接 Tally 子机与 TD-1,让主机的 Tally 信号传至 TD-1 产生信号。
(6) XLR 端子鹅颈话筒/XLR 端子鹅颈灯:连接于 Tally 主机,用于导播人员与子机通话,以及灯源不足时用作探照器材。
(7) PIN 接头接收双向对话信号线、Tally 信号线、电源线(仅供子机使用)。
(8) Tally 指示灯具备两种灯号,如图 7-8 所示。
红灯亮表示 MAIN。

图 7-8　Tally 指示灯

SOURCE 视频信号广播中的橘灯亮表示 SUB SOURCE 下一个视频信号。

(9) 子机扩充盒如图 7-9 所示。

图 7-9　子机扩充盒

12. 演播室装修效果图

1) 室内布局

房间内的装饰应尽量简朴,墙壁颜色应选用中性、非白色的色调,如浅灰、浅蓝等。另外,避免在室内陈设镜子、悬挂艺术品、放置植物花卉等,这些与教学内容无关的背景信息会在摄像头转动或变焦时产生不必要的信息,造成图像编码质量下降。

尽量选取浅色调的背景墙,浅色墙壁的反光会有效提高人物面部的亮度,使得水平照明和垂直照明的亮度能够充分接近,提高灰度级别,最终达到提高画面质量的目的。

尽量使用室内照明,避免室外和室内光线的色温不一致造成偏红或偏蓝色调。选用显色性在 85% 以上的灯管,可以更好地还原物体的颜色。

(1) 虚拟区和实景区布置图如图 7-10 所示。

(2) 多视角景区布置图如图 7-11 所示。

图 7-10　虚拟区和实景区布置图　　图 7-11　多视角景区布置图

(3) 虚拟景区布置图如图 7-12 所示。

(4) 展示灯位俯视区布置图如图 7-13 所示。

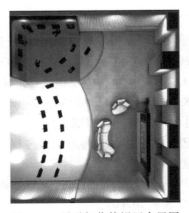

图 7-12　虚拟景区布置图　　图 7-13　展示灯位俯视区布置图

2) 灯光及光源

演播室中最佳的光源应该是非直射三基色灯或荧光灯,不宜采用自然光照明。若有大的窗子,可用厚的窗帘遮盖。

演播室最好用三基色灯(色温在3200K左右)或荧光灯(色温在3500K左右)。荧光灯可每隔1m排列一支,避免在同一室中混合使用白炽灯和荧光灯,也应避免使用工作在30~50Hz的节能荧光灯。光照度应为400lx以上。

对于采用投影仪的操作控制台区域,应采用分区管理不同的光照区域,一般会在投影屏幕的前方设置可调光源,从而避免强光穿透投影仪和投影屏幕之间的投影区域。同时,在讲台上方可设置一个灯光区域,例如,在四周的顶棚上设置适当的筒灯,以调节讲台的光线,使之更柔和,亮度更均匀,如图7-14所示。

图7-14 灯光及光源

3) 线路布线

应为专业设备提供一个电源插座,不要和其他外围设备,特别是大功率设备,如空调、音箱等共用一个电源插座。电源线和网络传输线应布到终端设备放置的地方,而且应使用导管或墙内布线,保护线缆及人身安全;强电和弱电不能够并行布线,以免产生电源干扰,如环境不允许,则需要做屏蔽保护。

考虑到网络的应用,在讲台的桌面上或地面上可安装适量的网络信息插座和相应的220V电源插座,以方便网络应用。对于采用投影仪的区域,要在天花板上安装投影仪,因此需要在天花板的相应位置安装一个220V/10A电源插座。另外,对LCD投影仪应考虑预埋一根复合视频电缆、一根VGA电缆以及一根控制线缆。

4) 视频设计的一般要求

在具有摄像系统的室内环境中,墙壁和桌椅的色调是影响画面质量的一个重要因素。一般忌用"白色""黑色"之类的色调,因为这两种颜色会产生"反光"及"夺光"的不良效应。所以,墙壁四周或者桌椅应采用浅色色调,如墙壁四周采用米黄色或浅绿色,桌椅采用浅咖啡色等。摄像背景应尽量简洁干净,否则将增加被摄对象的信息量,不利于图像质量的提高。可以考虑在室内摆放花卉盆景等清雅物品,增加室内高雅、活泼、融洽的气氛,对提升画面质量很有帮助。

从整体效果来看,摄像机等设备的布局常放置在相对于与被摄主体中心的位置,各被摄体到摄像机的水平视角应不大于60°,如图7-15所示。

图 7-15　演播室视频设计

5) 环境设计的一般要求

设备对室内环境温度、湿度都有较高的要求。保持室内的合适温度、合适湿度是保证系统可靠稳定运行的基本条件。室内的温度、湿度应相对适宜,通常室温应保持在15～25℃,湿度应保持在60%～80%。为保证室内的合适温度和湿度,室内可安装空调系统,以达到加热、加湿、制冷、去湿、换气的功能。室内要求空气新鲜,每人每时换气量不小于$18m^3$。环境噪声级要求为40dB(A),以形成良好的声音环境,避免因室内噪声过大而影响音频系统的声音采集性能。

13. 教育视频应用平台—校园版

1) 用户管理

支持对用户的角色分组管理,通过对各类角色及相应权限的添加、修改、删除,为用户分配相应的角色,精准安全地对用户的操作和访问进行控制。

支持前后台用户、角色的独立管理。

2) 视频库管理

支持对各种类型视频文件的上传。

支持对上传后的视频文件播放进行预览、属性修改、删除、播放代码复制。

3) 视频编辑

支持对已上传的视频文件进行转码、切割、打点、截图等操作。

4) 资源库管理

支持对文本、图片资源进行上传及管理。

5) 点播管理

支持对前台显示的点播文件进行分类管理。

支持对名称、属性、封面进行修改。

支持点播内容的自由选择(点播文件关联任意个视频文件)。

支持点播文件的热门、推荐、是否运行评论等设置。

支持设置添加广告管理。

6）审核管理

支持对点播内容、直播频道的审核进行管理,达到未审核通过的内容前台不显示。

支持发布各种内容的审核管理,达到未审核通过的内容前台不显示。

7）直播管理

支持手动添加一个或多个直播频道。

支持动态同步服务器上的直播频道。

支持添加直播预告。

支持直播频道的推荐、是否允许评论等设置。

支持频道的节目源管理。

支持频道的编单管理。

支持设置频道的排序。

8）内容管理

支持发布公告及公告的预览和审核。

支持评论内容的审核和管理。

支持前台图片轮播区域的管理。

9）基础数据

支持点播的分类管理。

支持服务器的管理。

支持学校管理。

支持年级管理。

支持学科管理。

10）配置管理

支持前台的配置管理,包括站点名称及 Logo 等。

支持敏感词库管理。

11）统计管理

支持直点播服务器运行监视。

支持点播文件统计。

支持直播频道的监视。

支持直播人员的统计。

支持操作日志查询。

教育视频应用平台—校园版功能参数见表 7-1。

表 7-1　教育视频应用平台—校园版功能参数

用户及权限管理	设置管理员,对注册用户进行审核,并设置不同等级的权限。不同权限的用户可进行不同的操作
系统管理	支持站点配置、日志查询、对敏感字词的过滤显示、各种数据的统计,所有统计均可按照周、月显示;采用私有协议传输,保证内容播出安全性,支持防盗链和防下载功能;支持 IP、域名规则过滤;支持访问控制
基础管理	支持年级、班级、学科的基础数据管理维护

续表

服务器管理	添加、修改,服务器信息包括名称、IP、直播服务端口、点播服务端口上传服务端口;采用 UDP 传输,网关穿透能力强,可以穿透 90%以上网关,支持 UPNP;UDP 无法工作时网络自动切换到 TCP;支持网络磁盘映射;支持远程多服务器管理直点播视频,无须通过远程桌面登录到服务器再管理
直播管理	修改频道名称、替换频道 Logo、添加频道标签、设置排序号、是否启用、是否允许评论、是否推荐、设置允许观看的角色,以及频道的描述信息;添加录制任务并设置;添加直播预告,支持为直播频道添加预告,包括预告的内容介绍、开始时间;支持 RTMP/MMS/UDP TS 推流,支持 RTMP/MMS/HTTP TS 拉流;RTMP/MMS 推流支持用户密码验证;支持虚拟文件直播,提供定时播、垫播、顺播、轮播等多种播出模式,支持实况直播推流优先功能
资源库管理	支持二级分类目录;支持对视频的上传、测试播放、删除、转码、切割、截图,以及使用控制;支持对素材库、课件库资源的添加、修改、删除,以及对资源审核控制、前台查看控制,前台是否允许下载,是否允许评论等;支持 Flash 和 P2P 两种播放方式,兼容所有主流浏览器;支持 P2P,单台服务器负载可达 3000 人以上,带宽节省率达到 80%以上
精品课程管理	可对课程进行二级分类管理;修改课程信息;支持绝大多数主流视音频文件格式;可添加列表及目录;支持 HTTP/P2P 播放

7.1.3 优势分析

1. P2P 直点播系统节省大量带宽

目前国内的主流视频直点播网站有 3 种播放方式:①Flash 播放方式(大部分小型视频网站);②P2P 播放方式(如 PPLive、PPStream、风行等);③两者结合方式(如优酷、土豆等)。

Flash 播放方式的主要优势在于 IE 本身所集成的 Flash 播放插件,用户只要使用 Windows 平台用 IE 浏览器观看 Flash 直点播视频,就可以直接播放,这样可以广泛地吸纳新的用户加入到网站中。但是缺点也同样明显,在用户逐步增加的同时,带宽会剧烈增长,而目前国内服务器的带宽租用费用又相当昂贵,这一原因也成为小型视频网站发展面临的最大问题。

P2P 播放方式的主要优点在于能够尽可能节省点播带宽的同时,又能够最大限度地保证用户的收看质量。收看用户优先从其他用户那里通过 P2P 取得数据,最大可能节省了直点播端带宽,从而最大限度地为视频网站节省带宽租用的高昂费用。在大量节省带宽的同时,点播服务器高速拖拉、多重清晰度设置的功能实现,为用户提供了清晰细腻的画面质感和多重立体的音质感受,最大限度地保证了用户流畅而优质的体验效果。

P2P 和 Flash 播放方式带宽消耗对比见表 7-2 和表 7-3。

表 7-2 P2P 和 Flash 播放方式带宽消耗对比(按 500kb/s 点播码流、300G 节目库计算)

人 数	Flash 所需带宽	纳加 P2P 直播所需带宽	节约带宽
200 人	100Mb/s	10Mb/s	90%
1000 人	500Mb/s	20Mb/s	96%
>10 000 人	>5Gb/s	恒定在 70Mb/s	>99%

表 7-3　P2P 和 Flash 播放方式带宽消耗对比(按 500kb/s 直播码流计算、300G 节目库(1000 个节目)计算)

人　　数	Flash 所需带宽	P2P 点播所需带宽	节约带宽
1000 人	500Mb/s	50Mb/s	90%
3000 人	1.5Gb/s	120Mb/s	92%
10 000 人	5Gb/s	250Mb/s	95%

注：以上指标只是一个参考平均值，具体的网络情况可能与这些指标有细微差别。

根据以上提供的数据可知，P2P 直点播系统可大大节省带宽租用的费用及最大限度减轻企业服务器端的压力，最大限度地节省运营费用的支出。

2. 支持纯 Flash 无插件收看模式

除了一般的 P2P 直点播网页插件方式，系统支持纯 Flash 播放器和后台 P2P 下载器模式，使得客户无须强制下载插件便可观看，如图 7-16 所示。

图 7-16　无插件收看模式

在无插件收看模式下，收看者默认选择 Flash 播放器播放视频，且可有选择地下载安装一个后台 P2P 加速程序，开启 P2P 模式，如图 7-17 所示。

图 7-17　Flash 播放器＋P2P 后台加速器

此模式的优势如下：

运营商可自行制作基于 Flash 的播放器，增加播放器功能。

无须强制要求收看者下载任何插件、软件，即可使用 Flash 播放视频。

灵活的后台 P2P 加速器，有选择开启关闭 P2P 功能。

使原有使用 Flash 播放器的网站很方便地过渡到 P2P 模式。

3. 带实时回放的无插件收看模式

纳加直播系统提供实时回放功能,打破传统的直播方式,观众不再因为不能回放而错过直播节目。

4. 带宽合理利用

系统使用动态带宽侦测技术,并且实测了大部分国内运营商的带宽提供情况,由此可以自动识别收看者的上传和下载带宽极限,不会过度占有带宽,最大限度地保证了内网中所有计算机的正常网络使用。

5. 收看计算机资源低消耗

所有使用纳加 P2P 服务的收看者均可自行设置最高上传限制,且直播不会在客户机存储视频文件,不会占用磁盘空间。

系统重新优化了大部分系统自带的编解码模块和网络传输模块,由此最大限度地降低收看者的计算机内存和 CPU 负荷。

6. 简单友好的人性化操作

平台以个人中心为应用入口,深入展开教育信息化各种特色应用,方便不同角色的用户使用,为用户提供简单友好的人性化操作。

7. 跨平台可移植

校园视频应用平台支持跨平台移植,系统架设可以兼容各类硬件平台,并且兼容学校现有系统。此外,资源采集和云应用中心可以兼容绝大多数手机、平板电脑等移动终端设备。

8. 高性能教育流媒体服务

1）广播级高清视频效果

系统支持多种流协议和编码,包括 HTTP TS 流、UDP TS 流、RTMP、MMS 流、MMS Over HTTP 流等,支持 WMV9 编码、H.264 编码、VC-1 编码等,可使用高清、标清码流,达到广播级效果,对编码软件支持 WME9、WMS、VLC、FMLE、FMS、VJDirector、VJEncoder 推拉流。

2）视频收看高流畅度

纳加 P2P 直点播系统拥有全球领先的原创高性能数据传输引擎和节点分配策略,集成了 HTTP、TCP、UDP(SUDP、RUDP)和网关穿透模组(UDP 穿透和 RPNP 穿透)及全球 IP 表,达到前所未有高达 95% 以上的节点连通率,拥有极高的数据收发速度和单机连接数,极大限度地保证了各种清晰度下的视频播放质量。

同时,系统设计在突增性网络流爆发、断线情况下增加了短连接保持功能,并优化了节点分配策略,无论整套系统受到何种冲击,均在收看者面前保证了稳定流畅的收看效果,且考虑到服务器负载情况,采用了极小字节流,不会对服务器产生过量负荷。

3）视频高速启动

鉴于大部分支持 P2P 方式播出系统、启动缓慢的情况,系统通过 HTTP、优化的编码模块、集群链接策略,达到即点即播的视频启动速度,收看者无须长时间等待便可收看视频。

4）复杂网络环境自适应

系统采用了覆盖全球 IP 表、运营商地域 IP 段表等的动态节点调整策略,支持各级网关穿透和内外网网关映射,同时采用了 UDP、TCP 传输自适应机制,当 UDP 传输不可用时,自动切换到 TCP 传输,保证连通性。

针对 VPN 等复杂内网环境,也会自动映射调整端口,方便在拥有复杂防火墙、网关的 Intranet 中部署;针对跨网关收看环境,系统会自动采用多种协议进行节点穿透互联;使用全球 IP 表段,方便不同运营商和跨国选点部署链接。

5)超大规模部署结构

CDN 网络又称边缘网络,其作用是可以使用多台服务器互相协助,同时播出供超大规模人群收看节目的网络构架。

系统在提供 P2P 的同时,也提供了 CDN 网络的支持程序,使用多台直播服务器相互镜像,完成超大规模的直点播业务,性能完全超过 P4P 网络。

7.2 远程连线方案

7.2.1 应用场景

1. 大型互动活动

大型晚会、各种综艺活动的现场使用远程连线,可以与其他活动现场进行互动表演。同一场活动在不同地域都搭建活动现场,直播时进行表演场地的转换及互动,如收看观众幸运抽奖、助阵嘉宾表演等。

2. 远程互动访谈

远程互动访谈主要有政府部门领导与市民、主持人与嘉宾采访、网上说明会等形式。政府部门对外召开工作总结及说明,市民在家上网即可与相关政府领导面对面沟通、质询、投诉,在广大市民的监督互动下,让政府部门的工作更加阳光、透明;新闻、综艺类访谈节目,远程嘉宾采访,直击新闻最中心,远程连线邀请专家实时分析,让广大市民有更客观的认识;网上说明会,上市企业领导、股东对最近及未来企业运营的情况进行说明,让监管机构、广大投资者真实地了解企业现状,更好地把控风险。

3. 第一时间现场

第一时间现场通常指发生突发事件、重大新闻时,媒体最迅速、最全面地进行报道,通常用直播的形式与观众见面。此时利用远程连线功能,实现事件发生现场、新闻录制现场、远程嘉宾的同步视音频交流。

7.2.2 系统构架

纳加远程连线系统,简单地说就是要支持异地能够像面对面一样进行交流,不止听到声音,还要观看到影像。可以实现演播现场和远程观众、嘉宾以及各分会场之间的实时交流,将单一演播室的实况和多路的远程信号进行结合,实现远程访谈、现场连线、观众参与等诸多现场直播活动应用广泛的功能,给最终收看者呈现一个规模大、场景多、档次高的具有多方参与的远程互动直播,如图 7-18 所示。

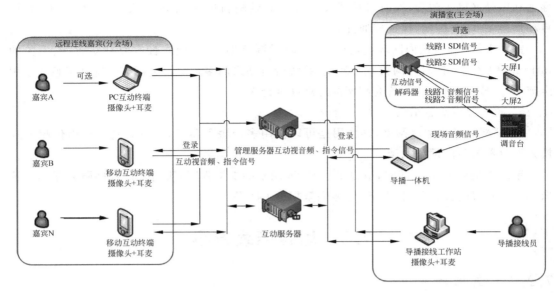

图 7-18 远程连线系统架构图

7.2.3 产品构成

产品构成见表 7-4。

表 7-4 产品构成

产品名称	简 介
纳加远程连线 Web 管理平台	负责活动、嘉宾终端、导播接线员终端、互动信号解码器、信号编码器、信号解码器、导播一体机的创建、配置、删除等管理; 负责各种终端的登录和验证
纳加远程连线互动服务端	负责管理互动组、互动消息的转发、视音频 RTMP 流推流接收和转发
互动信号解码器(选件)	将导播接线员接入的嘉宾视音频流通过物理输出接入到演播室切换台和调音台; 视频通过 SDI、HDMI、VGA、模拟复合、分量等输出; 声音通过 RCA 莲花立体声输出; 采用嵌入式构架,无须维护,支持网页远程管理和配置; 支持 2~4 路视音频信号输出; 采用 IP/MAC 登录到管理服务器
纳加导播一体机	通过 MP4 输出推流到互动服务器。用于替换信号编码器; 将导播接线员接入的信号加载到对应的线路通道,执行切换和导播; 采用 IP/MAC 登录到管理服务器
纳加远程连线导播接线员端	实现接线控制的软件管理
纳加手机客户端软件	手机客户端软件

7.2.4 优势分析

1. 实时性

网络的发展使得人们可以第一时间知晓世界任何一个角落发生的大事。远程连线就是利用网络很好地打破了过去只有文字性描述，难以看到现场发生事件的传播局限，让观众更清楚地知晓事情的真伪及事情的发展。

2. 参与性强

传统节目互动只是与现场观众进行互动，而利用远程连线功能，则可以让所有感兴趣的网友无论在何地，都可以参与进来，增强节目的娱乐性与互动性；重大事件的发生，第一时间通过主持人远程连线评论嘉宾面对面地提问或评论，使观众可以第一时间了解到特邀嘉宾的看法。

3. 精准控制

由于远程连线是以直播形式与观众见面，为了避免远程直播时发生意外，所有参与远程视频的嘉宾都必须由导播接线员控制，导播接线员可以与在线的网友初步沟通，进行一定的筛选，将符合要求的嘉宾接入演播厅，同时导播接线员还可随时终止远程连线，这样就确保了节目的安全性与可控性。

4. 操作简单

用户登录成功后，连接到远程连线终端，统一由导播接线员控制参与的人员数量、参与人员画面的切换等。其中，画面切换有多种可选的切换效果，包括 3D 效果，根据实际要求完成画面之间的自然过渡。

5. 使用方便

使用端基于现在流行的 B/S 架构设计，用户只在有网络的情况下，即可通过各类终端登录连接到平台。

6. 支持高清

采用先进的 H.264 视频压缩算法，在同等质量情况下，文件占用磁盘空间小，具有图像质量清晰、压缩比高等特点，极大地满足了用户低成本、低延时、高质量传输视频信号的要求。

7. 安全性高

用户通过各类终端连接到平台时，需要提供用户名及密码，验证用户有效后，方可连接到平台。平台提供角色管理，每种角色仅限于指定的操作。后台管理端提供日志查询及统计功能，对相应操作人员的操作动作随时可以查询。

8. 节约成本

建设节约型社会的发展目标是一项新的管理创新。围绕节约型社会的建设，各种低碳和节约型经济项目不断涌现。以远程视频应用领域而言，网络远程研讨会、远程互动直播、网络视频会议等基于网络的互动沟通方式，是落实国家关于节约型经济政策的最好方式。如果政府、企事业单位多采用这种远程连线模式进行会议、活动直播，可以省去很多差旅费、招待费、会展费，并且不需要很多工作人员，可大大减少人工费用。

9. 便携性强

以往搭建一个演播室需要花费很多人力和物力，现在使用纳加远程连线功能，只需一台纳加导播一体机，即可轻松实现远程互动。纳加导播一物机机身小巧、体积较轻，配合自带的航空箱,便于携带、托运、邮寄。

7.2.5 远程连线角色管理

1. 远程连线嘉宾

(1) 远程连线嘉宾通过在 PC 终端或移动终端输入用户名和密码参与到远程连线活动中来。终端软件可以是客户端,也可以是运营商网站,用户名和密码由管理服务器创建和管理,如图 7-19 和图 7-20 所示。

图 7-19 远程连线嘉宾终端

图 7-20 用户密码

(2) 远程连线嘉宾通过验证后,进入参与者列表,与导播接线员进行视频沟通。

(3) 远程参与者可以选择本地摄像头采集视频语音,也可以使用其他摄像机通过采集卡采集,采集完成后通过 H.264 高质量、高压缩编码传输。

(4) 远程参与者必须等待导播接线员的同意,方可与演播室进行交流。

(5) 在未取得导播接线员的允许前,参与者可以收看到演播厅的现场音视频信号,但不会出现在演播厅的环境中。

(6) 远程连线对导播接线员可接入远程参与者的数量不做限制,导播接线员可通过 Web 管理平台设置具体数量。

(7) 导播接线员断开远程参与者和演播室的交互之后,远程参与者回到列表状态。

2. 导播接线员

(1) 导播接线员通过 PC 终端,输入用户名及密码参与到远程连线活动中来。

(2) 导播接线员可看到目前所有在线的网友列表,并进行音频互动交流。导播接线员负责将提出接入申请的嘉宾接入到演播室。

（3）接线员可以将多路线路接入到演播室同时交互，具体路数由系统管理员通过管理平台进行设置。

（4）导播接线员可以随时终止连线过程，终止后接线员可以安排其他远程参与者接入演播室，如图7-21所示。

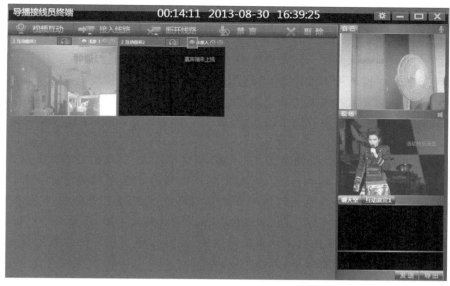

图7-21　导播接线员终端

3．导播机操作员

（1）导播机操作员使用导播一体机进行画面切换。

（2）在远程活动中，操作员可以利用导播一体机对录制的视频进行特效添加，如淡入淡出、画中画等，也可使用三维虚拟效果编辑器添加3D特效。

（3）导播操作员可以直接将现场活动的画面通过硬盘播出，同时也可以进行网络直播，如图7-22所示。

图7-22　导播机操作员

7.3 IPTV 方案

7.3.1 需求分析

1. 应用概述

IPTV 即交互式网络电视,是一种利用宽带 IP 网络,集互联网、多媒体、通信等多种技术于一体的新的电视媒体应用。宽带网络的发展、用户需求的增强推动了 IPTV 应用的快速发展。网络的双向性给了 IPTV 交互特性,这种交互性改变了传统电视的被动收看模式,实现了"按需观看"的交互式电视功能。通过 IPTV 网络电视,可以实现频点播、互动游戏等交互性增值服务。这些新的电视业务的出现,吸引了众多行业用户、学校等逐渐提出 IPTV 业务需求。

IPTV 业务的实现过程对业务网络、IP 承载网、宽带接入、终端以及媒体编解码、数字版权保护等一系列技术提出了新的要求。特别是基于视频的高带宽和实时性要求,视频内容存储与分发是 IPTV 业务提供的关键技术。纳加软件系统通过 P2P 流媒体技术大大节省了 IPTV 直点播带宽,为用户节省带宽租用的高昂费用。高速拖拉、多重清晰度设置的功能实现,为用户带来了清晰细腻的画面和多重立体的音质,保证了用户的收看质量,使用户更好地体验实时流畅的视频收看效果,如图 7-23 所示。

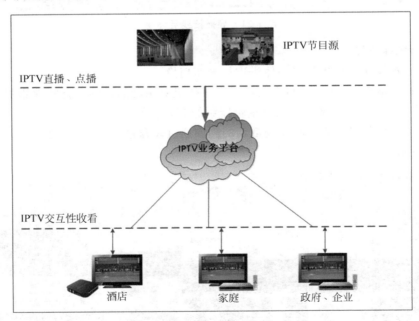

图 7-23 应用概述

2. 项目任务及目标

(1) 要求电视节目采编。

(2) 要求自有节目编单播出。

(3) 要求高清实时直播。

(4) 要求高清互动点播。
(5) 要求部分节目收费。
(6) 要求电子菜单简单易操作。
(7) 要求系统稳定、启动快。

7.3.2 方案设计

1. 方案概述

IPTV业务的应用过程一般为节目内容通过宽带网络接入到机顶盒，利用机顶盒遥控器或鼠标向宽带网络发出要收看视频内容的具体指令，宽带网络将需要的视频信号传送到用户端，经过机顶盒解码后在电视上输出。

本方案围绕IPTV业务的节目内容、网络分发、内容管理和视频收看具体展开。节目内容通过纳加编码器和导播一体机采集，网络分发平台利用纳加P2P直点播系统，安装在服务器上，实现高性能的视频直点播分发服务，纳加媒资、内容管理系统对节目源进行相关管理，以呈现给用户优质的节目画面。对于IPTV用户端，只需要在电视机上装一个机顶盒，即可收看到流畅、清晰的网络视频节目。

2. 系统模块

1) 节目内容采编

节目内容是IPTV业务的基础，主要来源于自有节目。自有节目的采编是通过各种视频采集卡将现场摄像机信号采集到纳加导播一体机。纳加导播一体机对实时采集到的信号进行切换编制，添加各种切换效果及特技，然后输出视频流到直点播服务器，如图7-24所示。

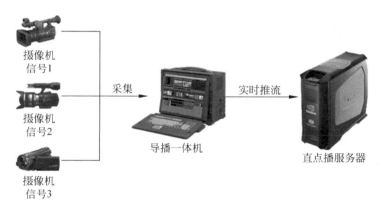

图7-24 节目内容采编

2) 网络分发服务平台

纳加P2P直点播系统是安装于服务器端的网络视音频分发服务，基于P2P流媒体平台，采用极端负载技术、节点传输技术等纳加独创技术，可以快速将一台普通服务器转化为一台高性能的P2P直点播服务器。

纳加编码器和导播一体机将采编后的视音频流实时推送到流媒体服务器，利用纳加P2P直播系统(VJLive)作为核心网络视频分发服务，通过P2P协议和CDN网络进行转发，向网络上的IPTV用户输送直播节目。

同时,纳加媒资管理系统(VJMIS)将直播时刻的视音频流定时在服务器上录制成点播文件,并自动发布到纳加 P2P 点播系统(VJVod),供 IPTV 用户点播时请求观看,如图 7-25 所示。

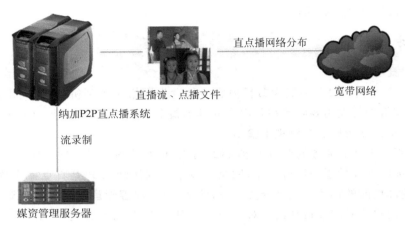

图 7-25　网络分发服务平台

3) 存储及内容管理

VJMIS 与 VJVod、VJLive 结合可对节目源进行处理,包括上传、流录制、转码、打点以及截图功能。

节目源经过 VJMIS 处理后,纳加内容管理系统(VJCMS)进行节目源管理,主要包括节目内容管理、广告管理、系统管理等功能,如图 7-26 所示。

图 7-26　存储及内容管理

4) 机顶盒 EPG 收看

用户在电视机上增设 IPTV 机顶盒,通过机顶盒 EPG 系统即可通过 IPTV 收看节目。

EPG 是 Electronic Program Guide 的英文缩写,意思是电子节目菜单。EPG 为 IPTV 业务提供了简单方便的操作平台。IPTV 提供的各种业务的索引及导航都是通过 EPG 系统来完成的。EPG 系统的界面与 Web 页面类似,在 EPG 界面上一般都提供各类菜单、按钮、链接等可供用户选择节目时直接点击的组件，EPG 的界面也可以包含各类供用户浏览的动态或静态的多媒体内容，如图 7-27 所示。

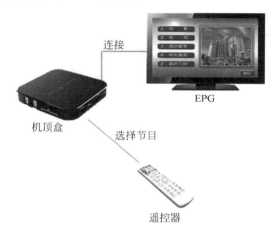

图 7-27　机顶盒 EPG 收看

7.3.3　功能实现

IPTV 功能实现见表 7-5。

表 7-5　IPTV 功能实现

功 能 实 现	详　　述
现场广播级导播	支持多路音视频输入切换通道，具备广播级抠像、延时播出、多路录制、字幕添加、调音、角标等导播功能
高标清支持	直、点播不限制视频码流和帧率，从标清到高清都支持
内容播出安全性	通过私有加密协议传输，保证内容播出的安全性，提供防盗链和防下载功能
自动流录制	直播时刻的直播流可以自动实时录制成点播文件，并自动上传到点播系统，供点播时发布
时移功能	支持直播节目实时回放，可自动生成节目列表，并切割保存节目
收看进度记忆	拥有收看进度记忆功能，能够自动从上一次收看的断点开始播放
不限制收看人数	直播支持 CDN 网络 UDP 网关穿透和超大规模部署，不限制收看人数，实时均衡流服务器负载，单台服务器最少 5000 并发人数
广告系统	支持视频上文字跑马灯、播放器控制栏文字跑马灯、视频上浮动广告。支持右下角、IE 弹窗广告。广告类型支持 htm、图片、Flash 媒体等
收费管理	设置节目收费方式，按时段设置不同收费标准
设备管理	支持基于运营商网络的服务器分组管理，支持基于使用状态的机顶盒管理
统计管理	支持服务器的直点播、CPU、内存的使用统计，支持机顶盒在线时长的统计，支持机顶盒开机状态统计等
用户管理	支持用户角色的动态添加，支持角色的操作权限控制，支持二级管理，支持用户的区域管理
EPG 管理	支持 EPG 页面的预览，支持 EPG 页面的在线修改，并支持可扩展的 EPG 页面模板添加

7.3.4 系统构架图

系统架构图如图 7-28 所示。

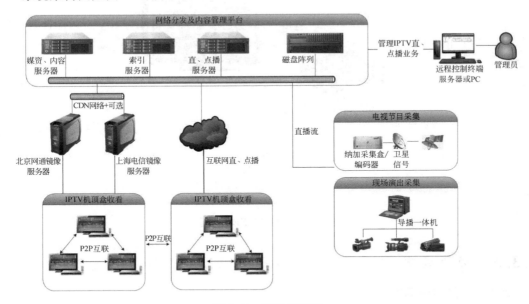

图 7-28 系统构架图

7.3.5 方案优势

1. 功能优势

1）实时回放

纳加 P2P 直播系统（VJLive）提供直播时移功能，支持直播节目实时回放，可自动生成节目列表，并切割保存节目，打破了传统的直播方式，让观众不再担心错过直播节目的同时，观看直播节目变得轻松自在。

2）多重广告模式

针对运营商对视频广告投放的需求，VJLive 支持广告在播放过程中随时缓冲、暂停或者停止播放。除此之外，该功能还能实现在视频上文字跑马灯、播放器控制栏文字跑马灯、视频上浮动广告、右下角和 IE 弹窗广告等效果，其中包括的广告类型支持 htm、图片、Flash 媒体等。

3）计费业务

通过 VJLive 的后台，可以设置对每路直播进行用户名和密码验证，配合收费系统，可以随时采用包月、包点击等计费方式，达到收费观看视频的目的。

2. 独创技术

1）Extreme Load（纳加极端负载）

Extreme Load 技术是纳加流媒体系统平台的一个关键技术，它采用自主知识产权的基于网络底层媒体流传输交换技术，单台服务器最大可以提供 5000 个并发流，极大地提升系统的并发性能。

2）Peer Transmission（纳加节点传输）

Peer Transmission 是一种基于节点异构性优化的 P2P 流媒体传输技术，它可以通过极强的 UDP 穿透功能来降低现场直播对于服务器硬件和带宽的高依赖性。与已有的 P2P 流媒体传输技术相比，新技术考虑了 P2P 环境下各节点在服务能力（包括上、下行带宽，在线时长等）上的异构性。为满足系统可扩展性的要求，方便系统管理，算法采用层次簇的思想，将节点按一定规则组成多层次簇结构，簇首节点负责管理本簇成员节点，有效减轻高层次节点的管理负担。

3）Dynamic Deployment（纳加动态部署）

支持多服务器对单热门影片或多组影片进行动态不断电扩展部署，随时调节运营压力。不停机支持 CDN 边缘网络部署扩充，全球 IP 表支持动态节点分配，百万级在线轻松架设。

动态部署技术用于触发向网络中的位置动态部署、重新部署和/或解除部署 Web 服务，以便改进效率。解除部署可应用于服务的分布位置，还可应用于最初从其部署服务的起始服务器。以对客户透明的方式，把服务请求动态发送给服务所驻留的目的地。在一个可选方面，通过利用相同的动态部署方法，可实现系统升级的有计划复制，能够显著降低升级以前部署软件的复杂性。作为另一可选方面，利用公开的技术，也可自动并且有计划地解除部署以前部署的软件。

4）VOD Cache（纳加点播高速缓存）

VOD Cache 技术是纳加流媒体系统构建远程教育网络平台中的一个采用自主知识产权的关键缓冲技术，支持多视频格式，在确保用户获得清晰、流畅观看体验的同时，延时极短，用户操作影片拖拉时，在 100ms 以内快速响应，并播放对应的画面。

7.3.6　IPTV 参数表

IPTV 功能参数见表 7-6。

表 7-6　IPTV 功能参数

产　　品	功　能　块	描　　述
纳加 P2P 直播系统（VJLive）	高效能 P2P 构架	大量节约带宽消耗，同时保证 QoS，全面超越 P4P 性能
	实时回放	支持直播实时回放功能，可自动生成节目列表，并切割保存节目
	高速启动	通过 HTTP、优化的编码模块、集群链接策略，达到即点即播的视频启动速度
	自动传输模式转换	支持 UDP、TCP 传输自适应，当 UDP 传输不可用时，自动切换到 TCP 传输，保证连通性
	网关穿透	提供同时支持 UDP、UPNP、TCP、HTTP 的网关穿透模式，可轻松穿越 NAT，连接数最大化，P2P 效能提升，即使两个内网节点，也体现 P2P 效果
	复杂网络环境自适应	针对 VPN 等复杂内网环境，也会自动映射调整端口，方便在拥有复杂防火墙、网关的 Intranet 中部署；针对跨网关收看环境，系统会自动采用多种协议进行节点穿透互联
	全球 IP/运营商表段	系统可根据不同运营商和国别等，进行节点选点策略优化，满足保证传输速度和 QoS

续表

产品	功能块	描述
纳加 P2P 直播系统(VJLive)	超大规模部署结构	不停机支持 CDN/边缘网络部署扩展,轻松架设百万级在线直播,完全适合运营商超大规模使用
	多种类媒资协议支持	支持 WME9、WMS、VLC、VJDirector、VJEncoder、FMEL (Flash 编码器)、FMS(Flash Media Server)推拉流 支持 MMS、RTMP、MMS Over HTTP、HTTP TS、UDP TS 支持 WMV9、H.264/AAC、VC-1、编码
	收看端带宽友好	不会过度利用收看端带宽,使得收看局域网不会出现网络拥塞
	实况定时录制及点播提交	结合纳加媒资管理系统,可对实况流进行定时录制,并作为点播文件自动发布
	聊天室	多人带权限管理的聊天室系统,包括脏字过滤等功能
	广告系统	支持缓冲、暂停、停止广告支持视频上文字跑马灯、播放器控制栏文字跑马灯、视频上浮动广告支持右下角、IE 弹窗广告广告类型支持 htm、图片、Flash 媒体等
	广播级高清	不限制视频码流和帧率,从标清到高清都支持
	虚拟直播	支持采用文件和流制作播出列表,完成网络电视台架设
	服务器低负载	大幅降低单台服务器负载,提高单台承载在线人数
	延时控制	实时调整直播延时,带宽节省率和及时性自主调节
	收看端资源低占用	收看端内存和 CPU 占用率低,收看者可同时处理多任务
	统计报表系统	支持访问、统计日志图文报表,支持对访问 IP、点击率、带宽使用情况等生成图文报表
	收费及访问控制	支持简单密码、用户+密码、定制化的收费管理等
	防盗链	支持访问域名控制视频不被盗链,也可允许部分网站链接视频
	内容保护	支持内容保护,收看者无法下载和录制直播内容
	高兼容	支持和 Flash Media Live Encoder/Windows Media Encoder 等前端采集软件无缝协同工作,可实时通过虚拟设备输出到第三方编码或非线性编辑软件,进行实时编辑
	第三方设备兼容性	兼容绝大部分第三方流媒体服务器程序(如 FMS、WMS、VJVod 等)第三方编码软件、V9 及 264 编码设备
	二次开发接口和第三方系统集成	提供服务端 WebService 接口和收看端插件接口等,可便于集成第三方网站和软件,且可以自行开启关闭软件的部分功能属性,做到界面定制
纳加 P2P 点播系统(VJVod)	高效能 P2P 构架	大量节约带宽消耗,同时保证 QoS,全面超越 P4P 性能
	高速启动	通过 HTTP、优化的编码模块、集群链接策略,达到即点即播的视频启动速度
	高速拖拉	独创的帧级预缓存读取技术,使得收看者在拖拉视频进度时,可以无缝跳转至拖拉处,立刻欣赏跨段影像
	收看进度记忆	当客户继续收看之前看过的影片时,会自动从断点开始播放
	帧级跳转定位	可以快速跳转到精确的时间点
	自动传输模式转换	支持 UDP、TCP 传输自适应,当 UDP 传输不可用时,自动切换到 TCP 传输,保证连通性
	网关穿透	提供同时支持 UDP、UPNP、TCP、HTTP 的网关穿透模式,可轻松穿越 NAT,连接数最大化,P2P 效能提升,即使两个内网节点,也体现 P2P 效果

续表

产　品	功　能　块	描　述
纳加 P2P 点播系统（VJVod）	复杂网络环境自适应	针对 VPN 等复杂内网环境，也会自动映射调整端口，方便在拥有复杂防火墙、网关的 Intranet 中部署；针对跨网关收看环境，系统会自动采用多种协议进行节点穿透互联
	全球 IP/运营商表段	系统可根据不同运营商和国别等，进行节点选点策略优化，保证传输速度和 QoS
	超大规模部署结构	不停机支持 CDN/边缘网络部署扩展，轻松架设百万级在线点播，完全适合运营商超大规模使用
	CDN 自动化存储	CDN 模块支持点播服务器，自动跟进客户喜好，从影片库中下载热门影片
	多种类媒资协议支持	支持 WMV/ASF/WMA/RM/RMVB/FLV/F4V/MP3/MP4/MKV/AVI/MPG/VOB/TS/MOV/3GP/OGG/OGM 等格式
	富资源分发	除了标准的视音频文件，也可以发布任意格式的非媒体文件，作为 P2P 文件发布系统使用
	收看端带宽友好	不会过度利用收看端带宽，使得收看局域网不会出现网络拥塞
	点播实况流片段	结合纳加媒资管理系统，可以将实时直播流录制成文件，并作为点播文件自动发布
	服务器集群管理	支持同时管理多组远程点播服务器和媒资服务器，提供列表和目录式管理方式
	聊天室	多人带权限管理的聊天室系统，包括脏字过滤等功能
	内容下载和安全性	可允许/禁止收看者保存收看过的视音频文件，可允许/禁止收看者下载视音频文件
	广告系统	可以按文件、目录设置专用广告组，进行差异化广告分发
	广播级高清	不限制视频码流和帧率，从标清到高清都支持
	服务器低负载	大幅降低单台服务器负载，提高单台承载在线人数
	收看端资源低占用	收看端内存和 CPU 占用率低，收看者可同时处理多任务
	统计报表系统	支持访问、统计日志图文报表，支持对访问 IP、点击率、带宽使用情况等生成图文报表
	收费及访问控制	支持简单密码、用户＋密码、定制化的收费管理等
	防盗链	支持访问域名控制视频不被盗链，也可允许部分网站链接视频
	二次开发接口和第三方系统集成	提供服务端 WebService 接口和收看端插件接口等，可便于集成于第三方网站、软件中，且可以自行开启关闭软件的部分功能属性，并且做到界面定制

续表

产品	功能块	描述		
纳加编码器	视频参数	视频输入电性能	输入	一路 D1 或 2 路 CIF 视音频输入
			CVBS 模拟视频信号输入	
			电压幅度（VPP）：0～1V	
			信噪比（SNR）≥46dB	
			特性阻抗（RL）：75±3.75Ω	
		传输时延：最佳 120ms		
		图像制式：支持 PAL、NTSC 制式		
		传输有效率：≥99.3%		
		视频通道带宽：≥4MHz		
		灰度等级：≥10 级		
		图像分辨率：≥400 线（D1 模式下）		
		接口方式：BNC 阴性		
		视频压缩方式：H.264		
		图像传输码率：32～4000kb/s		
		图像传输帧率：25±3f/s		
	音频参数	音频输入：8/32 路单声道声音输入		
		音频量化支持：8～48kHz 采样率，16bit 量化		
		音频压缩方式：MP3 音频压缩算法		
		音频码率：32～128kb/s		
		偏置电压：≥－3.3V 且≤3.3V		
	网络	接口标准：10baseT Ethernet，100baseTX Fast Ethernet/网络通道		
		连接口：RJ-45		
	功率	设备功耗：8～16W/32～64W		
	工作环境	温度范围	0±3℃～55±2℃	
		恒定湿度	≤90℃	
		大气压力	86～106kPa	
		电源电压	187～242V	
		电源频率	50±1Hz	
机顶盒		支持 NTSC/PAL 复合视频和 HDMI 1.3 1080P 高清视频输出		
		支持左右声道、立体声模拟音频和 SPDIF 数字音频输出		
		支持外接移动硬盘、U 盘、SD 卡或读卡器内的视频图片文件，并且即插即用		
		支持全高清 1080P（1920×1080P）视频解码及输出；H.264 最大码流至 40Mb/s；支持播放的视频格式有 AVI（MPEG-4 ASP：XviD），RM/RMVB 720P、FLV、WMV、MP4、VC-1、ASF、DAT、MPEG-2 TS、MKV、VOB、MOV、3GP、IFO（DVD）		
		支持的图片格式有 JPEG、JPG、BMP、GIF、TIFF 等		
		支持外接 IDE、SATA 移动光驱，遥控弹出仓门，播放光盘中的视频图片文件		
		支持简体中文、繁体中文和英文语言操作节目		
		支持多种字幕格式的视频文件，可以任意切换字幕		
		支持多种音轨的视频文件，可以任意切换音轨		
		播放图片时，支持图片旋转功能		
		支持 4：3 和 16：9 显示画面		
		外接 5V/1.5A 直流开关电源		

7.3.7　IPTV 系统构成

1. IPTV 导播一体机

2. VJLive 纳加 P2P 直播系统

1) 功能简介

本系统拥有强大的极端负载技术——纳加 Extreme Load 以及节点传输技术,通过极强的 UDP 穿透功能来降低现场直播对服务器硬件和带宽的高依赖性,不再需要高带宽就能确保用户享有清晰、流畅的在线直播收看体验,在满足广电、教育、互联网各企业用户对于活动、会议、演出等节目进行现场直播的要求之余,还能节省购买带宽和服务器的高额资金。

个人用户也可以随时随地开设自己的直播系统服务器。目前架设一台直播系统服务器需要专业人士部署软硬件,其步骤非常复杂,而本系统的另外一个重要功能就是降低开设直播系统服务器的难度,让每个用户不需要具备专业知识,随时随地都可以架设自己的直播系统服务器。

2) 功能模块

（1）节点分配维护模块——用于管理 P2P 网络中直播节点的联接策略,最大限度地合理化指导节点互联和联接调整,以达到 P2P 结构高效、稳定。

（2）节点信息维护模块——使用短连接技术,得到各个节点和网络架构状态,对节点数据量和数据流进行监控,并提供调整依据。

（3）全球地域、运营商 IP 段表——用于辅助优化节点选择策略,使得同一区域的高速节点间快速互联。

（4）爆发性风险控制模块——对网络中的所有爆发性断线、上线进行预警处理,保护节点的传输质量和播放质量。

（5）传输管理模块——原创的高速和稳定两种传输模式,基于 UDP、TCP、HTTP 多协议栈编写,可动态切换使用中的协议,传输速度和丢包率也可以随时动态调整。

（6）网关及通信协议综合模块——提供网关穿透服务和复杂网络的自动化映射,方便有复杂内网的企业进行部署,并且提高节点连通率。

（7）带宽合理化管理模块——自动检测节点和服务器的带宽容量和 QoS 质量,在保证 QoS 的前提下,最大限度地合理使用节点和服务器带宽,保证网络直播时不会形成堵塞。

（8）超大规模管理模块组——支持镜像服务器、CDN 网络的搭建。

（9）服务负载保护模块——能够合理利用服务器资源,对 CPU、内存等使用率进行动态监控,超出负载标准时实施保护策略防止服务器假死,同时动态降低服务器负载,达到单台服务器负载最高人数的目的。

（10）流媒体模块——支持市面上所有常见的流协议和视音频文件,对码流帧率不做限制,同时支持高清和标清。

（11）集群服务器管理模块——提供服务器群组管理控制。

（12）商用模块组——支持广告、访问收费、加密、聊天室功能等商用功能组。

（13）安全模块组——视音频防盗链、内容保护等安全性模块组。

（14）跨平台代码结构——可安装于 Windows 等多种服务器平台,在收看端更是支持众多嵌入式系统平台。

（15）可多集成化接口组——方便第三方 CMS 系统、OA 系统、监控系统等集成 VJLive 服务，服务器端和收看端均提供 WebService 和功能调用接口。

3. VJVod 纳加 P2P 点播系统

点播软件的设计理念就是让用户能够更方便地架设 P2P 点播系统服务器，VJVod（纳加 P2P 点播系统）正是基于流媒体技术平台，利用 P2P 技术所开发的脱离传统 P2P 点播系统服务器的硬件系统。该系统打破了传统 P2P 平台带宽要求高的束缚，真正成为即点即播、拖放无延时的 VOD 音视频点播系统。纳加 VJVod 具备纳加 Dynamic Deployment（动态部署）技术与纳加 VOD Cache（点播高速缓冲）技术，并支持 CDN 网络结构和负载均衡网络建设策略，能实现广电、教育、互联网、企事业单位等用户对于活动、会议、演出等节目播放轮转的要求，确保用户在收看过程中任意拖拉节目进度，点播视频随心看。

4. VJCMS 纳加内容管理系统

1) 节目内容管理

（1）节目内容信息与存储管理。

（2）管理电视节目与自有节目源。

（3）基于视音频与图文内容、类型、描述信息等方式的检索。

2) 广告管理

（1）支持广告客户管理与维护。

（2）支持页面视频滚动字幕类型广告。

（3）灵活的广告播放与计费策略。

（4）广告播放与编排。

3) 系统管理

（1）可创建多种用户类型，设置不同的注册参数和权限。

（2）拥有统一的用户认证管理，可以实现用户注册、登录、重设密码、用户资料修改等功能，同时还可以为用户指定角色。

（3）权限控制系统针对用户类型或单个用户设置阅读、发布等权限，可以对文章分类进行控制。

（4）统计系统支持网页访问统计分析，支持工作人员的日常工作的数量统计。

（5）支持 IP 过滤设置，添加 IP 允许列表和阻止列表。

5. VJMIS 纳加媒资管理系统

1) 流录制模块

本模块能将直播时刻的视频流（包括 MMS、HTTP、RTMP）定时在服务器上自动录制成多码流、多格式的标、高清视音频点播文件，并自动发布到 P2P 点播系统。

（1）预先设置录制通道和节目单，支持各种标准协议视音频流，单机可支持多路视音频设备采集。

（2）节目时间表根据自身需求进行具有自主性的编辑，多个频道同时录制，轻松定制多套节目时间表。

（3）根据同时预置节目单自动定时录制、分割，并发布多个通道的视音频节目到纳加 P2P 点播系统，录制、分割及发布全自动进行。

（4）支持标清、高清全码流视频编码，支持多线程编码，能有效发挥多核心服务器优势，并且在较高的编码负载情况下保证服务器稳定运行。

（5）采用 C/C++ 内核设计，具备低负载、高性能、高稳定性的视频自动编码引擎。

（6）和直点播产品良好兼容，并提供自动发布等调用接口。

流录制模块如图 7-29 所示。

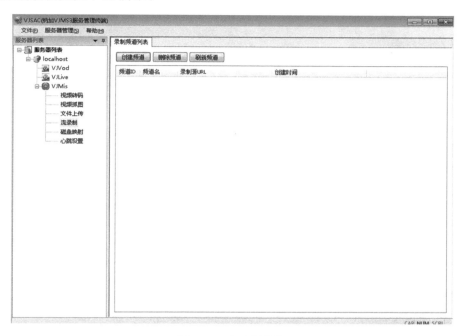

图 7-29　流录制模块

2）上传模块

该模块用于点播系统中视音频文件的上传。

（1）用户可以在同一时间进行多任务、多文件传输，断点传输可以避免用户在传输文件时出现中断而重新开始的问题，提高了传输效率。

（2）该模块集成于纳加直点播系统的管理终端上，具有目录浏览操作管理和上传完毕 Web 汇报等功能。

（3）有效地完善了管理点播系统用户所上传文件的功能。

上传模块如图 7-30 所示。

3）转码模块

因为用户在上传点播文件时，不能统一所有视频码率和格式，所以可能会导致视频文件格式不当，无法识别。本模块主要用于点播系统的统一管理，避免出现以上问题。

（1）支持所有常用视频文件格式之间的互相转码。

（2）可进行转码参数具体设置。转码参数可重新调整视频和音频的尺寸、清晰程度、帧率等，保证用户享受到满意的收看体验。

（3）支持目标编码的两种格式：第一种是 H.264 编码，音频采用 AAC 编码，编码后保存的是 MP4 文件；第二种是 FLV 编码，音频采用 MP3 编码，编码后保存的是 FLV 文件。

（4）支持自动转码，并提供二次开发接口可重新整合到网站业务系统中。

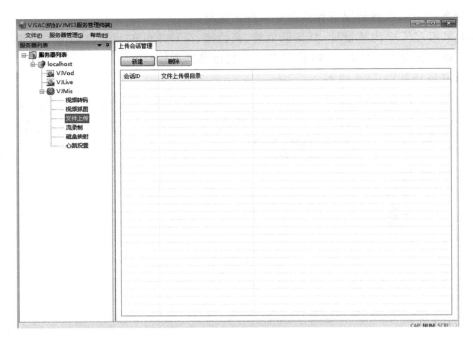

图 7-30 上传模块

转码模块如图 7-31 所示。

图 7-31 转码模块

4）截图模块

在点播系统使用中,客户会将视频截图作为影片索引介绍的一部分。本模块可自动化截图,批量提交点播系统,形成索引,大大避免了手动操作带来的截图烦琐、工作量大等问题。

(1) 支持所有常见视频格式文件。
(2) 可设置图片尺寸区域。
(3) 包括单帧和连续抓图模式,并可对批量文件进行抓图。
(4) 自动化操作,提供二次开发接口,可以将所截图片自动提交至点播系统。

5) 视音频文件打点

在某些情况下,用户希望在观看视频时跳过片头、片尾;或内容提供商在一个物理视频中包含了多组节目,但在视频列表里希望形成多个点播栏目时,会使用打点功能。

打点可以将一个物理存储的大容量影片分为多个部分,其在收看者眼中为多组视频,但不会影响文件的存储结构。

(1) 支持所有常见视频格式文件。
(2) 可精确到秒级。
(3) 可以对同一个视音频文件进行多次打点设置。
(4) 提供二次开发接口,可配合点播系统或 CMS 内容管理系统使用。

6. 纳加编码器

纳加 H.264 音视频编码器是针对网络流媒体行业视频直播/监控要求而专门开发的嵌入式网络音视频编码器,该设备采用高性能的 SoC 芯片作为音视频编码核心的硬件平台;采用 H.264 视频编码算法、MP3 音频编码算法,压缩率高;视频输出流采用标准的流媒体协议通过以太网进行传输;图像清晰稳定,多路之间无串扰和噪声,音质出色,系统稳定可靠,可以不间断长期工作。

(1) 同时支持 1 路 D1 或 2 路 CIF 视音频输入。
(2) D1/CIF 实时 H.264 视频编码算法、MP3 音频编码算法。
(3) 标准 PAL 或 NTSC 制模拟视频输入、标准模拟音频输入、音频/视频同步采样。
(4) 内置嵌入式 Web 服务器,支持网页浏览和应用配置。
(5) 内置流媒体服务器,支持本地直播和回放。
(6) 输出流采用标准的 HTTP 或 RTMP 流协议,支持 FlashPlayer 免插件浏览,支持计算机、手机和其他视频终端免插件浏览。
(7) 支持网络存储和本地硬盘存储。

7. 纳加互联网 CDN 服务

纳加互联网内容分发网络(CDN)服务是尽可能避开互联网上有可能影响数据传输速度和稳定性的瓶颈和环节,使内容传输得更快、更稳定。通过在网络各处放置节点服务器所构成的在现有的互联网基础之上的一层智能虚拟网络,CDN 系统能够实时地根据网络流量和各节点的连接、负载状况以及到用户的距离和响应时间等综合信息将用户的请求重新导向离用户最近的服务节点上。其目的是使用户可就近取得所需内容,解决 Internet 网络拥挤的状况,提高用户访问网站的响应速度。

1) 服务模式

CDN 是一种新型网络构建方式,它是为能在传统的 IP 网发布宽带丰富媒体而特别优化的网络覆盖层。从广义的角度上来看,CDN 是一种基于质量与秩序的网络服务模式。

简单地说,内容分发网络是一个经策略性部署的整体系统,包括分布式存储、负载均衡、网络请求的重定向和内容管理4个部分。通过用户就近性和服务器负载的判断,CDN确保内容以一种极高效的方式为用户的请求提供服务。

总之,内容服务基于缓存服务器,也称作代理缓存,它位于网络的边缘,距用户仅有"一跳"之遥。同时,代理缓存是内容提供商源服务器(通常位于CDN服务提供商的数据中心)的一个透明镜像。这样的架构使得CDN服务提供商能够代表他们的客户(即内容供应商),向最终用户提供最优质的服务体验。

2) 主要特点

(1) 本地 Cache 加速。

提高了企业站点(尤其含有大量图片和静态页面站点)的访问速度,并大大提高以上性质站点的稳定性。

(2) 镜像服务。

消除了不同运营商之间互联的瓶颈造成的影响,实现了跨运营商的网络加速,保证不同网络中的用户都能得到良好的访问质量。

(3) 远程加速。

远程访问用户根据 DNS 负载均衡技术自动选择最快的 Cache 服务器,加快远程访问的速度。

(4) 带宽优化。

自动生成 Mirror(镜像)Cache 远程服务器,远程用户访问时从 Cache 服务器上读取数据,在减少远程访问带宽、分担网络流量的同时,大大减轻了原站点 Web 服务器的负载。

(5) 集群抗攻击。

广泛分布的 CDN 节点加上节点之间的智能冗余机制,可以有效地预防黑客入侵以及降低各种分布式拒绝服务攻击对网站的影响,从而更好地保证服务质量。

3) 关键技术

(1) 内容发布:它借助于建立索引、缓存、流分裂、组播(Multicast)等技术,将内容发布或投递到距离用户最近的远程服务点(POP)处。

(2) 内容路由:它是整体性的网络负载均衡技术,通过内容路由器中的重定向(DNS)机制,在多个远程POP上均衡用户的请求,以使用户的请求得到最近内容源的响应。

(3) 内容交换:它根据内容的可用性、服务器的可用性以及用户的背景,在POP的缓存服务器上利用应用层交换、流分裂、重定向(ICP、WCCP)等技术,智能地平衡负载流量。

(4) 性能管理:它通过内部和外部监控系统,获取网络部件的状况信息,测量内容发布的端到端性能(如包丢失、延时、平均带宽、启动时间、帧速率等),保证网络处于最佳的运行状态。

4) 产品优势

CDN几乎涵盖了国内所有线路。在可靠性方面,CDN在结构上实现了多点的冗余,即使某个节点由于意外发生故障,访问网站的用户也能够被自动导向其他的健康节点进行响应。CDN能轻松实现网站的全国铺设,不必考虑服务器的投入与托管、不必考虑新增带宽的成本、不必考虑多台服务器的镜像同步、不必考虑更多的管理人员和维护技术人员。

8. 机顶盒 EPG 系统

EPG 系统主要是对用户命令进行解析和交互并将结果发回给用户，最终为用户提供指引，使用户享受到直点播服务。

（1）直播频道管理：频道的添加、删除、修改、打开、关闭、锁定、解锁。

（2）点播视频的分类管理：添加新分类，分类的修改、删除，对分类的启用/禁用。

（3）视频库管理：视频列表的维护，设置视频的显示与否，视频编辑及首页显示，以及对视频文件的删除操作，提供视频预览等。对视频列表的检索，支持模糊匹配检索、日期检索、格式检索等。

（4）发布视频：读取指定目录下的视频文件，设置视频发布与否。

（5）模板：创建、修改、删除各模块的页面模板，一个栏目可以创建多套模板，并可指定默认模板。

（6）页面静态化：根据模板生成静态页面。

7.4 全自动高清录播方案

7.4.1 方案整体示意图

"5+1"全自动录播系统是通过采集 5 路高清视频信号和 1 路教师授课 VGA 视频，加上全教室无死角的音频采集，采用智能化的导播策略，合理调配 5 个摄像机机位对教师的教学课堂进行全方位的立体拍摄，生动地还原教师授课的真实全过程。5 个机位的设计保证了在每个变换的镜头时图像的稳定和观看者的视觉感受，追踪平滑、定位准确，视频无频闪，课堂教学内容连续、完整。方案中采用小范围的指向性高质量吊麦作为音频的采集，有效地避免了采用拾音器时的环境噪声和无线麦的手持或者头戴、领夹等给课堂带来的烦扰，既保证了课堂音频的清晰录制，又解放了教师和学生课堂上使用与教学不相关设备带来的干扰，使教师、学生能够和平时一样教、学，还原了自然课堂，是当下教育行业中少有的智能化解决方案。

本方案中，教师跟踪摄像机和学生跟踪摄像机均采用云台一体化设计，机身集成了追踪定位摄像机、高清拍摄摄像机、内嵌追踪定位系统，外观小巧、美观大方。追踪定位摄像机的高度集成性最大限度地保证了教室环境的简洁，教师和学生不会有任何局促感。

现场 5 台摄像机，分别负责对教师全景、教师特写镜头跟踪拍摄、学生全景、学生特写镜头的拍摄以及板书的全景拍摄。摄像机采集的视频信号通过数字化传输线路和视频采集设备传输到导播系统，由导播系统软件直接进行精品课件的编码录制。

声音采集采用高保真吊麦，经智能混音器降噪处理后，把音频信号输送给导播录制主机，以保证课堂场景录制时的声音真实。教师讲台设计安装智能化中控系统，可完成一键开机、一键关机、一键开始录制、一键停止录制、PPT 切入、PPT 切出等人性化功能。在即使没有电教人员操作设备，教师自己也能通过单击几下按钮完成自动化的课程录制的同时，通过全自动录播系统实时地将教学视频转播到校园网或互联网上，供学校教学观摩，开展智能化、全交互、网络化的系统教学。方案整体示意图如图 7-32 所示。

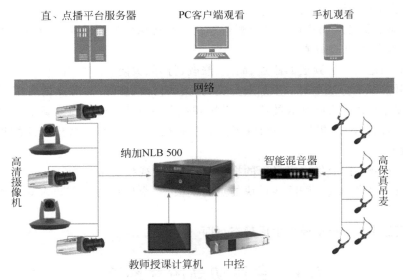

图 7-32　方案整体示意图

7.4.2　应用场景

1. 精品课程录制

精品课程是具有一流教师队伍、一流教学内容、一流教学方法的示范性课程。精品课程的建设是教学质量与教学改革工程的重要组成部分。

在本方案中,通过全自动录播系统将优秀的课程通过摄像机进行采集,把教学的视频信号以及教师授课机上的教案通过录播主机进行编辑处理后,将处理好的课程视频流推送到教育视频应用平台上作为教学资源存储并实时直播、点播、回放。通过这种方式,无论是学生,还是教师,都可以方便地获得优质的课程资源。

2. 远程互动教学

随着网络技术的普及,学校也从传统的教室课堂发展到与传统课堂与网络课堂相结合的多模式教学活动。教师和学生可通过录播系统进行课堂网络直播、课后点播、示范性教学、学生远程学习、远程互动教学等,充分实现校区与校区、班级与班级、教师与教师、教师与家长之间的远程互动教学与实时交流。除此之外,用户还可以随时随地观摩、学习,不再受空间和时间的限制,搭建相互观摩、借鉴的网络平台,达到教学资源共享平衡。

3. 教学教辅应用

教师可以自己录像,课后观看、反思,将自己的授课视频课件通过本地 U 盘直接复制到任意 PC 端观看,也可以将录像上传到教师自己的网络空间或在线视频课程资源管理平台上进行方便的自我整理和分类。

优质的视频课件资源可经相关人员审核后进行汇集,由各级教学管理人员进行教学评估、评比,使录播更常规地为教师专业素质的发展做出贡献。

4. 教学技能训练、微格教学评估

课程直、点播的实现形成了实时在线的"空中教室",学校领导可随时随地通过网络进入教育视频应用平台,在教室列表里选择相应的学校和教室观摩,并且可以在第一时间进行教学点评,随课件录制一同保存。

5. 教育资源分享

可以为学校建立教育媒体资源库,为教师资源上传点播提供开放式管理平台。教师下课时,录制的课件可自动生成并上传到录播服务器。同时,管理平台支持基于校园网和管理层客户端终端对课件库资源进行授权访问、浏览查询、下载导出应用等功能。

6. 其他场景

(1) 报告会议的实时直播和录制。
(2) 优秀教师的教学成果建设。
(3) 网络自主学习平台建设。
(4) 网络课件资源录制。
(5) 优质课程资源库建设。
(6) 校园网络电视台建设。

7.4.3 系统组成

1. 全自动录播系统现场安装示意图

系统由纳加全自动录播主机、调音台、教师全景摄像机、教师特写摄像机、学生全景摄像机、学生特写摄像机、板书摄像机、吊麦、中控和定位摄像机等组成。

录播主机:
(1) 通过网络与直、点播平台服务器网络连接。
(2) 5 个视频输入接口分别与教师全景摄像机、教师特写摄像机、学生全景摄像机、学生特写摄像机和板书摄像机连接。
(3) 调麦的音频连接到调音台,调音台将音频降噪处理后输出到录播主机。
(4) 中控系统通过控制线连接到录播主机,发送控制指令。

全自动录播系统现场安装示意图如图 7-33 所示。

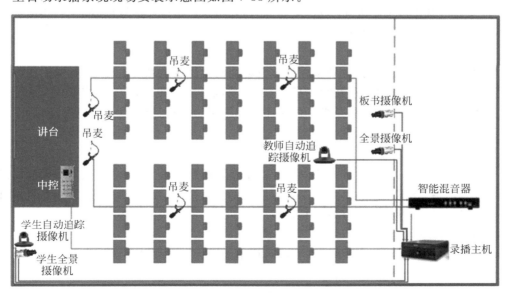

图 7-33　全自动录播系统现场安装示意图

1) 教师/学生/板书的视频采集

全自动录播系统设有5台摄像机,一台为教师全景摄像机、一台为教师特写摄像机、一台为学生全景摄像机、一台为学生特写摄像机、一台为板书摄像机。智能录播主机分别与这五台摄像机连接,支持1080P(逐行扫描)、1080I(隔行扫描)、720P、标清等,接口为SDI/HDMI/VGA/DVI全接口。

2) 教师/学生的音频采集

讲台区域设计两个吊麦对授课教师的音频进行实时采集,学生区域根据区域的大小设置4～6个吊麦对学生发言的音频进行实时采集,并通过调音台进行控制、降噪和混音,由智能录播主机大三芯音频接口与调音台连接,并对调音台的音频信号进行数字采集。

3) VGA采集

将授课计算机的VGA信号通过两种方式进行采集:一种是软件采集,在授课计算机上安装采集软件,采集软件通过网络将采集到的高清晰桌面返给智能录播主机;另一种是硬件采集,将计算机信号引出并接入智能录播主机的DVI(VGA/HDMI)输入端口,由智能录播主机进行课件采集。

4) 全自动跟踪系统

全自动跟踪系统集当下最先进的"5+1"多景别图像识别技术、多媒体技术、网络流媒体技术和人工智能自动控制技术于一身,其中图像识别采用行为识别技术,根据目标对象的行为动作进行追踪特写,并通过智能化算法将教师授课、学生与教师互动的全景镜头和近景镜头、教师计算机VGA信号以及课堂板书镜头等进行智能化的跟踪切换录制,自动生成课程资源,所生成的课件中镜头追踪平滑、切换自然。

5) 教师跟踪定位

教师跟踪系统完全采用无人值守的操作模式,整个跟踪工作过程无须人为干预。上课时教师只按照传统的上课模式进行正常教学活动即可,无须使用任何设备来完成跟踪拍摄,从而消除了教师的不适应感,使其更加专注于教学活动。教师跟踪系统具有出众的跟踪性能,无论是教师在上课时快速走动,还是写板书,或是在学生区域,系统均能准确无误地采用不同策略自动变焦跟踪拍摄,画面输出平稳。

6) 学生跟踪定位

当学生起立回答问题时,教师跟踪系统自动交由学生定位系统进行控制,学生定位系统自动定位到起立学生同时进行特写拍摄,学生走动也可实时跟踪,学生回答完毕,系统自动返回到教师跟踪系统。当有多位学生同时回答问题时,系统切换至学生全景画面,剩下一名学生回答问题时,系统自动给学生特写。

7) 板书跟踪定位

当教师在黑板上书写板书时,板书跟踪系统自动切换到板书摄像机,板书摄像机以黑板为中心进行拍摄,真实记录教师的板书内容。教师书写完毕走出黑板区域时,板书摄像机自动延续拍摄数秒后切回教师跟踪摄像机。

8) 全自动导播系统

全自动录播系统支持自动导播、手动导播、手自一体导播3种导播模式。

2. 全自动录播主机 NLB-500S

纳加全自动录播主机机箱采用2U机架式服务器,内置高速硬盘1TB,内存8GB;支持

4路HD-SDI全高清1080P/60f/s数字接口、一路DVI/VGA/HDMI/HD-SDI全接口高清输入、4路BNC标清视频输入接口、一路网络采集VGA、一路DVI/HDMI/DP,可以同时环路输出;支持一路3.5音频口、一路全接口、4路SDI音频接口;提供一个千兆网络接口;提供四路RS-232COM输入。

该系统具有良好的兼容性和拓展性,是一套可实现全自动录播、常态化云录播以及互动录播的多功能录播系统,如图7-34所示。

图7-34 全自动录播主机NLB-500S

1) 录制

10通道录播支持1080P/720P/576P等分辨率多码流录制,支持多种录制模式,单流多流及电影资源同步录制,电影模式支持生成AVI/MPEG2/WMV/MP4/FLV多种格式;三分屏(多流)课件为FLV/MP4格式,采用Flash播放器播放,支持单屏、两分屏、三分屏模式切换,支持三画面任意位置和大小的调整。

2) 导播切换

支持全自动导播和手动导播模式。全自动导播具备丰富的导播规则,包含学生站立与坐下、教师板书、PPT启动和停止放映、PPT章节切换、授课机键盘及鼠标动作、授课机白板动作、授课机空闲时间、通道音量变化等。在将自定义COM、UDP收码与导播规则相结合的同时,支持超过200种二维、三维、画中画以及三分屏的切换效果。

3) 数字屏幕捕获

通过IP网络能够将授课计算机的屏幕内容,包括PPT索引、鼠标运动轨迹、电子白板内容、桌面手写板等完全录制下来,同时还可以远程启动录播系统进行精品课程录制。

4) 图像和声音监视

提供图像和声音监视功能,能够保证课件的录制效果,不会出现"静音课件"现象。

5) 全通道抠像

支持红/蓝/绿全色背景抠像,实现情景教学功能需求,抠像后可叠加图片和其他通道视频;抠像人物边缘清晰、无色边;抠像支持色键、亮度、阴影、模糊、边缘、溢出控制、边框、排除等参数调整。

6）云台控制

支持手动操作摄像机云台及变焦、聚焦、光圈调整等操作，支持上、下、左、右、左上、左下、右上、右下方向的云台移动和鼠标拖拽任意位置的云台移动，快速定位目标。支持PELCO-D、PELCO-P和VISCA协议，可以调用和设置9个预置位点。

7）PPT课件索引

自动读取PPT讲稿章节并生成文字，可以设置缩略图索引，并关联到视频课件，鼠标点击即可实现文字和缩略图索引跳转。

8）角标字幕CG

支持动态角标且角标位置可任意调整，调整好的角标可通过网络远程CG发布，同时支持文字、图片、图片序列、时钟、定时器等CG无限层叠加。

9）课件格式

电影模式录制支持AVI、MPEG2、MP4、FLV、WMV等视频格式，三分屏模式录制支持MP4、FLV等视频格式。

10）课件样式

纯视频课件如图7-35所示。

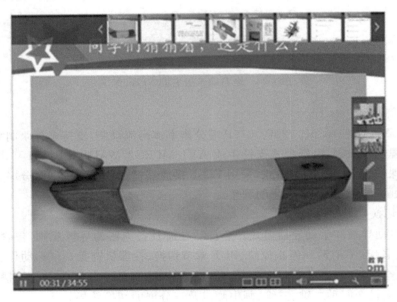

图7-35　纯视频课件

两分屏课件如图7-36所示。

三分屏课件如图7-37所示。

3. 教师自动追踪高清摄像机纳加TC_HA

利用教师自动追踪摄像机，可以在教室无操作人员的情况下，自动识别监控范围内教师的移动轨迹，不管教师是在讲台上写板书，还是讲解PPT，追踪摄像机都可以识别到，并自动控制云台对其进行追踪，无须复杂的造作步骤，使用方便、简单，如图7-38所示。

1）高度集成一体化设计

产品集成全高清全景摄像机和全高清跟踪摄像机于一体，可同时输出两路最高1080P

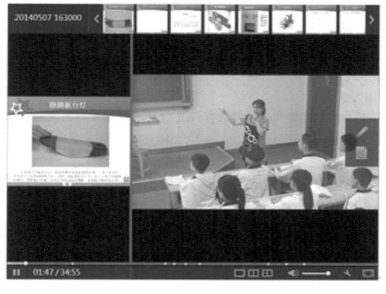

图 7-36　两分屏课件

图 7-37　三分屏课件

60 的高清 SDI 视频；摄像机内置高速双核处理器，采用业界领先的人体检测及跟踪智能图像分析算法锁定目标。

2）先进的图像识别技术

目标跟踪不局限于讲台，即使目标走到学生中，也可保持跟踪，跟踪范围可以覆盖全部教室。同时跟踪具有极强的抗干扰能力，即使目标长时间静止，也能始终锁定跟踪目标，不被其他运动目标干扰。跟踪过程平稳，目标左右小幅走动、手部动作等都不会造成摄像机晃动，且动作灵敏度可任意调节。

图 7-38　高清摄像机纳加 TC_HA

3) 应用范围广

不受教室大小、形状和阶梯教室限制,可以设置一个讲台优先区域和多达 8 个屏蔽区域。可通过参数设置界面任意自定义目标出现和丢失时全景摄像机视频和跟踪摄像机视频之间的切换模式。

4) 抗干扰能力强

利用智能曝光功能彻底避免了投影仪等强光背景下目标变暗的问题,通过 RS-485/232 接口可对相应参数进行配置。

5) 操作简单

采用人性化设计,安装快捷。使用计算机通过 RS-485/232 接口可以在简洁的用户界面上进行各项参数设置。

4. 高保真吊麦

高保真吊麦安装在教室天花板上,用于教室内的音频信号采集。这种话筒的优点是在现场都能收到完美的音质效果,解决了环境噪声抑制、回声啸叫等问题。

随着数码科技的进步,人们对声乐设备的品质要求越来越高。现有的音频采集产品(如拾音器、无线麦等)已经不能适应固定教室的录播任务。于是,新一代适合教室录播的高质量产品应运而生,这就是超指向采访话筒。本产品是按声学原理整体精心设计,严格挑选高精密之电声元器件生产,使产品更优良、指向性更强,而且动态范围更宽广、具有高灵敏度、高保真特性,声音丰满清晰。本产品是超指向、电容式吊装话筒,采用 48V 幻象供电,特别适用于新闻采访、大型会议厅、录播教室、录音广播、专业舞台等场所的录音,如图 7-39 所示。

图 7-39　高保真吊麦

5. 智能混音器

音频处理器是一款专用于本地和远程教育的专业数字音频处理器,具有 8 路全频带 AEC 回声抑制输入、4 路线路输入和 6 路线路输出。本产品支持自适应自动降噪、智能混音、说话人切换跟踪等核心音频算法功能,支持动态降噪技术,降噪电平达 16dB。除提供 RMS 均值和 Peak 峰值两种电平表,可以实时监测当前音频信号幅度之外,还使用了低通、高通滤波模块来保证音频质量。本产品支持各种音频信号处理模块和信号路由分配选择功能,用户可以通过 PC 软件对系统进行设计,如图 7-40 所示。

图 7-40　智能混音器

6. 手机推流 App 纳加 VJEncoder2App

手机推流 App 的主要功能是将移动终端手机、iPad 等移动终端作为采集端,并将采集到的视频推流到服务器,从而达到采用移动终端来完成音视频互动的目的。该功能的出现使远程互动的相关应用变得更加灵活、方便。

手机推流 App 可将摄像头、话筒视音频编码并推流,可对手机的前后摄像头切换采集;支持 RTMP 推流到 FMS/WOWZA/VJMS3 等 Flash 服务器,播放器采用 Flash 播放器直接播放；视频采用 H.264 编码，画面大小、帧率、码率、质量、关键帧间隔可调；H.264 编码输出画面大小最高可以到 1920×1080，编码码率最高可到 50Mb/s；音频采用 AAC 编码，采样率可调，采样率支持 11.25kHz/22.5kHz/32kHz/44.1kHz/48kHz；传输过程中断线时，系统可自动重连。RTMP 推流支持用户密码验证，能够监视音频的音量大小。音量大小的调节直接在触摸屏中上下滑动就可以实现。除监视音量外，手机推流 App 还可以通过网络上传速度、上传流量、网络状态、电量信息等监视 NRCP 远程摄像头运行状态。

当远程摄像头接入到 NSCaster 导播一体机时，会第一时间被设备自动发现，如图 7-41 所示。

图 7-41　手机推流 App 纳加 VJEncoder2App

7. 录播控制 App

利用录播控制 App，用户不仅可以在 Android 平板电脑和 iOS 平板电脑上远程操控云台的跟踪方式、速度调节、预置点调用和保存，还可以实现录播机的自动或手动导播切换，远程控制录播机直播或录播的开始、暂停、停止，音量 VU 条监视和增益调节等功能，也可以实时监看录播机的系统资源，操作简单方便，一个人就能轻松完成，如图 7-42 所示。

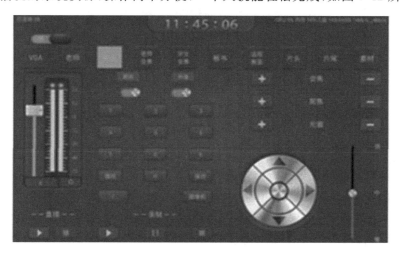

图 7-42　录播控制 App

8. 桌面采集系统纳加 VJTeacher

VJTeacher 软件是专门为采集授课计算机的屏幕而设计的，设计模式为软件安装在授课机计算机系统中，通过策略抓取计算机的屏幕视频，编码后通过网络推送到便携一体机，这样，授课机的计算机和便携一体机之间只要通过网络互通，就可以实现计算机桌面的采集了。系统支持多个客户端同时采集一台计算机的 VGA 屏幕，采集的画面清晰流畅，CPU

和网络使用率极低,基本不影响教学。采集的内容没有限制,只要是在计算机桌面上运行的程序(包括网叶、PPT、视频、桌面等所有信息),都能够采集。采集的最高分辨率为1920像素×1080像素,与当前主流的1080P摄像机的分辨率相同,这样也有效地保证了导播录制视频中各流之间的协调性。对于PPT的录制,系统支持PPT章节的自动抓取,可根据章节的标题自动同时生成时间线打点索引和缩略图索引,方便课件的观看,如图7-43所示。

图 7-43 桌面采集系统纳加 VJTeacher

9. 纳加 P2P 直播系统

纳加 P2P 直播系统的功能就是将课堂的音频、视频、VGA 流实时直播到收看终端,达到收看终端实时、极小延迟地观看到教学课堂的现场教学。收看终端的操作简单化,直播过程不间断,是实现阶段理想的直播解决方案,如图7-44所示。

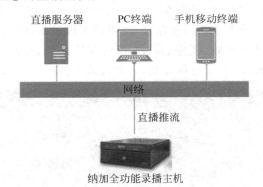

图 7-44 直播系统拓扑图

(1) 采用 P2P 和 Flash 两种网络传输模式,直播收看内容可控性强。

(2) 从收看端收看到的直播延时小、质量高。

(3) 多终端支持,支持 PC、Android 手机/Pad、iOS 手机/Pad、机顶盒同步收看。

(4) 支持 P2P,单台服务器负载可达 3000 人以上,带宽节省率达到 80% 以上。支持超大规模部署,系统部署可扩展性强。通过 P2P+CDN 结构和智能负载均衡,大大减少了服务器的承载负荷。

(5) 支持 RTMP、MMS 和 UDP TS 推流,支持 RTMP、MMS 和 HTTP TS 拉流;RTMP、MMS 推流支持用户密码验证,RTMP 推流支持 H.264+AAC 编码,可最大同时编码 3 条不同分辨率和码率的流,每条流分别可以推送到两台 RTMP 直播服务器。

(6) 支持虚拟文件直播,提供定时播、垫播、顺播、轮播等多种播出模式,支持实况直播推流优先功能。

(7) 支持时移回看,回看保留天数可调,可以从第三方平台获取回看节目表单。

(8) 采用私有协议传输,通过防盗链和防下载功能保证内容播出的安全性。支持 IP、域名规则过滤、密码、用户+密码、域名验证等访问控制策略。

7.4.4 系统优势

1. 无线终端远程操作控制

支持在 Android 和 iOS 平板电脑上远程控制多台录播主机,支持自动、手动导播切换,支持云台自动、手动跟踪切换;支持摄像机远程云台控制、速度调节、预置点调用和保存;支持音量 VU 条监视和增益调节;视频录制操作支持开始、暂停和停止控制;视频直播操作支持开始和停止控制;支持录播机系统资源实时监看,如图 7-45 所示。

2. 手机远程摄像头无线接入

系统除支持手机安装 App 程序通过 WiFi 连接到导播一体机,将手机摄像头采集的视频通过无线的方式输入到导播一体机之外,还可以通过 4G 网络直接输入到教育媒体发布平台,前端采集设备具有移动、便携的特点,与直、点播平台结合使用,可以完成各种课堂互动教学,如图 7-46 所示。

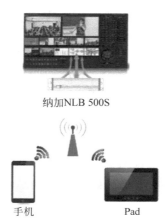

图 7-45 无线终端远程操作控制

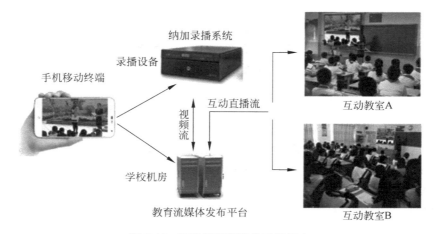

图 7-46 手机远程摄像头无线接入

3. 内外网互通、大规模并发机制

CDN 网络又称边缘网络,其作用是可以使用多台服务器互相协助,同时播出供超大规模人群收看节目的网络构架。系统在提供 P2P 的同时,也提供了 CDN 网络的支持程序,可以使用多台直播服务器(可分别架设于不同地域、运营商的机房中,称为镜像服务器)相互镜像,完成超大规模的直、点播业务,性能完全超过 P4P 网络,如图 7-47 所示。

4. 全自动录播、互动录播、云录播三功能于一体

系统同时具有全自动录播、互动录播、云录播的功能。本系统与自动追踪系统相结合,可实现全自动录播的功能,搭配互动教室端设备可扩展为互动教学系统,实现互动录播功能,加载网络云教室的 IP 摄像机则可实现云录播功能,是目前少有的集多项功能于一身的全功能系统,如图 7-48 所示。

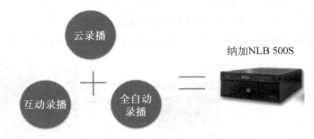

图 7-48 集全自动录播、互动录播、云录播三功能合一

5. 所有设备全连通

支持全信号源设备接入,包括专业摄像机、安防监控摄像头、单反相机、手机镜头、无人航拍机、USB 接口摄像头等信号源采集,如图 7-49 所示。

6. 三码流并推

采用纳加三码流并推技术,兼顾本地存储、远程网络和手机端的传输,三码流在现有网络瓶颈下兼顾了图像质量和传输质量,可以突破网络瓶颈,根据网络带宽灵活选择码流格式,在很好地保证本地视频课件清晰度的同时,通过后端同步录制的低码流进行手机网络传输,确保网络直播和点播应用流畅,如图 7-50 所示。

7. VGA 桌面采集

教师计算机屏幕采集同时支持硬件和软件两种方式。

硬件采集的方式是教师计算机不需要安装任何插件,只需要一条 VGA 或 HDMI 线缆连接到录制主机,就可以完成 VGA 屏幕的采集。

软件采集是结合 VJTeacher 授课机屏幕采集软件,通过 IP 网络将授课计算机的屏幕内容(包括 PPT 索引、鼠标运动轨迹、电子白板内容、桌面手写板等)完全录制下来,可以远程启动录播系统进行精品课程录制,还可以远程控制教师授课主机,如图 7-51 所示。

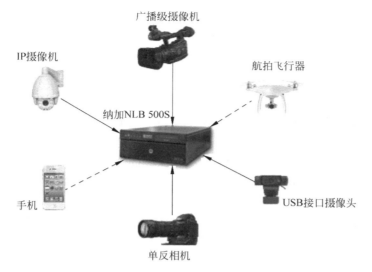

图 7-49 所有设备全联通

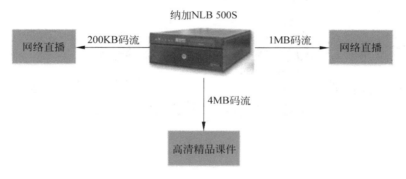

图 7-50 三码流并推

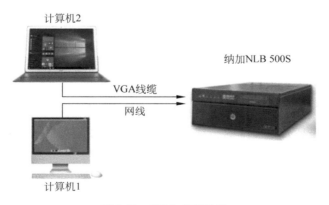

图 7-51 VGA 桌面采集

(1) 占用CPU资源少,录制屏幕的时候不会影响正常授课。
(2) 压缩率高(H.264编码),占用磁盘空间小。
(3) 桌面采集数字化,清晰流畅、无损耗。

8. 导播规则可定制

支持丰富的导播规则,具体包含以下规则事件:学生站立与坐下、学生特写、教师目标出现与丢失、教师上讲台、教师下讲台、教师写板书、PPT启动和停止放映、PPT章节切换、授课机键盘和鼠标动作、授课机白板动作、授课机空闲时间、通道音量变化等。

9. 全通道抠像

支持各通道红、蓝、绿三色背景抠像,背景色可选,抠像后可叠加图片和其他通道视频;抠像人物边缘清晰、无色边;抠像支持色键、亮度、阴影、模糊、边缘、溢出控制、边框、排除等参数调整。

结合抠像通道的功能特性,在教室内安装一道简易的活动纯色背景幕,即可将一间普通教室变为多功能教室,满足常态化课堂录制的同时,还可以录制具有特定环节的虚拟课堂,如图7-52所示。

图7-52 全通道抠像

10. 远程发布字幕

支持通过IP网络远程发布CG字幕,支持文字、图片、图片序列、时钟、定时器等CG叠加,CG位置、大小可任意调整,如图7-53所示。

7.4.5 室内装修

1. 整体要求

房间内的装饰应尽量简朴,墙壁颜色应尽量选用非白色的色调,如浅灰、浅蓝等。浅色墙壁的反光会有效提高人物面部的亮度,使得水平照明和垂直照明尽量接近,提高灰度级别,从而提高画面质量。

尽量使用室内照明,以避免由于室外和室内光线的色温不一致而造成画面偏红或者偏蓝的问题。

2. 样板工程效果图

装修效果如图7-54~图7-63所示。

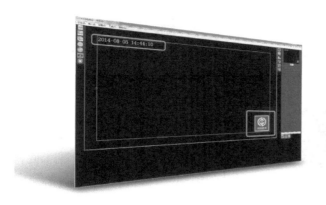

图 7-53　远程发布字幕

图 7-54　整体装修效果

图 7-55　隔音墙装修

图 7-56　嵌入式音箱安装

图 7-57　摄像机安装

图 7-58　双板教学模式

图 7-59　窗帘设计

图 7-60　门设计

图 7-61　灯光效果

图 7-62　公开课隔离设计

图 7-63　整洁的讲台

3. 控制室布局要点

控制室的长度应不小于 4m，室内配备工作台、机柜、空调、座椅等基本常用设备。室内温度机柜内主要摆放的设备布线要遵循标准的布线规则，整齐划一，每个设备的进出线都要打上标签，机柜门上要张贴机柜内设备的布线连接图，以方便工作人员在调节功能或查找故障时核对具体的设备对应接口及位置。室内过道要保持通畅，要备有灭火器等防火设施，如图 7-64 所示。

图 7-64　控制室布局要点

具体要求如下：

1）室内环境要求

（1）保持室内清洁。

(2) 控制柜应处于封闭状态,以减少粉尘进入。

(3) 环境温度为 18~24℃,温度变化率≤5℃/h。

(4) 相对湿度为 45%~70%,在任何情况下都不能结露。冬季,相对湿度难以维持在范围内时,最低值应以不产生静电为宜。

(5) 装置运行时,控制柜内不能存在明显的磁场,也不能使用产生电磁干扰的设备。

2) 供电系统参数

(1) 集散控制系统电源应由 UPS 提供。

(2) 电压波动:<10%额定电压。

3) 日常维护、巡检要求

日常巡检要求:巡检周期为每日一次,认真填写巡检记录,检查内容如下:

(1) 机柜间的环境温度和湿度符合设定项要求,空调运行正常。

(2) 查看机柜间的温度,正常运行时,温度应在 25℃左右。

(3) 柜顶部风扇应运转良好,无异音。

(4) 运行正常,无报警。

(5) 各设备运行指示灯状态正常。

(6) 查询历史记录有无异常情况发生。

7.5 移动现场直播方案

7.5.1 方案背景和建设总体内容

1. 背景介绍

经过近几年的发展,中国智能手机市场规模由 2011 年的 1.2 亿部升至 2015 年的 4.341 亿部,但是年增速已经大幅下滑,仅有个位数,受中国经济放缓以及人口红利结束的影响,从 3G 换 4G,市场难以再现 2G 换 3G 的规模,从 2015 年开始,国内智能手机市场呈现饱和趋势,2016 年的市场规模在 4.4 亿部左右,较 2015 年大体持平。

从以上数据不难看出,手机的应用发展到今天已经拥有庞大的规模。

4G 集 3G 与 WLAN 于一体,并能够传输高质量的视频图像。它的图像传输质量与高清晰度电视不相上下。4G 系统能够以 100Mb/s 的速度下载,比目前的拨号上网快 2000 倍,上传的速度也能达到 20Mb/s,并能够满足几乎所有用户对于无线服务的要求。此外,4G 可以在 DSL 和有线电视调制解调器没有覆盖的地方部署,然后再扩展到整个地区。

4G 移动通信技术的信息传输级数要比 3G 移动通信技术的信息传输级数高一个等级。对无线频率的使用效率比第二代和第三代系统都高得多,且抗信号衰落性能更好,其最大的传输速度会是 i-mode 服务的 10 000 倍。除了高速信息传输技术外,它还包括高速移动无线信息存取系统、移动平台的拉技术、安全密码技术以及终端间通信技术等,具有极高的安全性。

4G 手机系统的下行链路速度为 100Mb/s,上行链路速度为 30Mb/s。其基站天线可以发送更窄的无线电波波束,在用户行动时也可进行跟踪,可处理数量更多的通话。

第四代移动电话不仅音质清晰,而且能进行高清晰度的图像传输,用途十分广泛。在容量方面，可在 FDMA、TDMA、CDMA 的基础上引入空分多址（SDMA），容量达到 3G 的 5～10 倍。另外，可以在任何地址宽带接入互联网，包含卫星通信，能提供信息通信之外的定位定时、数据采集、远程控制等综合功能。它包括宽带无线固定接入、宽带无线局域网、移动宽带系统和互操作的广播网络（基于地面和卫星系统）。

基于以上描述，加上手机、Pad 等移动终端设备的摄像头、硬件配置的提高，手机等移动终端设备在技术上已经具备了作为前端音、视频采集设备，成为无线视频采集应用移动录播解决方案的一部分。

2. 方案总体设计

纳加移动直播系统是纳加发布的一套针对移动终端设备通过 WiFi 或者移动 4G 网络进行的移动直播解决方案。采用此方案可以轻易地使用身边的手机、Pad 等移动设备，通过终端上的摄像头和话筒采集活动现场的音、视频，通过编码推流到纳加直播系统或纳加移动客户端平台，通过导播一体机或纳加移动客户端平台的转播实现现场直播的功能。

7.5.2　方案架构

有手机移动终端和航拍飞行器两种方案。航拍飞行器通过自身图传设备将视频发送到地面接收控制器，通过地面接收控制器输出 HDMI 信号，加载到便携式导播一体机完成航拍视频的加载。导播一体机可以将多个航拍视频和手机移动视频加载到多个通道，进行现场的导播录制和直播活动。

手机直播有两种方式：一种方式是推流到 NSCaster 导播一体机；另一种方式是直接推流到流媒体发布平台。所以，系统需要有手机推流 App 软件、纳加 NSCaster 便携式导播一体机和纳加媒体发布平台系统。手机推流软件安装在手机或 Pad 上负责采集推流，纳加 NSCaster 便携式导播一体机负责接收视频进行录制合成和编码推流到直播服务器。流媒体发布平台负责直播、点播、移动 App 客户端、媒资管理系统的搭建，用户可以在平台上完成视频的编辑和直、点播的发布功能，如图 7-65 所示。

7.5.3　应用场景

1. 手机采访

用户使用随身携带的手机作为视频、音频的采集设备，对现场的对象进行视频采访，手机取代了摄像机和导播机，大大节省了人力成本。手机采集到音、视频素材流之后，通过 WiFi 或 4G 网络推送到直播服务器。由于手机小巧、便于携带，所以在很多移动场所手机采访是一个很好的选择，如图 7-66 所示。

2. 手机互动

曾经有过这样的案例：在安装了高清云台摄像机或广播级摄像机加上无线麦的主会场中，想要与远端的个人进行音、视频的互动，这时对面要么是台式机加上摄像头和无线麦，要么是和主教室一样的设备配置才能够进行。而在科技高速发展的今天，手机移动终端的出现使这一环节变得更加灵活，只需在手机上安装一个 App 软件，手机就可以作为互动系统的一个接入端参与远程视频互动。几乎所有的场所（如广场、办公室、公园等）只要有 4G 或 WiFi 都可以实现手机互动，如图 7-67 所示。

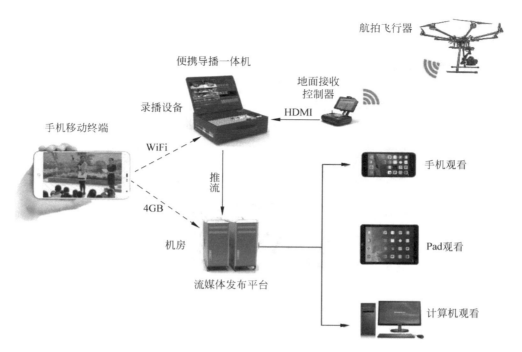

图 7-65　方案架构

图 7-66　手机采访

图 7-67　手机互动

第7章　流媒体编播典型应用

3. 手机直播

手机直播的应用分为自拍式直播和拍摄式直播两种。自拍式直播是将手机的前置摄像头固定于自拍杆等设备上，面对手机进行的自助式直播，这种应用只需要一个人和一部手机就能完成，已经广泛应用于主播行业。拍摄式直播是采用手机的后置摄像头，由手机持有人在活动现场完成的现场拍摄，通常需要两个角色，一个是操作手机进行拍摄的操作人员，另一个是现场活动的人员（被拍摄人员），如图 7-68 所示。

图 7-68　手机直播

7.5.4　系统组成

1. 手机推流 App 软件

手机直播推流端即主播端，主要通过手机摄像头采集视频数据和通过话筒采集音频数据，经过一系列前处理、编码、推流，然后推流到 CDN 进行分发。纳加手机推流 App 可以满足以下所有的功能和应用场景，帮助使用者解决各种直播应用的问题。

1）采集

手机直播 SDK 通过手机摄像头和话筒直接采集视频数据和音频数据。其中，视频采样数据一般采用 RGB 或 YUV 格式，音频采样数据一般采用 PCM 格式。因为采集到的原始音、视频体积非常大，所以需要经过压缩技术来处理，降低视频的大小以提高传输效率。在手机视频采集方面，iOS 系统在硬件的兼容性方面做得比较好，系统本身提供了比较完整的视频采集接口，使用起来比较简单。相比之下，Android 系统适配起来比较困难。初期调研显示，Android 的适配率还不到 50%。

2）前处理

这个环节主要处理美颜、水印、模糊等效果。特别是美颜功能几乎是直播的标配功能，没有美颜的直播，主播们根本提不起兴趣。另外，国家明确提出了，所有直播都必须打有水印并回放留存 15 天以上。所以，在选择直播 SDK 时，没有美颜和水印功能，基本就可以放弃了。

美颜实际上是通过算法去识别图像中的皮肤部分，再对皮肤区域进行色值调整。通常情况下，人的肤色与周边环境色调存在较大差异，通过颜色对比，找到皮肤的基本轮廓，进一步进行肤色检查还可以确定人脸范围。找到皮肤的区域，可以进行色值调整、添加白色图层或调整透明度等达到美白效果。美颜除了美白效果，还需要磨皮功能。磨皮实际上是用模糊滤镜实现的，如高斯滤波、双边滤波、导向滤波等。

在美颜处理方面，最著名的 GPUImage 提供了丰富的效果，同时可以支持 iOS 和

Android,支持自己写算法实现自己最理性的效果。GPUImage 内置了 120 多种常见的滤镜效果,添加滤镜只需要简单调用几行代码就可以,例如,尝试使用 GPUImage Bilatera lFiter 的双边滤波滤镜处理基本的磨皮。想达到更理想的效果,就需要通过自定义算法去实现。

3) 编码

为便于手机视频的推流、拉流以及存储,通常采用视频编码压缩技术来减少视频的体积。现在比较常用的视频编码是 H.264,但具有更高性能的 H.265 编码技术正在飞速发展,并可能很快成为主流;在音频方面,比较常用的是用 AAC 编码格式进行压缩,其他如 MP3、WMA 也是可选方案。在视频经过编码压缩大大提高了存储和传输效率的同时,播放时必须进行解码。通俗地讲,就是编码器将多张图像进行编码后产生一段段画面组(Group of Pictures,GoP),播放时解码器读取一段段 GoP 进行解码后读取图像并进行渲染显示。在编码方面的核心是在分辨率、码率、帧率等参数中找到最佳平衡点,达到体积最小、画面最优的效果。

2012 年 8 月,爱立信公司推出了首款 H.265 编解码器,6 个月后,国际电信联盟(ITU)就正式批准通过了 HEVC/H.265 标准,称之为高效视频编码(High Efficiency Video Coding),相较之前的 H.264 标准有了相当大的改善,做到了仅需要原来一半带宽即可播放相同质量的视频,低于 1.5Mb/s 的网络也能传输 1080P 的高清视频。目前,国内(如阿里云、金山云)都在推自己的 H.265 编解码技术,随着直播的快速发展和对带宽的依赖,H.265 编解码技术已有全面取代 H.264 的趋势。

另外,硬件编码已经成为手机直播的首选方案,软编码处理在 720P 以上的视频颇势非常明显。在 iOS 平台上,硬件编码的兼容性比较好,可以直接采用,但在 Android 平台上搭载的 MediaCoder 编码器,针对不同的芯片平台,表现差异还是非常大的。

4) 推流

要想用于推流,还必须对音、视频数据使用传输协议进行封装,变成流数据。常用的流传输协议有 RTSP、RTMP、HLS 等,使用 RTMP 传输的延时通常在 1~3s,对于手机直播这种实时性要求非常高的场景,RTMP 也成为手机直播中最常用的流传输协议。最后通过一定的 Qos 算法将音、视频流数据推送到网络端,通过 CDN 进行分发。在直播场景中,网络不稳定是很常见的,这时就需要 QoS 来保证网络不稳定情况下的用户观看直播的体验,通常是通过主播端和播放端设置缓存,让码率均匀。另外,针对实时变化的网络状况,动态码率和帧率也是最常用的策略。

当然,在网络传输方面,全部自己做基本不现实,找提供推流服务的 CDN 服务商提供解决方案是最好的选择,可参考文章开头介绍的云视频服务商。据了解,阿里云是国内唯一能自研 CDN 缓存服务器的厂商,网络传输性能非常有保障。通常,大多数直播平台都会同时接入多个视频云服务提供商,这样可以做拉流线路互备,对推流后视频集群再进行优化,也可提高直播的流畅性和稳定性。

2. 手机 App 客户端

平台系统同时支持 iOS 8.0 以上及 Android 4.2 以上的系统智能终端。主要功能包括:

1) 用户管理

移动教学视频平台与学校已有的视频应用平台统一身份认证对接,用户使用统一身份认证账号登录进行身份认证,以获得相应的操作权限。

2）平台首页

平台首页综合显示一些重要的分类、最新的视频信息、推荐的视频信息、最热点的视频信息、平台公告等。

3）视频分类

视频分类主要显示平台的栏目设置以及各栏目下的课程视频信息列表，支持分页显示。

4）资源搜索

资源搜索功能支持模糊检索和高级检索两种检索方式。模糊检索，用户只需要输入检索关键词，系统根据关键词在标题、内容简介、教师、打点信息、评论等内容中进行模糊检索，支持关键词拆分和模糊匹配。高级检索则按标题、内容简介、教师、所属栏目、关键词、发布时间等组合进行精确检索。

5）视频播放

用户单击某个视频后进入视频播放页，播放页在视频播放窗口播放视频，并能实现视频打点、视频上传发布、视频下载等操作，在播放时能够同步 PC 端和移动端的播放进度，同时还可以查看简要的视频信息和视频评论信息，如图 7-69 所示。

图 7-69　视频播放

直播频道与 PC 平台同步，支持 VJMS、RTMP、M3U8 直播，支持节目预告、回看。

6）视频下载

登录用户可将视频下载到本地保存。用户在视频播放页单击下载后，视频页面会显示下载列表和下载进度。下载完成后可显示用户已成功下载到本地的视频列表，用户单击列表中的相应视频即可在本地播放视频，如图 7-70 所示。

图 7-70 视频下载

7）在线资源预览

用户可随时随地阅读公开的教学文档，无须下载，包括 Word、Excel、PPT、PDF 等，如图 7-71 所示。

图 7-71 在线资源预览

8）个人设置

个人设置提供个人对移动客户端使用的一些偏好设置。设置内容包括个人资料编辑、播放历史、评论管理、收藏管理、视频管理等，如图 7-72 所示。

图 7-72　个人设置

9）在线预习

学生账号登录后，可以查看教师推送的课程，通过手机完成课程预习、笔记记录和回答问题等，数据与 PC 端实时同步。

10）后台管理

与现有校园视频应用平台能够无缝对接，实现视频资源、文档资源、用户资源数据的同步，无须单独建立自有数据库。管理员在后台设置推送任务，推送资源包括直播、点播、新闻等，可以指定推送的人员和推送时间。

3. 纳加流媒体视频应用平台

视频应用平台的主要功能是完成校园直播、课件点播、课件在线快速编辑、媒资管理系统的课件上传和视频转码功能。系统安装在学校的控制中心机房，平台包含直播、点播、在线快编和媒资管理系统等模块，是一款集管理、应用一体的综合性应用平台。

4. P2P 直播系统模块

直播系统的功能就是将课堂的音频、视频、VGA 流实时地直播到收看终端，达到收看终端实时、极小延迟地观看到课堂的现场教学，收看终端的操作简单化，直播过程不间断，是实现阶段理想的直播解决方案。

5. 媒资管理系统模块

1）媒体视频库管理

（1）视频媒体存储迁移模块。

视频资源存储管理主要是对视频文件进行的管理。由于存储空间的大小有上限，需要定时清理或者迁移视频资源，服务器的维护或者升级都可能带来存储上的变化，所以视频资源存储管理也是平台的重要模块组成，如图 7-73 所示。

管理员可以将视频资源文件从存储上物理删除，并在前台取消发布，也可以通过 FTP

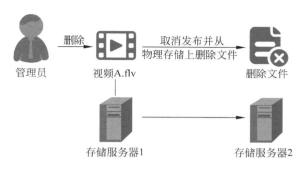

图 7-73　媒体视频库管理

或者以直接复制的方式在服务器存储之间移动视频资源。删除物理文件后,相关的虚拟知识点也都被删除,迁移之后的视频会重新发布并自动更新相关视频编目信息。

(2) 视频媒体编目模块。

视频编目是指为生成的视频文件添加视频名称、标签、发布时间等标识性属性,如图 7-74 所示。

图 7-74　视频媒体编目模块

视频编目是视频编辑的基本环节,方便用户识别以及视频检索。由于刚生成的视频文件没有任何标识性,用户无法识别,从某种程度上也可以说是不可用视频,管理员为刚生成的视频文件进行视频编目,让其成为可用视频。

(3) 编单上传模块。

该模块用于点播系统中视、音频文件的上传。用户可在同一时间进行多任务、多文件传输,本模块采用的断点传输技术大大提高了传输效率。

编单上传模块集成于纳加直、点播系统的管理终端上,具有目录浏览管理操作、权限组合、上传完毕 Web 汇报等功能,有效地完善了点播系统用户上传文件的管理功能。

(4) 实况媒体流录制模块。

作为视频内容资源管理系统的一部分,智能视频资源采集收录主要负责搜集外界视频直播信号,将其录制下来并作为视频资源存储到平台上,生成视频资源后供其他模块使用,如视频编辑、教师在线课件制作等。采集收录包括手动录制和自动录制两种方式。

2) 精品微视频知识点管理

微视频知识点是指有标签的单个知识点,时间长度一般不超过 3min,播放时长很短的视频。教师可将自己的教学课程按知识点、课程结构、教学技能等分割成多个短视频并配备相应习题或教案,在便于学生定位到具体知识点学习的同时,也使教师能够按照教学技能及时进行自我反思和自我学习。

3) 教育资源版权保护

侵权现象层出不穷,为了保护视频的版权所有,需要对视频加以有效处理。版权管理功能通过在视频文件中加入 Logo 标识,以突出视频所有权。管理员将视频文件与 Logo 文件进行叠加,生成的新的视频文件中即含有版权 Logo。

版权管理将有效断绝侵权行为,实现视频版权的有效保护。

4) 资源编辑处理

(1) 视频切割。

视频切割是指根据特定的规则将一个视频文件切割成若干个小文件,如图 7-75 所示。

管理员根据特定的需求,首先对视频文件分析,再通过一定的规则(如按时间段分割)对其执行切割处理。

通常可以将一个时间较长的活动或者课程现场切割成为若干个知识点,以方便平台用户观看或者作为备课素材使用。

(2) 视频拼接。

视频拼接是指将多个文件拼接组成一个新的视频文件,是视频切割的逆过程,如图 7-76 所示。

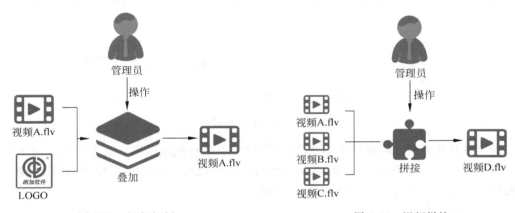

图 7-75　视频切割　　　　　　　图 7-76　视频拼接

在有些收录的视频中,可能存在其他内容,如不当的镜头、广告、宣传片等,利用切割技术,先切割再拼接,去除无用片段。

(3) 图文索引生成模块。

图片索引就是视频文件在页面上显示的一部分画面,如图 7-77 所示。

用户通过批量截图将视频文件中的部分画面截成图片,生成图片索引,从中选择一个作为封面图片,用于前台展示。

(4) 视频打点模块。

视频打点是指在保证视频文件的存储结构没有发生变化的前提下,按照一定逻辑将视频文件分割成多个文件,如图 7-78 所示。

与视频切割类似,管理员通过特定的规则对视频文件进行分割处理,得到多个逻辑视频的文件片段。

视频打点模块主要应用于教学课程视频的知识点分割,标注出各个知识点的位置,在一个视频文件存在过多知识点的时候,物理切割会产生很多碎片文件,逻辑切割可以节省很多存储控件。

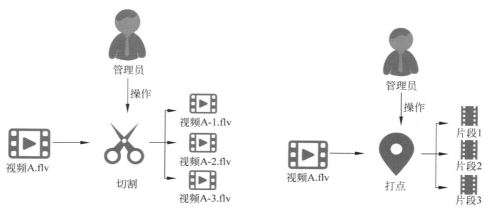

图 7-77　图文索引生成模块　　　　图 7-78　视频打点模块

除了管理员可以对视频进行打点,平台的其他使用者也可以根据自身的应用对视频进行标注,类似书签功能,可以记录当前观看的位置,以方便下次收看时准确定位。

（5）视频包装模块。

视频包装是指通过对视频文件的有效处理,以实现多种形式的视频应用,如图 7-79 所示。

视频包装主要依托视频切割与拼接技术,利用视频文件的巧妙组合,实现丰富的视频应用,典型的应用有视频添加片头、片尾,视频抽帧等。管理员可对片头文件、视频文件以及片尾文件进行视频拼接处理,得到一个完整的视频文件。

（6）文件排序转码。

管理员为多个视频文件选择转码任务,如图 7-80 所示。

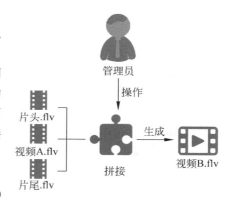

图 7-79　视频包装模块

图 7-80　文件排序转码

通过单台服务器进行视频文件转码,一次只能对一个文件进行转码。当服务器工作时,其他视频文件进入转码排序等待序列,待上一个视频文件转码完成后,才允许下一个视频文件进入转码区,接受转码。

这种转码方式一般适用于小文件,小文件数据量不至于占用转码服务器太多时间,而让后续的视频文件等待太久。

7.5.5　系统优势

1. 内外网互通、大规模并发机制

系统在提供 P2P 的同时,也提供了 CDN 网络的支持程序。可以使用多台直播服务器相互镜像,完成超大规模的直、点播业务,如图 7-81 所示。

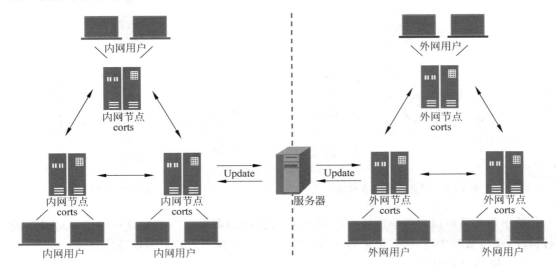

图 7-81　内外网互通、大规模并发机制

2. 所有设备全连通

支持全信号源设备接入,可通过硬件和网络输出到各种显示屏和网络应用设备,完成以各种场所的直、点播和互动应用,如图 7-82 所示。

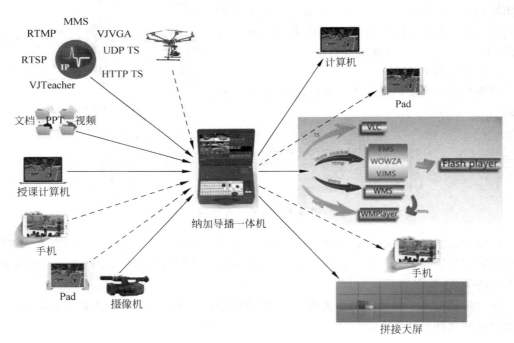

图 7-82　所有设备全连通

7.6 其他热备系统直播方案

从直播活动的重要性和安全性出发,现场应当采用热备系统来避免因原有单一系统故障而造成直播中断的问题。热备系统在增加少数设备的情况下保证直播活动的顺利进行,具有时效性、便捷性等优势,所谓有备无患。

热备方案有两种:一种是手机热备;另一种是 NSCaster 热备。手机热备是采用一台手机作为现场直播的热备,根据现场的直播需求,可以作为单机位的现场直播热备,也可以作为多机位的现场热备。NSCaster 热备就是采用相同型号或同类的导播主机作为现场直播的热备,适用于各种直播应用。

7.6.1 手机热备

1. 功能描述

通常,在一个直播现场只有一台导播主机将采集到的音、视频流实时推流到直播服务器完成直播。当导播主机端出现故障时,只能寄希望于现场,尽快找到故障点,解决后才能恢复现场直播,那么设备故障期间,直播就会一直处于中断状态。手机热备的出现很好地解决了这个问题,即在导播主机进行实施推流直播的同时,用一台手机(苹果或安卓系统)安装纳加的手机推流 App 软件,打开软件一键设置主推设备,手机推流 App 软件即开始监测工作,实时监测主推设备的工作状况,当主推设备因故障而停止推流时,手机热备可自动进行推流直播,避免直播中断。

2. 手机热备应用场景

手机热备更适合于单机位的直播场景,现场需要以下设备:

1) 摄像机一台。
2) 导播机一台。
3) 安卓或 iOS 手机一台。
4) 无线路由器一台。

3. 连接拓扑图

手机和导播主机必须在同一个局域网络下,导播主机通过网线连接,手机通过无线 WiFi 连接,手机和导播主机能够互访,如图 7-83 所示。

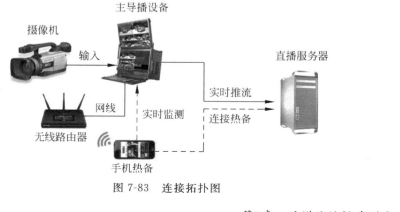

图 7-83　连接拓扑图

4. 热备功能相关设置

1) 打开手机推流 App 软件,如图 7-84 所示。

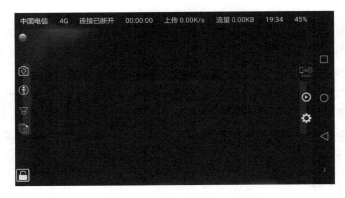

图 7-84　打开手机推流 App 软件

2) 选择关联主设备,如图 7-85 所示。

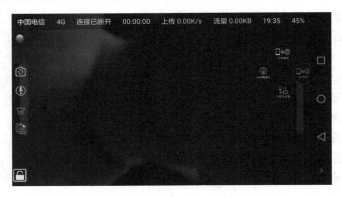

图 7-85　选择关联主设备

3) 系统会自动检测在线的 NSCaster 设备,选中准备进行热备的 NSCaster 导播主机后,手机推流 App 系统就进入到热备状态。

4) 当主设备因故障而中断直播推流时,手机热备软件就会马上弹出提示菜单"是否启动手机推流",确认后,手机推流软件开始推流直播。

7.6.2　NSCaster 热备

1. 功能描述

详见手机热备。

2. 应用场景

NSCaster 热备更适合于多机位的直播场景,现场需要准备的设备有:

1) 主导播机一台。

2) 热备导播主机一台。

3) 现场摄像机 1~3 台。

4) 交换机一台。

5）视频分配器（一分二）1～3个，数量和摄像机相匹配。

3．设备连接示意图

设备连接示意图如图7-86所示。

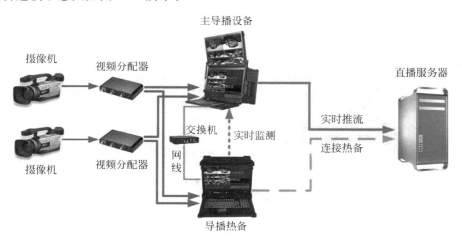

图7-86 设备连接示意图

7.6.3 热备功能相关设置

（1）在主界面找到播出区域，如图7-87所示。

图7-87 播出区域

（2）单击 ![btn] 可设置热备，支持设备热备和手机热备，如图7-88所示。

图7-88 设置热备

第7章 流媒体编播典型应用

（3）如果需要手机支持热备，请单击 ▦ 下载纳加热备 App（支持 iOS 和 Android），安装完成后请打开 App 软件，如图 7-89 所示。

（4）单击 ↻ 可自动搜索局域网内的设备。

（5）如果无法自动搜索，请单击 ＋ 手动加载热备，分别输出热备的 IP 地址和端口（默认端口是 8017），名称自定义，如图 7-90 所示。

图 7-89　系统设置　　　　　　　　图 7-90　添加 IP

（6）在热备列表选中需要连接的热备，单击【连接】并输入连接密码（默认是 admin）即可连接。

注意：在 NSCaster 的【系统配置-服务设置】中可更改连接的端口和连接的密码。

（7）选中要热备的主导播设备，单击【连接】开始热备状态。

7.6.4　iPad 控制 App 功能的应用

1. 功能描述

采用 iPad 平板设备下载安装纳加 iPad 控制 App 系统软件（该软件可以在苹果的 AppStore 中搜索 NSCaster 进行安装），通过 WiFi 网络与 NSCaster 导播主机连接，在平板电脑上使用控制软件就可以对导播主机的切换、调音等多项功能进行操作，还可以将 NSCaster 系统的多个功能模块进行分配，直播团队可以同时对各自对应系统的分配模块的功能进行操作，多人协同完成系统的导播操作，打造团队导播的工作模式，分工合作发挥团队的力量，如图 7-91 所示。

2. 应用场景

随着网络直播的兴起，导播设备更加趋向于一体化、便携化发展，导播、云台控制等功能都集于一台设备上，单人操作难度越来越大，而 iPad 控制 App 的横空出世恰好解决了这一问题，将导播工作分解为导播切换、云台控制、音频控制、安全播出控制等，每个环节分别由一个人来操作，多人协同完成导播工作，如图 7-92 所示。

在直播过程中，导播员 1 控制导播工作的切换环节，负责切换时的特效的选择、切进、切出的策略，切换延时控制等工作；导播员 2 主要负责安全播出保障，控制直播、备播、垫播视频的播出和停止等，按导播员 1 的指令操作或预先制订执行策略；导播员 3 主要在 iPad 上对每个摄像机机位的云台进行操作控制，控制摄像机的拉远、拉近和景别的调整，按导播操作员 1 的即时指令操作。

7.6.5　多路 CG 字幕功能的应用

以往字幕系统只能在本机操作，且同时只能在一个通道内进行字幕推送和显示。当有

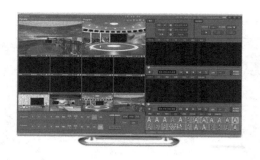

图 7-91　功能描述

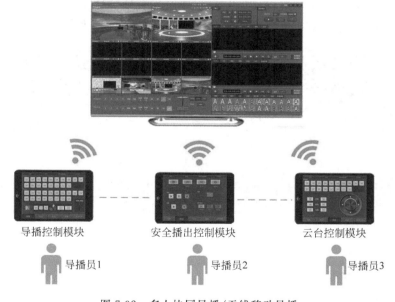

图 7-92　多人协同导播/无线移动导播

多个通道同时需要字幕推送,或是在活动开始前提前制作,在赛事进行中需要临时变更的时候,就只能修改字幕,并将修改好的字幕再复制到字幕机中才能进行字幕的推送和发布。这样的效率很低,节奏滞后,不利于现场的即时快捷要求。

利用 CG 字幕软件可以将字幕同时发送到不同的通道,很好地解决了一场直播中不同景别搭配不同字幕的问题。

在 CG 字幕页面添加字幕后,选择想要加载的通道,就可以将字幕加载到通道内,如图 7-93 所示。

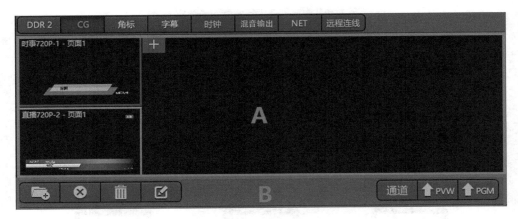

图 7-93　加载字幕到通道

7.6.6　CG 新增社交媒体支持功能应用

社交媒体支持功能是在进行股评直播、微博互动等活动的时候，导播系统获取股票软件或微博系统的实时数据，在直播互动的过程中实时更新显示。

该项功能主要应用于微博互动、股评直播、微信公众号等社交媒体，在社交媒体进行直播互动的过程中实现带有数据实时自动同步更新的全方位直播，如图 7-94 所示。

图 7-94　CG 新增社交媒体支持功能应用

图 7-94 主要是赛事转播中飞幕的一种应用，在导播机系统中单击按钮 ![] 出现菜单项，单击微博图标，新建微博，登录后即可获取信息。CG 字幕软件自动加载微博中的评论信息，并通过系统的设定在屏幕上以飞幕的形式展现出来，形成图 7-94 的飞幕效果。

7.6.7　CG 相关设置说明

CG 界面主要用于发布纳加的 CG 文件（使用 VJCGEditor 编辑生成，扩展名是 .vjcgf），CG 文件类似 PPT，按页为单位组织，每页可以在任意位置放置文字、静态图片、动态图片序列等内容，内置 CG 编辑功能，界面如图 7-95 所示。

1. 列表

CG 页以缩略图形式展示在列表中。针对每个 CG 页，可单击 ![] 添加文本列或者图片

图 7-95　CG 相关设置界面

列,也可以添加多行。

2．操作控制

操作按钮说明见表 7-7。

表 7-7　操作按钮说明

按　钮	说　　明	按　钮	说　　明
	新建 CG 文件		发送/取消 CG 页在 PGM(主监)窗口预览
	移除选中的 CG 页		
	清除所有的 CG 页		发送/取消 CG 页在 PVM(预监)窗口预览
	调用内置 CG 编辑器		在选择的通道中加载 CG 页

(1) 单击按钮 出现菜单项,可选择新建 CG、打开存在的 CG 文件或新建 CG 文件。

① 新建 Excel：Excel 文件导入。

② 新建 RSS:输入 RSS 地址获取信息。

③ 新建微博：登录微博即可获取信息。

④ 新建 Twitter：输入 Twitter 用户名或标签获取信息。

⑤ 新建 Facebook：输入 Facebook 用户名即可获取信息。

⑥ 打开：打开已经建好的 CG 文件。

⑦ 新建：新建 CG 文件。

(2) 单击按钮 可删除被选中的 CG 文件。

(3) 单击按钮 ,可打开内置 CG 编辑器。

(4) 单击按钮 ,可以把当前 CG 列表中的所有 CG 页移除,同样不删除原 CG 文件。

(5) 单击按钮 ,可选择将 CG 页面在通道中显示。

(6) 选中列表中的 CG 页面,单击发送预监按钮 ,把页面发到 PVM(预监)窗口上进行预览,然后图标变成 。确认没有问题后,单击发送主监按钮 发送到 PGM(主监)窗口画面,然后图标变成 。单击 和 按钮可从相应的窗口画面中移除 CG 页。

7.6.8 自动播出功能在直播中的应用

系统的自动播出功能可以在活动直播完成后,24小时在平台循环播放活动的视频录像和活动的花絮。在系统的开始界面中单击 Auto 按钮,即可进入自动播出设置界面。

通过"添加设备""添加文件""添加通道"等模式加载视频源,并以顺播、插播、定时播等模式进行播放,让系统自动执行设定好的播放规则。此应用适用于固定节目单的自动播出,同时还可以插入CG字幕文件,达到定时广告、定时字幕等效果。

可通过节目单的"新建"按钮新建节目单,"导入"按钮导入已经制作好的节目单,单击"导出"按钮后将当前编辑的节目单保存到文件。加载节目单后,单击"开始"按钮开始节目单自动播出,单击"停止"按钮停止节目单自动播出。

文件列表包含节目的播放方式,有顺播、插播、定时播3种。顺播是按顺序播放,插播和定时播都是按时间播放。

视频源是指视频来源,可以是设备、文件、通道。

音频源是指音频来源,也可以是设备、文件、通道。

次数是指节目的播放次数。播放时间是节目开始播放的时间,插播、定时播模式下需设置此项,顺播则无须设置。

播放时长主要指该节目播放的时长。

本 章 小 结

本章主要讲述了6种流媒体编播系统的典型应用,以南京纳加的流媒体编播软硬件设备为主,在充分介绍流媒体编播设备特点、功能的同时,也将流媒体系统的搭建及使用进行了详细说明。通过本章的学习,可以继续深入学习流媒体编播设备的使用,掌握流媒体编播系统的搭建。

思 考 题

1. 演播室方案的两个应用场景分别是什么?
2. 在演播室方案中,环境设计和视频设计的一般要求是什么?
3. 在远程连线方案中,如何进行远程连线的角色管理?
4. 简述远程连线方案的系统优势。
5. 简述IPTV方案设计。
6. IPTV系统由哪些硬件构成?简述这些硬件产品功能。
7. 全自动高清录播系统的应用场景有哪些?
8. 简述全自动高清录播系统的系统组成。
9. 移动现场直播的系统组成有哪些?系统优势是什么?
10. 选择一台NSCaster358或者手机作为直播热备的相关设置有哪些?

第 8 章　全景视频与现场直播

8.1　全景视频概述

全景视频是一种新型的技术，这种技术其实很早就诞生了，不过在最近几年才开始成熟起来。全景视频是一种用 720°的摄像机进行全方位拍摄的视频，用户在观看视频的时候，可以随意切换到任意角度观看动态视频，让我们有一种身临其境的感觉。

8.1.1　全景视频与全景直播

通过全景视频来做全景直播，可以让体验者不受时间、空间、地域的限制去身临其境地感受现场。全景视频的技术主要来自国外，国内只有少数几家公司能够掌握这种技术，而且拍摄出来的视频质量差强人意、参差不齐。其中，北京极图科技有限公司就是率先掌握这项全景视频核心技术的公司之一，而且制作出的全景视频可以与国外的优秀全景视频媲美。该公司研发出的 XONE 全景摄像机实现了高清 6K 全景视频的录制和高清 4K 视频全景直播。6 目全景摄像机 XONE 如图 8-1 所示。

全新 Upano XONE 一体化 VR 摄影机采用暗场表现更好的 SONY1/1.8 14 位图像传感器，可提供一流的成像性能与高效顺畅的拍摄体验。XONE 为 VR 视频内容创作者提供多项独有功能，帮助创作者更好地专注于艺术创作，而非设备使用，其中包括无延时的机内实时拼接、6K VR 影像拍摄、多镜头智能统一曝光、硬件同步，以及无须工作站的 VR 眼镜实时监看，同时高强度一体化设计使用户无惧任何场合使用。全景摄像机 XONE 拼接样图如图 8-2 所示。

图 8-1　6 目全景摄像机 XONE

图 8-2　全景摄像机 XONE 拼接样图

XONE 拥有罕见的机内实时拼接功能，为此我们设计了每秒处理近 2Gb 图像数据量的芯片，并通过极限最优拼接算法完成六路图像的零延时拼接。最值得骄傲的是，如此强大运算能力的芯片和出色的算法被集成在最大直径不超过 170mm 的 XONE VR 全景摄影机内并工程化交付用户。创作者最棒的体验是作品的实时呈现、即刻出片。全景摄像机 XONE 拍摄样图清晰度对比如图 8-3 所示。

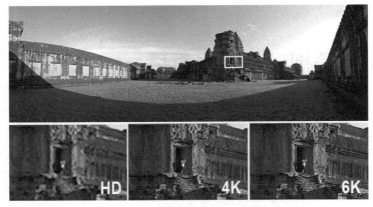

图 8-3 全景摄像机 XONE 拍摄样图清晰度对比

8.1.2 全景视频直播系统 Upano 的部署

Upano XONE 全景一体化直播机可支持多种直播方案。传统的 HDMI 全景视频直播、网络推流直播均可以实现，可以支持本地有限网络直播，也可以是无线 4G 直播，使用本地服务器方案或者云服务器方案都可以实现。

1. 本地高清 HDMI 直播

Upano XONE 全景一体化直播机，可以机内合成并实时输出全景视频画面，通过机身自带的 HDMI 接口，可以使用现有导播台设备无缝对接到传统的视频直播系统中。这种传统视频与 VR 全景视频的无缝结合，体现了新技术、新方式的深度融合。

2. 4G 传输

Upano XONE 全景一体化直播机，可以实时通过内置 4G 网，并通过客户端进行简单的系统配置。设置好直播推流的云服务器推流地址，即可将全景视频画面通过 4G 传输到云端平台。

3. 本地网络

Upano XONE 全景一体化直播机，可以通过自带 RJ45 网络接口与本地网络接口连接，通过客户端进行简单的系统配置，设置好直播推流的服务器推流地址后，即可将全景视频画面通过本地网络方式传输到局域网服务器或者是云端服务器上。

全景视频直播系统拓扑图如图 8-4 所示。

图 8-4 全景视频直播系统拓扑图

8.2　全景视频客户端播放

Upano 全景直播系统,全景视频可以通过 PC 客户端播放并互动预览,也可以通过手机 App 软件全景播放和互动观看。同时,可以支持对全景视频调色录制和全景直播的配置。

8.2.1　PC 客户端的播放

PC 客户端可以实现控制设备进行原始录制、全景录制、推流直播等操作,并支持视频预览、色彩参数调节、推流直播参数设置、设备工作状态监测、固件升级等功能。

(1) 设置 PC IP 地址,和设备在同一网段(IP:172.16.xx.xx,掩码为 255.255.0.0,网关为 172.16.1.1),通过交换机连接或通过网线直连设备。

(2) 运行 Upano Video Studio,进入登录界面,如图 8-5 所示。

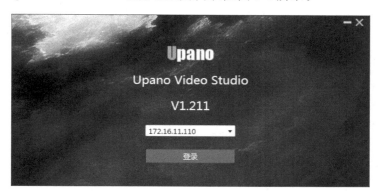

图 8-5　全景摄像机客户端软件登录界面

(3) 输入设备 IP 地址,单击"登录"按钮可跳转到客户端操作界面。全景视频观看可支持 2D 全景模式和 360°全景互动模式,如图 8-6 所示。

图 8-6　全景摄像机客户端软件控制预览界面

8.2.2 手机 App 平台的播放

手机 App 可以支持安卓平台和 iOS 平台。通过手机 App,可以对全景视频的色彩编码等参数信息进行配置,也可以监看整个全景摄像机的工作状态,通过手机的 WiFi 连接全景摄像机的 WiFi 网络可以登录到设备系统。

(1) 手机连接设备 AP 热点,密码为 UPANO123。
(2) 打开手机 App 登录,如图 8-7 所示。
(3) 连接正常后,进入控制界面,如图 8-8 所示。

图 8-7　全景摄像机手机 App 登录界面　　图 8-8　全景摄像机手机 App 控制预览界面

在手机上全景视频观看分为以下 3 种模式。

VR 模式:视频分为两个画面,选择陀螺仪和全屏后,可用 VR 眼镜观看,如图 8-9 所示。

图 8-9　全景摄像机手机 App 的 VR 模式观看

互动模式:打开陀螺仪后,可以通过倾斜、旋转手机观看全景视频。
全景模式:显示展开的 360°全景画面。

本 章 小 结

本章以 Upano XONE 一体化 VR 全景摄影机为例,讲述了全景视频拍摄、全景视频直播的概念、方法及操作,讲述了全景视频直播系统的部署,同时对全景视频播放的 PC 客户端和手机终端设备进行了讲解,并讲解了手机观看全景视频的 3 种不同模式。本章的内容对初步接触和学习全景视频拍摄、全景视频直播的人具有很好的指导意义。

思 考 题

1. 全景视频的概念是什么?
2. 全景视频拍摄和普通视频拍摄有什么不同?
3. 全景视频拍摄的设备有什么特点?
4. 如何部署全景视频直播系统?
5. 全景视频的 PC 客户端播放有什么特点?
6. 手机终端如何播放全景视频?

第 9 章　无人机全景航拍

9.1　航拍概述

目前,VR 与无人机结合起来,主要是无人机能及时把拍到的场景传输到 VR 装置,从而让人产生近乎真实的感官模拟体验。而且在 VR 旅游、VR 城市宣传片、VR 工厂、测绘、抢险救灾、城市管理等方面都能发挥重要作用,大大提高了工作效率。但是,从技术的角度来讲,VR 航拍与传统航拍的技术差距是非常巨大的。首先是云台的选择问题,因为要挂载比较重的 VR 一体机,所以在市面上并没有太多相匹配的挂载云台,而无人机在飞行过程中难免会产生一些高频或者低频的震动,不应用合适的云台很难在后期完成良好的拼接。为此,各 VR 拍摄设备厂商都在积极研究、开发。北京极图科技有限公司出品的 Upano 全景摄像机,经与市场上多家稳定器厂商沟通和测试,选择了"WenPod 稳拍泰山 G"这款稳定器产品,在保证安全的前提下极大地增加了拍摄的稳定性,减轻了后期压力。在无人机的选择方面,考虑到 VR 拍摄中设备重量、适配的全景稳定器等多方面因素,"大疆 M600 Pro"这款机型是不错的选择。

9.1.1　无人机 VR 航拍系统

VR 航拍系统主要由 3 部分组成:航拍飞行器、全景摄像稳定器、全景摄像机。

1. 航拍飞行器

航拍飞行器以大疆 M600 Pro 为例,如图 9-1 所示。该飞行器属六轴旋翼飞行器,飞行性能优越,稳定性强,载重能力大,飞机载重 15.5kg。尤其是抗风能力强,最大可承受 8m/s 的风速,这在航拍过程中非常重要。

图 9-1　大疆 M600 Pro

航拍飞行器一般都配有较昂贵的拍摄设备,因此对飞行器的稳定性要求很严格。同时还要考虑飞行器的可操控性,操控越灵活,拍摄的效果越好。表 9-1 是大疆 M600 Pro 无人航拍器的主要参数。

表 9-1　大疆 M600 Pro 无人航拍器的主要参数

参　　数	特　　点
最大飞行速度	65km/h（无风环境）
飞行高度	2170R 桨：2500m；2195 桨：4500m
最大旋转角速度	俯仰轴：300°/s；航向轴：150°/s
轴距	1133mm
悬停精度	垂直：±0.5 m；水平：±1.5 m
飞行载重	15.5kg
抗风等级	最大可承受风速：8m/s
最大可倾斜角度	25°
最大旋转角速度	俯仰轴：300°/s；航向轴：150°/s
最大上升/下降速度	上升：5m/s；下降：3m/s
最大通信距离（室外）	5km（FCC 模式），3.5km（CE 模式）
等效全向辐射功率（EIRP）	10dB·m @ 900M，13dB·m @ 5.8G，20dB·m @ 2.4G
内置锂电池电压/容量	6000mA·h LiPo 2S

2. 全景摄像稳定器

全景摄像稳定器以泰山航拍版稳定器为例，该稳定器自身重量 2.68kg，可承载较大重量的拍摄设备。该稳定器在航拍过程中稳定效果较好，航拍版专门为航拍做了优化。图 9-2 所示为 WenPod 稳拍泰山 G。

图 9-2　WenPod 稳拍泰山 G

表 9-2 是 WenPod 稳拍泰山 G 的主要参数。

表 9-2　WenPod 稳拍泰山 G 的主要参数

参　　数	特　　点
产品尺寸	139mm×109mm×315mm
产品重量	标准 1.68kg（不含砝码配重块 3×300g）
产品承重	0.1～2.8kg
电池类型	WenPod LB-2 锂聚合物电池（不可私自拆卸电池）
续航时间	常温下连续使用约 180～480min（不同重量负载，续航时间不同）
充电时间	常温下充满电池约需 120min
工作温度	−10～40℃
工作湿度	<90%

3. 全景摄像机

全景摄像机以极图 Upano XONE 一体化 VR 摄影机为例,该摄像机在第 8 章中做了详细介绍。图 9-3 是航拍使用的 Upano XONE 一体化 VR 摄影机。表 9-3 是 Upano XONE 一体化 VR 摄像机的主要参数。

图 9-3　Upano XONE 一体化 VR 摄影机

表 9-3　Upano XONE 一体化 VR 摄影机的主要参数

参　　数	特　　点
全景拼接方式	机内实时
镜头组数	6 组
全景录制尺寸	6K
全景直播尺寸	4K
原始成像能力	3000W 像素
实时全景成像	3840 像素×1920 像素
后期全景成像	5760 像素×2880 像素
CMOS 规格	SONY 1/1.8in(1in=0.0254m)
3D 全景录制	支持
编码推流	内置
编码协议	H.264
全景录制	支持
360°全景实时预览	支持
VR 眼镜实时监播	支持
视频预览	支持 PC 端/手机客户端
PC 端快速回放	支持
帧速	25f/s
亮度调节	自动/手动
自平衡	自动/手动
外接音源	3.5mm 立体声 Line-in 输入接口
姿态传感器	陀螺仪
尺寸	182mm×87mm
输出方式	WiFi/有线网口/HDMI
存储介质	64G TF 卡(Micro SD Card)
SD 卡数量	分路存储×6/全景存储×1
工作电压	DC 12V
双电源冗余	支持
不间断续航	支持

9.1.2 航拍 VR 系统设备安装

1. VR 航拍系统示意图

图 9-4 所示为安装好的全景 VR 航拍系统示意图。

图 9-4　VR 航拍系统示意图

2. 稳定器与支架连接示意图

稳定器与支架连接示意图如图 9-5 所示。

3. 稳定器与全景摄像机连接示意图

稳定器与全景摄像机连接示意图如图 9-6 所示。

4. 飞行器与稳定器连接示意图

飞行器与稳定器连接示意图如图 9-7 所示。

图 9-5　稳定器与支架
连接示意图

图 9-6　稳定器与全景摄像
机连接示意图

图 9-7　飞行器与稳定器
连接示意图

9.1.3 无人机航拍器飞行前的准备事项

无人机航拍要注意以下几点：

（1）了解当地法律法规，选择满足条件的合法飞行地域。

(2) 用谷歌地图和其他网上资源挑选飞行地点。

(3) 确保每次航拍都有足够的电量。

(4) 事先计划好想要拍的内容,但也不要抗拒即兴发挥,有时最完美的作品反而出自最意想不到的瞬间。

近年来,无人机行业蓬勃发展,无人机已经应用到很多行业,但由于无人机行业一直处于毫无监管的状况,各种无人机安全事故频发,给国家和社会造成很大的损失,有的甚至威胁到国家的安全。2017 年 5 月 17 日,中国民用航空局在其官方网站公布《民用无人驾驶航空器实名制登记管理规定》的正式版本,无人机实名登记制度迈出实质性的一步。2017 年 5 月 18 日,登记网站系统上线运行。规定中对无人机的定义为,没有机载驾驶员操纵、自备飞行控制系统,并从事非军事、警务和海关飞行任务的航空器,不包括航空模型、无人驾驶自由气球和系留气球。

此外,中国民用航空局还发布了《关于公布民用机场障碍物限制面保护范围的公告》,各类飞行活动应当遵守国家相关法律法规和民航规章,未经特殊批准,不得进入限制面保护范围,在限制面保护范围外的飞行也不得影响民航运行的安全与效率。各机场限制面和净空保护区应按现有规定批准和公布。

9.2 无人机航拍要点

9.2.1 无人机航拍飞行技巧

航拍飞行器的三轴云台的作用是保证相机的稳定,不管飞行器如何晃动,相机始终保持在特定位置。在航拍时,飞行中有许多技巧,能让视频和照片更加完美。

(1) 倒飞更容易获得好的视频片段。例如,大疆的 Phantom 系列在飞行时,有时因为机身摇晃比较厉害,螺旋桨会进入视频画面,倒飞则可以避免这个问题,也比较方便操控者以较快的速度飞行。对于像 DJI Inspire 1 这样较为专业的型号来说,由于起飞以后螺旋桨会抬升很高,则不必担心这个问题。

(2) 面向阳光飞行时拍摄视频和照片,有时阳光的照射角度刚好穿透螺旋桨,会在视频或者照片上形成条纹。避免这种情况发生的方法是给飞行器的相机加装减光镜。

(3) 飞行速度的控制很重要。在拍摄视频片段时,要避免突然加速或减速,否则视频片段会出现明显的卡顿;其次,在允许的条件下尽量飞慢一点,后期可以调整加快视频片段的速度,但是要变慢却比较难。

(4) 在新的 Phantom 系列中,由于遥控器的改进,可以不必在手机或者平板电脑上调整相机的角度,这样就可以一边遥控,一边用食指调整相机角度。这个技巧能帮助操控者拍出很酷的视频片段。同样,在更高级的 Inspire 系列上,甚至有双遥控器的搭配,一个人控制飞行器,另一个人控制相机,能够更方便地拍摄。

9.2.2 无人机航拍拍摄技巧

航拍器自带的相机性能虽然不能和专业级单反相机媲美,但是其图像质量和视频质量(4K Video)还是有非常大的潜力可以挖掘的。

（1）拍摄照片时，尽量使用 RAW 格式。这个道理和相机一样，以此来获取更大的后期处理空间。

（2）环绕场景 360°拍摄照片，或者环绕拍摄视频再截取视频截图，用这两种办法再加上 Photoshop 的极坐标功能，可以拍摄出大家见过的"小行星"效果。

（3）尽量将镜头方向保持水平，这样可以避免地平线弯曲，同时保证自然的建筑拍摄效果。

（4）将相机角度调至最下，平行于地面，这是最能体现航拍视角的一个角度，利用这个角度拍摄往往能发现很多惊喜。

本 章 小 结

无人机航拍的难点在于怎样适应环境，比如说风、雨，这些环境扰动很容易使无人机航拍失控，怎样智能地去控制它是关键所在。本章就无人机全景航拍技术进行了讲解，介绍了典型无人机全景航拍的设备组装、拍摄技巧等内容，对初次接触无人机拍摄的人员能够起到一定的指导作用。

思 考 题

1. 无人机航拍系统一般由哪些设备组成？
2. 稳定器的作用是什么？
3. 无人机可以随便飞行吗？
4. 中国民用航空局有关无人机飞行的规定有哪些？
5. 无人机航拍飞行技巧有哪些？
6. 无人机航拍拍摄技巧有哪些？

参 考 文 献

[1] 宫承波.新媒体概论[M].5版.北京:中国广播影视出版社,2016.
[2] 姚建东.信息素养教育[M].2版.北京:清华大学出版社,2016.
[3] 庄捷.流媒体原理与应用[M].北京:中国广播影视出版社,2013.
[4] 王洁,王贵宏.新媒体采编实务[M].北京:中国传媒大学出版社,2012.
[5] 姚建东.新编信息技术上机与实验指导[M].北京:清华大学出版社,2010.